学习践行
新时代治水思路
两手发力

水利部发展研究中心 编著

中国水利水电出版社
www.waterpub.com.cn
·北京·

内 容 提 要

坚持政府作用和市场机制两只手协同发力，是实现水利高质量发展的重大理论和实践命题。开展水治理，政府既不能缺位，更不能手软，该管的要管，还要管严、管好；同时要充分发挥市场在资源配置中的决定性作用，推动有效市场和有为政府更好结合。本书是编写组学习践行习近平总书记"节水优先、空间均衡、系统治理、两手发力"治水思路之"两手发力"的阶段性成果，分享了编写组对"两手发力"的理解和认识，总结了地方推进"两手发力"的有益探索和经验。

本书可作为广大水利工作者的参考书，也可供密切关心水利工作的社会大众阅读。

图书在版编目（CIP）数据

学习践行新时代治水思路：两手发力 / 水利部发展研究中心编著. -- 北京：中国水利水电出版社，2024.12. -- ISBN 978-7-5226-2925-4

Ⅰ. F426.9

中国国家版本馆CIP数据核字第2024AF8269号

书　　名	**学习践行新时代治水思路——两手发力** XUEXI JIANXING XINSHIDAI ZHISHUI SILU ——LIANGSHOU FALI
作　　者	水利部发展研究中心　编著
出版发行	中国水利水电出版社 （北京市海淀区玉渊潭南路1号D座　100038） 网址：www.waterpub.com.cn E-mail：sales@mwr.gov.cn 电话：（010）68545888（营销中心）
经　　售	北京科水图书销售有限公司 电话：（010）68545874、63202643 全国各地新华书店和相关出版物销售网点
排　　版	中国水利水电出版社微机排版中心
印　　刷	天津嘉恒印务有限公司
规　　格	170mm×240mm　16开本　21.75印张　252千字
版　　次	2024年12月第1版　2024年12月第1次印刷
印　　数	0001—1000册
定　　价	**168.00元**

凡购买我社图书，如有缺页、倒页、脱页的，本社营销中心负责调换

版权所有·侵权必究

本书编委会

主　任：陈茂山　吴浓娣
副主任：刘定湘　严婷婷　罗　琳
委　员：樊　霖　郭姝姝　李　佼
　　　　陈世博　夏　朋　杨　研
　　　　陈　琛　王　挺　李聪聪
　　　　刘　宜

前　言

　　水安全是涉及国家长治久安和中华民族永续发展的大事。习近平总书记在中央财经领导小组第五次会议上深刻指出，治水必须要有新内涵、新要求、新任务，坚持"节水优先、空间均衡、系统治理、两手发力"的治水思路。保障水资源安全，无论是系统修复生态、扩大生态空间，还是节约用水、治理水污染等，都要充分发挥市场和政府的作用，分清政府该干什么，哪些事情可以依靠市场机制。进入新发展阶段，落实"两手发力"治水思路，要正确处理政府和市场的关系，锚定为以中国式现代化全面推进强国建设、民族复兴伟业提供有力的水安全保障这一目标，坚持政府作用和市场机制两只手协同发力，多措并举拓宽资金筹措渠道，通过改革协同充分激发市场主体活力，为全面加强水利基础设施建设、推动水利高质量发展提供有力保障。

　　多年来，水利部发展研究中心坚持"以学促研""以研促学"，从理论学习和实践探索两方面入手，持续深入推进"节水优先、空间均衡、系统治理、两手发力"治水思路学习研究，形成了系列成果。本书汇总的是"两手发力"的相关成果，分"学习领会篇"和"实践探索篇"，分别包含水利投融资、水价改革、用水权改革和水生态产品价值实现4个专题。"学习领会篇"从学习领会"两手发力"内涵出发，围绕充分发挥市场在资源配置中的决定性作用和更好发挥政府作用，立足不同视角，编录了14篇学习心得体会。"实践探索篇"基于地方"两手发力"的实践探索，以"案"说"法"，调查分析了14个案例的相关做法，总结了各地推进"两手发力"的有益经验。

本书是学习践行习近平总书记"节水优先、空间均衡、系统治理、两手发力"治水思路之"两手发力"的阶段性成果。本书在编写过程中得到了浙江省水利厅、湖南省水利厅、新疆维吾尔自治区水利厅、广东省水利厅、宁夏回族自治区水利厅，以及浙江省丽水市水利局、上虞县水利局、安吉县水利局、江西省宜黄县水利局、云南省新平县水利局、山西省灵石县水利局、福建省永春县水利局等单位领导和专家的大力支持，在此表示衷心感谢！由于时间和水平有限，疏漏和不当之处在所难免，敬请批评指正。

本书编委会
2024年12月

目 录

前言

学习领会篇

专题1 水利投融资 ··· 2
  1 探索以水安全保障为导向的发展模式 ································· 3
    1.1 WOD 模式是一种创新型水利发展模式 ······················· 4
    1.2 开展 WOD 模式对推动新阶段水利高质量发展具有
        重要意义 ··· 7
    1.3 开展 WOD 模式的有利条件和制约因素 ···················· 10
    1.4 积极推进 WOD 模式的研究和应用 ··························· 13
  2 深化水利投融资机制改革 ·· 16
    2.1 近年来水利投融资改革取得的成就 ··························· 17
    2.2 当前推进水利投融资改革面临的挑战 ······················· 20
    2.3 准确把握深化水利投融资改革的思路举措 ················ 24
  3 盘活水利基础设施存量资产 ··· 28
    3.1 估算方法 ·· 29
    3.2 水利基础设施存量资产规模情况 ······························ 32
    3.3 有一定收益的水利存量资产估算 ······························ 34
    3.4 问题和建议 ··· 36

专题 2　水价改革 ... 38

4　推动水网建设中水资源价值转化 ... 39
4.1　资源价值 ... 40
4.2　供水服务价值 ... 43
4.3　生态服务价值 ... 46

5　深入推进农业水价综合改革 ... 50
5.1　深入推进农业水价综合改革的重大现实意义 ... 51
5.2　推进农业水价综合改革的历程与成效 ... 53
5.3　进一步深化农业水价综合改革的方向和重点 ... 58

专题 3　用水权改革 ... 63

6　《民法典》视角下的水资源使用权确权登记 ... 64
6.1　水权和水资源使用权的概念 ... 65
6.2　《民法典》视角下水资源使用权确权登记的功能 ... 66
6.3　不同层次水资源使用权的确权登记 ... 68
6.4　推进水资源使用权确权登记的对策建议 ... 71

7　水资源国家所有权的实现路径及推进对策 ... 73
7.1　综述 ... 75
7.2　水资源国家所有权的法律地位 ... 76
7.3　水资源国家所有权的实现路径 ... 78
7.4　水资源国家所有权实现的推进对策 ... 81
7.5　结论 ... 85

8　探索用水权有偿取得 ... 86
8.1　用水权无偿取得对推进用水权市场化改革的影响 ... 88
8.2　探索推进用水权有偿取得已具备较好的改革基础 ... 90
8.3　坚持分类实施、分步推进的改革策略 ... 93

8.4 相关政策建议 ·· 95
9 推进用水权市场化交易 ··· 97
　　9.1 水权交易相关概念辨析 ·· 98
　　9.2 我国水权交易市场现状 ·· 100
　　9.3 我国水权交易面临的主要问题 ································ 104
　　9.4 坚持"两手发力"，大力推进水权市场化交易 ············· 107

专题 4　水生态产品价值实现 ·· 112
10 深刻认识推动水生态产品价值实现的重要意义 ················· 113
　　10.1 深刻认识推动水生态产品价值实现是贯彻落实习近平
　　　　 生态文明思想的重要举措 ································· 114
　　10.2 深刻认识推动水生态产品价值实现是贯彻落实
　　　　 国家重大决策部署的必然要求 ·························· 116
　　10.3 深刻认识推动水生态产品价值实现是贯彻落实习近平
　　　　 总书记关于治水重要论述精神的生动实践 ··········· 117
　　10.4 深刻认识推动水生态产品价值实现是促进形成水利
　　　　 高质量发展内生动力的关键一环 ······················· 119
11 推动水生态产品价值实现需要把握的原则性问题 ············· 121
　　11.1 要把保护优先、绿色发展作为水生态产品价值
　　　　 实现的前提 ··· 122
　　11.2 要把以人为本、共同富裕作为水生态产品价值
　　　　 实现的目标 ··· 123
　　11.3 要把政府主导、市场运作作为水生态产品价值
　　　　 实现的抓手 ··· 124
　　11.4 要把系统谋划、稳步推进作为水生态产品价值
　　　　 实现的途径 ··· 126

  11.5 要把守正创新、鼓励探索作为水生态产品价值
     实现的重点……127

12 水生态产品概念及其价值核算方法……129
  12.1 水生态产品概念及分类……130
  12.2 水生态产品价值核算指标……136
  12.3 水生态产品价值核算方法……137

13 水生态产品价值实现路径……156
  13.1 生态产业化……158
  13.2 生态权属交易……160
  13.3 生态补偿……161
  13.4 生态金融化……163

14 水生态产品价值实现的关键制度……166
  14.1 建立水生态产品价值核算体系……168
  14.2 完善水生态产品产权制度……169
  14.3 健全水生态产品经营开发制度……171
  14.4 健全水生态产品收益分配制度……172

实践探索篇

专题1 水利投融资……176
1 浙江定海以"水利+"融合促共富的改革之路……177
  1.1 坚持问题导向，系统推进五山水利工程……179
  1.2 坚持党政主导，强化党委政府统筹……181
  1.3 坚持部门协同，推动政策同向发力……182
  1.4 坚持"两手发力"，发挥市场机制作用……184

  1.5 坚持人民至上，实现共建共治共享⋯⋯⋯⋯⋯⋯⋯⋯⋯⋯186

2 湖南运用政府投资基金支持水利基础设施建设⋯⋯⋯⋯⋯⋯189
  2.1 湖南省水利发展投资基金情况⋯⋯⋯⋯⋯⋯⋯⋯⋯⋯⋯⋯190
  2.2 水利领域运用政府投资基金的机遇和挑战⋯⋯⋯⋯⋯⋯⋯194
  2.3 水利领域用好政府投资基金的建议⋯⋯⋯⋯⋯⋯⋯⋯⋯⋯195

3 浙江丽水创新"取水贷"破解小农水融资困境⋯⋯⋯⋯⋯⋯⋯198
  3.1 改革动因：破解小水电绿色改造和现代化提升
     融资困境⋯⋯⋯⋯⋯⋯⋯⋯⋯⋯⋯⋯⋯⋯⋯⋯⋯⋯⋯⋯199
  3.2 改革做法：盘活小水电"取水权"无形资产价值⋯⋯⋯200
  3.3 改革升级：以"取水贷"改革激活"水市场"⋯⋯⋯⋯203
  3.4 改革亮点：促进有为政府和有效市场的有机结合⋯⋯⋯205

4 浙江绍兴汤浦水库发行全国首单水利REITs⋯⋯⋯⋯⋯⋯⋯⋯208
  4.1 推进水利基础设施公募REITs的有关背景⋯⋯⋯⋯⋯⋯209
  4.2 REITs发行为水利领域带来的机遇和挑战⋯⋯⋯⋯⋯⋯210
  4.3 汤浦水库REITs改革的实践探索⋯⋯⋯⋯⋯⋯⋯⋯⋯⋯212
  4.4 水利部门推进REITs关注的重点⋯⋯⋯⋯⋯⋯⋯⋯⋯⋯216

5 新疆大石峡水利枢纽工程募投建管一体化运作⋯⋯⋯⋯⋯⋯219
  5.1 基本情况⋯⋯⋯⋯⋯⋯⋯⋯⋯⋯⋯⋯⋯⋯⋯⋯⋯⋯⋯⋯220
  5.2 主要做法⋯⋯⋯⋯⋯⋯⋯⋯⋯⋯⋯⋯⋯⋯⋯⋯⋯⋯⋯⋯222
  5.3 经验启示⋯⋯⋯⋯⋯⋯⋯⋯⋯⋯⋯⋯⋯⋯⋯⋯⋯⋯⋯⋯224

6 浙江上虞探索水城融合发展新路径⋯⋯⋯⋯⋯⋯⋯⋯⋯⋯⋯227
  6.1 坚持滨水空间开放共享，系统谋划推进水城融合发展⋯228
  6.2 充分发挥市场机制，募投建管一体推进项目实施管理⋯230
  6.3 建立良性回哺机制，促进水安全保障和产业经济协同
     发展⋯⋯⋯⋯⋯⋯⋯⋯⋯⋯⋯⋯⋯⋯⋯⋯⋯⋯⋯⋯⋯⋯232

专题 2　水价改革 ... 235

7　广东珠三角水资源配置工程供水价格改革 ... 236
　　7.1　基本情况 ... 238
　　7.2　主要做法 ... 239
　　7.3　经验启示 ... 241

8　江西宜黄破解南方山区农业水价综合改革难题 ... 245
　　8.1　基本情况 ... 246
　　8.2　主要做法 ... 248
　　8.3　破解的关键问题和主要成效 ... 252
　　8.4　启示和建议 ... 255

9　云南新平依施河灌区农业水价综合改革 ... 258
　　9.1　基本情况 ... 259
　　9.2　主要做法 ... 260
　　9.3　主要成效 ... 263
　　9.4　启示和建议 ... 267

专题 3　用水权改革 ... 270

10　宁夏坚持"四水四定"推动经济社会高质量发展 ... 271
　　10.1　改革背景 ... 272
　　10.2　改革实践 ... 274
　　10.3　经验启示 ... 278

11　山西灵石探索再生水水权交易 ... 281
　　11.1　找准改革切口，破解经济社会发展"水瓶颈" ... 282
　　11.2　规范改革举措，探明再生水水权交易路径 ... 283
　　11.3　拓展改革思路，"两手发力"盘活再生水资源 ... 285
　　11.4　共享改革成果，实现企业、政府、社会共赢 ... 287

专题 4　水生态产品价值实现 ·· 290

12　浙江安吉水土保持生态产品价值转化交易 ························· 291
　　12.1　基本概况 ·· 293
　　12.2　主要经验做法 ·· 294
　　12.3　启示和建议 ··· 296

13　福建永春探索山区县乡村幸福河湖生态价值转化路径 ··· 299
　　13.1　以景引资，擦亮幸福河湖底色 ······································ 300
　　13.2　合作反哺，永葆幸福河湖本色 ······································ 302
　　13.3　产业驱动，提增幸福河湖成色 ······································ 307

14　浙江青山村运用"水基金"打通水生态产品价值
　　实现市场化路径 ·· 310
　　14.1　基本情况 ·· 311
　　14.2　具体做法 ·· 312
　　14.3　主要成效 ·· 319
　　14.4　启示与建议 ··· 321

参考文献 ·· 325

后　　记 ·· 333

学习领会篇

专题1 水利投融资

1
探索以水安全保障为导向的发展模式

【编者导读】

以水安全保障为导向的发展（Water-Security Guarantee Oriented Development，WOD）模式作为创新型水利发展模式，为水安全保障项目投融资提供了一种可行路径，对推动水生态价值转换、促进区域产业经济高质量发展具有较大价值。本文分析了 WOD 模式的概念内涵和重要意义，提出了 WOD 模式的逻辑框架。运用 WOD 模式有助于改善水利财政保障资金不足、实现水生态产品价值，对推动新阶段水利高质量发展具有重要意义。当前运用 WOD 模式具备积极的政策环境、良好的基础条件，且相关行业已开展探索实践，但同时面临项目一体化设计要求高、土地联动开发存在一定风险因素、协调工作存在一定难度等制约因素，因而要厘清实施路径，探索开展试点建设，深化政策改革，强化理论研究，推动 WOD 模式的广泛应用。

习近平总书记强调，要整体推进财税、金融、投融资体制改革，解决好重大基础设施项目、市政项目、实体产业部分资金循环不畅问题。水利基础设施项目公益性较强，投资规模大、回报周期长、财务收益率低，建设资金保障压力大，亟须创新水利发展模式，通过新型工具拓宽市场化融资渠道，促进水安全保障项目如期建设和效能发挥，推动新阶段水利高质量发展。WOD 模式通过将公益性较强、经营性较差的水利项目与收益较好的关联产业有效融合、组合开发、一体发展，将水安全保障能力提升带来的外溢效益加以回收并反哺水利建设运营，在破解水利项目由于抵押物和现金流缺乏导致的融资难问题的同时，推动水生态价值转换，促进区域产业经济高质量发展，实现水安全保障与区域经济社会协调发展，为推动新阶段水利高质量发展提供新的方向。

1.1 WOD 模式是一种创新型水利发展模式

1.1.1 XOD 模式

当前，我国正处于新型工业化、信息化、城镇化、农业现代化快速发展阶段，与发达国家相比，很多领域都还有较大投资空间，需求潜力巨大，单一靠财政投入已远不能满足城乡建设和经济发展的需要，亟须利用市场化途径拓宽资金筹措渠道，通过投融资模式创新，系统解决资金短缺、循环不畅等问题。近年来，适应新形势新要求，一种以基础设施建设或者资源开发为导向的复合新型发展模式，即 XOD（X-Oriented Development，以 X 为导向的发展）模式应运而生。XOD 模式是满足现代发展多种需求的开发模式的统称，这种以基础设施建设或者某种特殊资源为引领的导向型发展理念在实践中得到不断演化和发展，并演绎出不同要素或行业导向的发展模式，如 TOD（Transit Oriented Development 以公共交通为导向的发展）模式、SOD（Science Oriented Development，以科技创新为导向的发展）模式、HOD（Hospital Oriented Development，以医疗设施为导向的发展）模式、EOD（Eco-Environment Oriented Development，以生态环境为导向的发展）模式、COD（Culture Oriented Development，以城市文化为导向的发展）模式等。

1.1.2　WOD 模式

WOD 模式是 XOD 模式在水资源领域的具体运用，对于它的研究尚处于起步探索阶段。现有研究一般认为 WOD 模式是水安全保障导向的开发模式，旨在强调水安全保障在流域治理和区域开发中的引领作用，是以水安全保障和水生态保护为基础，通过系统完善的水资源开发利用节约保护体系，统筹推进公益性和准公益性的水利建设项目与经营性较好的关联产业有效融合、区域综合开发、一体化实施，从而改善项目融资条件和信用结构，使项目产生的经济效益内部化。

实际上，WOD模式不仅仅局限于水利项目的开发，而是一种依托于水资源经济学理论和系统治理观念，以提升水安全保障能力为目标、以绿色生态资源和优良的水安全保障条件为基底、以关联产业经营为支撑、以项目多元融资为方式、以全要素资源统筹一体化为手段的创新型水利发展模式，是XOD模式在水资源领域应用的一种迭代升级版本。WOD模式通过打造良好的水灾害防治、水资源供给和水生态环境基底，吸引产业和人口的聚集，带动区域的可持续发展，既突出水对经济社会发展的支撑保障作用，又强调水资源的引领约束，实现其他规划与水资源规划的有效衔接，推动水安全保障与区域经济社会协调发展。

WOD模式的核心机理是以水安全为导向，主要有关联融合、一体发展、自我造血三大特点：一是"关联融合"，水安全保障与产业开发具有较强的关联性，水安全保障是产业开发项目的投入要素，推进公益性水安全保障能力提升项目与相关联的有一定收益的产业开发项目有效融合；二是"一体发展"，一个市场主体统筹实施推进，将水利项目与关联产业发展作为整体进行规划设计，一体化投资、建设、运维，即相关项目建设内容整体策划、打捆为一个项目包整体实施；三是"自我造血"，完善合理投资回报机制，建立产业开发收益反哺水利项目投入的良性回收机制，在项目边界范围内力争实现整体收益与成本平衡。其逻辑框架示意图如图1所示。

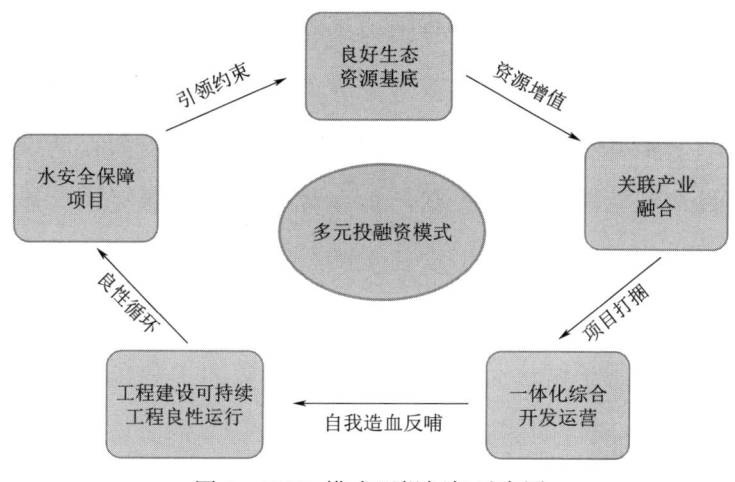

图 1　WOD 模式逻辑框架示意图

1.2　开展 WOD 模式对推动新阶段水利高质量发展具有重要意义

1.2.1　缓解水利财政保障资金不足的困境

大多数水利项目由于自身不产生直接收益或收益较少，普遍呈现公益性突出而盈利能力不足的特征，融资能力十分有限。"十四五"以来，水利基础设施建设投入总体呈现快速增长趋势，2021—2023 年全国水利建设投资共完成约 3.05 万亿元，年均投资超过 1.0 万亿元。从投资渠道来看，我国水利建设项目投入仍以政府投资为主，占比超过 70%，金融贷款和社会资本占比较低。从中央和地方政府投入结构看，中央投资占比从 2011 年的 46.5% 降至 2022 年的 20.3%，下降趋势明显，地方政府面临的水利建设投资资金筹措压力加大。据测算，到 2035 年，全国水利建设投资需求将达到 16.8 万亿元。近几年来，金融贷款和社会资本占水利总投资的比例虽然逐步提高，但仍十分有限。随着地方债务风险增加和投资边际效益递减，这种以政府投资为主导的模式难以为继。区别于传统开发模式，WOD模式充分运用市场化机制，通过将公益属性较强的水利项目与经营性较好的关联产业一体开发、打捆实施，建立外溢效益回报机制，实现水利工程建设的外部效益内部化，项目整体信用结构得到优化，项目综合盈利能力明显改善，提高了社会资本投资积极性，有效了解决公益类、纯政府投资的水利建设项目政府投入压力。WOD项目的实施，将给区域带来更多的经济效益、生态效益和社会效益。WOD模式支持财政、金融和社会资本等多元化资金投入，同时，项目投资建设与运维经营等由同一市场主体统筹推进、一体化实施，形成基础设施建设投入、回收、运行维护资金有效保障的闭环，对于缓解水利财政资金压力，保障项目长期稳定安全运行具有重要意义。

1.2.2 开辟水生态产品价值实现新的发展阶段

习近平总书记在党的二十大报告中指出，要"建立生态产品价值实现机制"。2021年5月，中共中央办公厅、国务院办公厅印发了《关于建立健全生态产品价值实现机制的意见》，要求加快完善政府主导、企业和社会各界参与、市场化运作、可持续的生态产品价值实现路径。2024年，水利部部长李国英部长在全国水利工作会议上强调，要加快完善水价动态调整机制，建立健全水生态产品价值实现机制。目前，通过实践探索，根据水生态产品的物质产品、生态调节和文化服务等价值类别，各地探索发展了用水权交易、水流生态补偿、涉水产业联合开发等多种水生态产品价值实现路径或模式。WOD模式遵循"两山"转化和水生态产品价值实现的底层逻辑，通过将水安全保障与关联产业发展充分融合，在提高水安全保障水平的同时，将水安全保障的外在效益和水资源价值转化到涉水绿色关联产业，推动水生态资源优势转化为水经济优势，有助于解决水生态产品价值实现中的"难度量、难抵押、难交易、难变现"问题，提高价值转化或转移的效率，是水安全保障和产业经济发展相互促进、相得益彰的新模式，是水生态产品价值实现的更高发展阶段。

1.2.3 引领水利高质量发展新境界

水是经济社会发展的基础性、先导性、控制性要素，是国家发展战略的重要支撑，水资源格局往往影响经济社会发展格局。然而，在传统发展模式下，水利通常被赋予承担防洪、供水、发电以及水生态环境调节服务等支撑保障任务，水的价值尚未得到应有的体现，水利在保障经济社会发展进程中的引导约束作用还未充分发挥。WOD模式作为以水安全保障为导向的创新发展模式，一方面，其首要任务是水安全保障，通过水利工程建设和运行，打造优质水资源、健康水生态、宜居水环境，充分发挥水的生产要素价值和水利基础设施价值，为人类生存和发展提供生产生活用水、农业产品、水力发电和生态文化服务，有力支撑保障经济社会发展。另一方面，WOD模式在提供良好的水安全保障条件的同时，通过落实"四水四定"和水资源刚性约束，推进人口、产业向水资源和经济发展条件较好的地区集约发展，系统推进区域产业布局和结构调整；同时，WOD模式坚持生态优先、绿色发展，因地制宜发挥各地水量、水质和水生态特点优势，通过推进水生态产业发展，推动构建产业生态化与生态产业化相结合的水生态经济体系，形成新的经济增长点，实现区域发展由"平台融资+土地财政"模式向"WOD+片区/产业开发"模式转变，从"量"和"质"两个层面，在提高水资源节约集约安全利用水平的同时，促进区域产业经济结构转型升级、绿色均衡发展，引领水利高质量发展新境界。

1.3 开展 WOD 模式的有利条件和制约因素

1.3.1 有利条件

一是拥有积极的政策环境。党的十八大以来，党中央、国务院不断深化投融资体制改革，规范了政府投资项目的投融资模式，明确提出要发挥市场在资源配置中的决定性作用等改革要求，鼓励探索创新，推进重点领域投资的多渠道筹措机制。2022年4月，习近平总书记在主持召开中央财经委员会第十一次会议时强调，要推动政府和社会资本合作模式规范发展、阳光运行，引导社会资本参与市政设施投资运营。《中华人民共和国国民经济和社会发展第十四个五年规划和2035年远景目标纲要》针对重大基础设施建设，提出多个鼓励创新和应用的投融资渠道。2023年11月，国务院办公厅转发的《关于规范实施政府和社会资本合作新机制的指导意见》提出，鼓励特许经营者通过技术创新、管理创新和商业模式创新等降低建设和运营成本，提高投资收益，促进政府和社会资本合作项目更好实施。国家发展改革委、财政部、水利部等出台了一系列旨在支持提升水安全保障能力的财税和金融政策，相关融资方式和工具不断创新。水利部系统构建两手发力"一二三四"❶工作框架体系，联合金融机构制定出台一系列含金量高、操作性强的金融支持政策，积极推进水利基础设施政府和社会资本合作模式发展。以上政策措施为WOD项目融资和顺利实施营造了良好的政策环境。

二是具备良好的基础条件。水利项目直接经济效益偏低，但溢出效应十分显著。近年来，各地深入贯彻落实习近平总书记生态文明思想和"绿水青山就是金山银山"理念，积极践行"节水优先、空间均衡、系统治理、两手发力"治水思路和关于治水重要论述精神，在区域综合开发和"两山"转化方面开展了大量实践探索。如在河湖生态治理修复方面，各地通过将生态清洁小流域、美丽河湖、幸福河湖等建设与新型农业、全域旅游、乡村振兴等相结合，释放出河湖治理修复的生态红利，吸引了一批旅游开发、休闲康养、产业园区等项目落地生根开花，做活"水文章"，激活"水经济"；在农村水利方面，各地通过农村饮水安全、污水综合治理、农业节水灌溉、水利遗产保护等工程建设，充分发挥区域自然、农业、人文等资源优势，发展出高经济附加值的生态"种养+"产业以及水利遗产+农耕文化的生态旅游产业；在水资源优化配置方面，各地通过水库修复治理将闲置水库、工业蓄水池、优质的水资源等存量资源盘活，把相关资源权益集中流转经营，利用水安全保障项目的水资源调蓄、配置及水景观建设等，提升水资源调配能力和文化旅游、

---

❶ "一"是锚定一个目标，即全面提升国家水安全保障能力；"二"是坚持两手发力，即坚持政府作用和市场机制两只手协同发力；"三"是推进三管齐下，充分用好金融支持水利基础设施政策、推进水利基础设施PPP模式发展、积极稳妥推进水利基础设施投资信托基金（REITs）试点；"四"是深化四项改革，即深化水价形成机制改革、用水权市场化交易制度改革、节水产业支持政策改革、水利工程管理体制改革。

酒水饮料等相关水产品开发价值；等等。相关实践经验为WOD项目实施提供了良好基础条件。

三是相关行业已开展探索实践。在XOD模式理念引导下，交通、生态环境等行业根据各自资源禀赋特征发展出了TOD、EOD等不同的优先导向发展模式。2015年11月，住房城乡建设部发布了《城市轨道沿线地区规划设计导则》，第一次明确提出了TOD概念，此后TOD项目逐渐成为房地产开发商竞相追逐的热门领域。2018年8月，生态环境部在《关于生态环境领域进一步深化"放管服"改革，推动经济高质量发展的指导意见》中，明确要探索开展生态环境导向的城市开发(EOD)模式。2021年，生态环境部、国家发展改革委、国家开发银行联合发文，同意36个地方政府和企业依托项目开展第一批EOD试点工作。2022年3月14日，生态环境部办公厅印发了《生态环保金融支持项目储备库入库指南(试行)》，明确采用EOD模式的项目适宜金融支持，可纳入金融支持项目储备库，EOD模式成为首个国家部委牵头进行项目库管理，并开展试点实践的XOD模式。根据EOD项目试点实施情况，试点区域在生态环境质量得到提升的同时，通过生态农业、文旅康养、片区开发等关联产业的开发经营实现价值转化，产业收益反哺投入生态环境保护治理的良性机制得以确立。有关行业的实践探索，为WOD项目开展提供了可参考可借鉴的有益经验。

1.3.2　制约因素

作为一种创新型发展模式，WOD模式从理念到应用实践还面临以下制约因素：

一是项目一体化设计要求高。WOD项目强调水安全保障与产业开发收益之间的紧密关联和平衡统筹。鉴于公益性、准公益性的水安全保障项目建设投资通常规模较大，但收益能力往往较弱，所以对这类项目的一体化设计、关联产业的筛选设定了较高标准，如关联产业发展不仅要遵循行业发展规律，充分考虑市场需求、政策环境、资源配置等要素，而且其收益足以覆盖水安全保障项目运营管理所必需的资金投入，以此实现项目资金的自平衡。

二是土地联动开发存在一定风险因素。目前，对于地方土地开发一二级联动相关实践做法，中央层面政策并未加以限制，但由于宏观的土地政策日趋严紧，以及实施单位因自身经营范围或者资质条件等因素影响，WOD项目关联产业用地保障存在一定风险。同时，地方土地财税政策存在一定的不确定性，对WOD项目运营者回报机制的设计提出了更高要求。

三是协调工作存在一定难度。WOD模式涉及水利、发展改革、财政、住房建设、生态环境、自然资源等多个行业部门，需要土地开发、产业发展、市场化融资等多方面配套政策支持，需要地方政府加强统筹协调，合力推进。同时，WOD项目要求一体化开发实施，相关实施主体需要具备多领域复合能力，这对项目公司投建管运综合能力提出了较高要求。

1.4 积极推进WOD模式的研究和应用

1.4.1 进一步明晰实施路径

WOD模式是一种复合新型发展模式，涉及多个行业部门和领域，要实现水安全保障和区域经济社会协调发展的目标，必须坚持系统统筹、分步实施、稳步推进。水利部门要重点从提升"贡献度""认可度""融合度"三个方面持续发力，按照"从贡献到认可、以认可促融合"的发展思路，推进WOD模式落地生根开花。首先，围绕防洪保安全、优质水资源、健康水生态、宜居水环境和先进水文化等人民群众需求，充分发挥水的生产要素价值和社会服务功能，创造更多更好更优质的水生态产品和服务，惠及更多群众和行业领域；其次，坚持系统观念，统筹山水林田湖草沙各要素，将治水主动融入到经济社会发展其他行业，一体谋划、协同推进保护、治理、发展等各项工作；最后，充分发挥水资源的引领约束作用，推动其他行业主动对接水利相关规划，实现其他规划与水利规划的有效衔接。

1.4.2 开展试点先行先试

水安全保障项目外溢效应显著，可借鉴生态环境等相关行业实践经验，选择若干基础条件较好的地区和水利项目先行先试，探索开展WOD模式试点，推进水安全保障项目与资源、产业开发项目有效融合发展，及时总结试点实施过程中的经验和教训，探索形成可复制可推广的典型模式和案例，更好地指导WOD模式推广应用和规范实施。对于经济社会发展条件和自然资源禀赋较好的地区，可以探索将WOD模式作为水利发展重点方向，在全面改善区域水安全保障条件的同时，引领带动涉水产业发展，推动实现水安全保障和经济高质量发展有机融合，生态效益与经济效益双提升。

1.4.3 深化配套政策改革

持续深化水安全保障重大工程的投融资机制改革，从深化水价改革、落实相关补贴政策、健全水生态补偿机制等入手，打通价值实现路径，重塑回报机制，广泛吸引社会资本参与，增强WOD项目融资能力。积极争取金融机构支持，推动WOD模式项目纳入金融支持水利建设项目储备库。探索设立WOD产业基金，基金的回报机制采用市场化方式运作，引导各地积极探索采用WOD模式推进水利项目建设的新路径。

1.4.4 强化政策理论研究

目前，WOD模式尚处于理论探索阶段，相关理论研究基础还较为薄弱。今后应进一步加强WOD模式实施相关土地、财政、金融、税收等政策理论研究，强化WOD模式的要素支撑和保障；推进WOD模式落地方式和筹融资方式研究，针对不同类型WOD项目的投资回报机制，探索适用的运作方式、交易结构、投融资模式等，明确社会资本、金融机构、有关企业等参与的具体方式；在理论研究基础上，总结凝练各地探索实践WOD模式的好经验和好做法，推动制定出台鼓励和支持WOD模式实施的政策性文件。

2 深化水利投融资机制改革

【编者导读】

推动水利基础设施建设需要强有力的资金保障。近年来，我国水利投资规模逐年增长，多元化投融资格局初步形成，为加快国家水网建设提供了坚实保障。但受多种因素影响，也存在财政投入趋紧、项目融资能力偏弱、市场主体作用不强、资产资源经济价值挖掘不充分、配套改革措施不到位等问题。为此，要落实党的二十届三中全会精神，深化水利投融资改革，发挥政府资金引导作用，健全投融资体制机制；加大金融信贷支持，用好用足优惠政策；加强模式推广应用，吸引社会资本参与；探索运用投资信托基金（Real Estate Investment Trusts，REITs）等创新方式，盘活存量资产；建立健全水生态产品价值实现机制，用好涉水相关资源；推进配套改革，充分激发市场主体活力。

2 深化水利投融资机制改革

水利关系国计民生，是实现高质量发展的基础性支撑和重要带动力量，也是补短板的重点领域。2022年以来，我国水利基础设施建设全面提速，连续三年完成投资均超万亿元，为推动经济持续回升向好做出了贡献。习近平总书记强调，要创新补短板投入机制，政府要保持投入力度，同时推动形成市场化、可持续的投入机制和运营机制。党的二十届三中全会提出，要更好发挥市场机制作用，拓宽多元化投融资渠道。这对水利投融资改革提出了新的更高的要求，亟须在总结近年来取得成就的基础上，坚持问题和目标导向，研究提出深化水利投融资改革的思路举措，为加快推进水利高质量发展提供有力的资金保障。

2.1 近年来水利投融资改革取得的成就

2.1.1 水利投融资规模逐年增长

根据水利投资统计数据，2012—2023年，全国累计完成水利建设投资82450.50亿元，年均投资额约6870.88亿元，多年平均增速约13.07%，水利投资规模在波动中显著上升，对经济发展起到了积极的推动作用。特别是2022年以来，各级水利部门认真落实党中央、国务院决策部署，全力加快水利基础设施建设，水利建设投入总体呈现持续高位增长的趋势。2022年完成水利建设投资10893亿元，首次迈上万亿元台阶，广东、云南、浙江、湖北、安徽等12个省份完成投资额度超过500亿元；2023年完成水利建设投资11996亿元，水利基础设施建设规模、强度、投资以及吸引金融资本和社会资本的规模等增长迅速，全年水利建设吸纳就业273.9万人，同比增长8.9%；2024年全年水利基础设施建设完成投资逾1.3万亿元，连续3年超1万亿元，为推动经济回升向好、巩固夯实安全发展基础贡献了水利力量。2012—2023年分资金来源水利建设完成投资如图1所示。

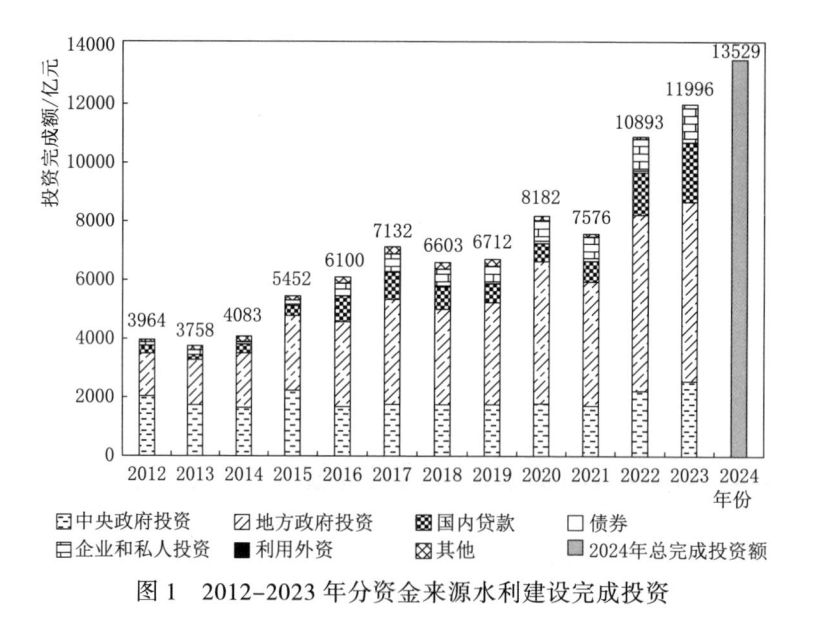

图1 2012-2023年分资金来源水利建设完成投资

2.1.2 水利多元化投融资格局初步形成

从资金来源看，十八大以来，政府投资是水利投入的主渠道，约占总投资的3/4，同时充分利用债券、信贷等金融资金，规范和引导各类社会资本投入水利建设，金融和社会资本占水利总投资的比例从2012年的11.8%提升至2023年的27.6%。"十四五"以来（2021—2023年），水利资金结构日趋向政府和市场共同发力的多元化格局调整。在财政投资方面，政府投资占水利总投资的比例为75.00%，其中，中央政府投资增速放缓，占比下降至21.27%；地方政府投资保持稳定，占比为53.73%（地方政府专项债券投资占比为16.26%）。在金融信贷方面，国家出台了一系列含金量高、操作性强的金融支持水利基础设施建设政策，水利利用金融资金的规模显著增长，占总投资的比例提升至14.29%，其中国内贷款、债券分别占总投资的13.70%、0.59%。在社会资本参与方面，各类社会投资占比为10.71%，其中企业和私人投资、外资、其他资金分别占总投资的10.10%、0.05%、0.57%。值得一提的是，银华绍兴原水水利封闭式基础设施证券投资基金（银华绍兴原水REITs）于2024年11月在深圳证券交易所成功上市发行，成为全国水利基础设施REITs第一单，标志着水利投融资改革取得突破性进展。

2.1.3 水利基础设施对国家重大战略支撑更加有力

在推进区域协调发展、全面推进乡村振兴、实施国家江河战略等重大战略和部署下，水利投资持续向国家水网重点工程、大江大河大湖堤防达标、中小河流系统治理、灌区现代化改造、病险水库除险加固、灾后重建等项目倾斜。国家水网主骨架大动脉加快完善，开工建设南水北调中线引江补汉工程，深化西线工程和东线后续工程前期工作，构建中线工程水源地水质安全保障体系，引江济淮、引汉济渭、珠江三角洲水资源配置等一批跨流域、跨区域重大引调水工程建成通水，开工建设了环北部湾水资源配置、吉林水网骨干工程等一批重大项目。防洪除涝、供水和灌溉等工程投资接近水利总投资的3/4，并保持稳定增长趋势，为国家的防洪安全和水资源保障提供了有力支持。全国流域防洪工程体系不断完善，大中型灌区建设与现代化改造加快推进，农村人口供水保障水平不断提升，农村自来水普及率达到90%，规模化供水工程覆盖农村人口比例达到60%。2012—2023年累计分用途水利建设完成投资及占比如图2所示。

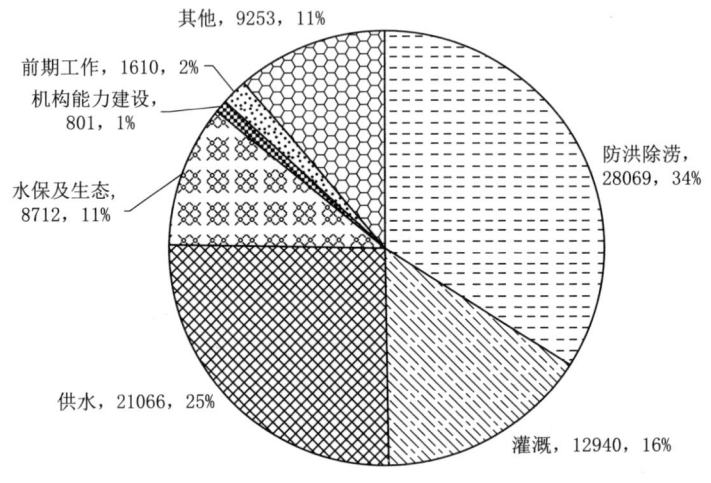

图2　2012—2023年累计分用途水利建设完成投资及占比

2.2　当前推进水利投融资改革面临的挑战

2.2.1　水利建设投资需求增长与财政趋紧存在矛盾

党的二十大报告明确提出要构建现代化基础设施体系。国家水网是现代化基础设施体系的重要组成部分，也是建设现代化产业体系的重要支撑。面对国家水网建设的加速推进，水利建设投资需求仍将维持高位。当前，水利建设投资仍主要依赖公共财政投入，金融信贷和社会资本占比只有1/4。与此同时，受经济增速放缓、土地收入下降、财政收支紧平衡、地方政府隐性债务问题等多种因素影响，地方财政投入增长乏力，与国家水网建设资金的高需求不匹配。受当前投资政策影响，部分水利工程尚无中央投资支持渠道，一些工程投资大、任务重，单靠地方财政投入难以完成。具有较强公益属性的河道水生态治理类项目，由于投资回报低，市场主体参与积极性不高，地方财政筹措水利建设资金压力也较大。

2.2.2 水利项目融资能力偏弱与市场化融资要求不匹配

党的二十届三中全会对健全现代化基础设施建设体制机制、拓宽多元化投融资渠道提出了明确要求。然而，长期以来水利项目普遍存在投资规模大、经营利润薄、回收周期长等特点，且大部分属于公益性项目，承担防洪、灌溉、生态等民生任务，本身并不直接产生经济效益，而项目间接产生的社会效益或生态效益难以量化，也尚未建立相应的社会效益反哺机制、生态补偿机制，导致项目市场化融资能力不足。综合水利枢纽、水电站、水源工程、引调水工程、城乡供水、大中型灌区等具有供水、发电等功能，具备一定收益能力和市场化融资的条件，但受水价偏低、公益性支出缺乏补偿渠道等因素影响，收益难以覆盖成本，对金融信贷和社会资本等市场化融资渠道吸引力不足。

2.2.3 水利企业发挥市场主体作用不足

党的二十届三中全会强调，要推动国有资本和国有企业做强做优做大，增强核心功能，提升核心竞争力，推进基础设施竞争性领域向经营主体公平开放，完善民营企业参与国家重大项目建设长效机制。目前，水利国有企业在增强投融资能力、参与水利工程建设管理等方面的市场主体作用有待进一步发挥，市场化改革还需深入推进。地方国有水利企业及市、县级投融资主体普遍存在资金筹措压力较大、负债率攀高、资本化运营滞后于水利快速发展需要等现象。同时，由于缺乏优质、有效的可抵押资产，担保能力严重不足，融资贷款能力受到制约。此外，重大水利工程项目引入社会资本方多为大型地方国企或央企，民营企业参与度不高。一方面，有对应资金实力、建设实力的民营供应商数量较少，难以满足日益增长的水利项目建设需求。另一方面，水利项目运营管理需要专业的技术和经验，部分民营企业对此缺乏足够的了解和掌握，导致可能无法满足相关公共服务要求。

2.2.4 水利资产资源的经济价值挖掘不充分

党的二十届三中全会明确提出，要健全生态产品价值实现机制。推动水资源资产隐性价值显性化，实现水资源资产生态价值合理转化，仍面临诸多挑战。一方面，水利存量资产的潜在经济价值挖掘有待进一步加强。水利领域经过长期建设投资，形成了规模较大的存量资产，但由于市场化程度不高、整体盈利性不足、资产组成复杂等特点，资产盘活难度大，需进一步挖掘其商业或金融价值，提升社会资本投资信心。另一方面，水资源具有的生态产品供给、生态调节服务和生态文化服务等价值尚未充分转化。由于对水生态产品认识存在差距、计量监测体系不完善以及测算评价标准尚未统一等，水生态产品价值难以准确衡量。在幸福河湖等建设中，并没有充分挖掘河湖自身的经济价值，未能实现生态效益、经济效益和社会效益的共同提升。同时，由于传统的管理模式制约，关于水生态产品价值的转化方式有待进一步探索。虽然一些地方开展了水经济、绿色金融、REITs等试点，但亟须以点带面，取得更多突破，进一步打通将资产资源转化为资本资金，再用于水利基础设施建设和运营的良性循环路径。

2.2.5 配套改革措施还不到位

党的二十届三中全会要求推进水利行业自然垄断环节独立运营和竞争性环节市场化改革。当前，水利全面深化改革的主体框架基本确立，随着水利改革向纵深推进，难度也逐渐加大，一些重点领域水利改革在推进落实过程中存在着不少亟待解决的问题。与水利投融资体制相适应的水价机制尚未形成，据统计，截至2020年，全国水利工程农业供水水价仅为供水成本的1/3，非农业供水水价不足供水成本的1/2，成本收益倒挂导致工程融资困难，社会资本参与度较低。用水权改革步入深水区，受制于上位法律依据不够充分、各地水土资源不够匹配、水量分配和统一调度等工作尚未全面开展、计量监测等基础工作薄弱等因素，深入推进用水权市场化交易仍有一定难度。节水产业刚刚起步，总体呈现"低、小、弱、散"等特点，从规模、市场结构、技术水平和培育发展推动等方面来看，与高质量发展的要求相比还存在较大差距。水利工程产权制度建设滞后，水利工程产权权属往往难以界定，或界定后由于产权的复杂性、实物的不可分割性等导致可交易性较差。

2.3 准确把握深化水利投融资改革的思路举措

深入学习贯彻党的二十届三中全会精神与习近平总书记关于治水的重要论述精神，落实水利部两手发力"一二三四"工作框架体系，通过创新机制、优化政策、激活市场等措施，积极推进水利投融资改革，提高水利基础设施建设的效率和效益，为水利高质量发展提供有力保障。

2.3.1 发挥好政府资金引导作用

要发挥政府投资撬动作用，在全力争取中央财政投资的同时，各级地方政府要继续将水利作为财政支持的重点，完善公共财政水利投入政策，建立完善事权清晰、责权一致、协同推进的水利投入机制。完善定期发行超长期特别国债支持水利领域建设、地方政府专项债券向水利领域倾斜机制，充分利用增发国债、专项债券等多种资金渠道，扩大投入规模和支持范围。科学运用政府投资基金，积极对接各级各类支持水利领域的已有基金，审慎设立水利专项基金，采用股权投资等市场化方式，引导社会资本投资水利重点领域和新质生产力发展。发挥多种政策工具合力，激发民间投资活力，形成市场主导的投资内生增长机制，保障资金投入。

2.3.2 加大金融信贷支持

用好用足金融支持水利政策，鼓励金融机构将水利作为信贷投入的重点领域，通过延长水利中长期信贷期限、提供利率下浮优惠、创新绿色金融产品等方式，着力保障水利工程项目融资需求。在符合国家法律法规、监管规定以及贷款风险可控的前提下，鼓励金融机构创新还款来源、抵押担保等模式，探索供水特许经营权及原水、供水、发电、水务一体化等预期收益权质押贷款。探索创新"节水贷""水权贷""绿电贷"等绿色金融实现路径，鼓励符合条件的企业依托水利存量资产所有权、特许经营权、收费权等开展市场化融资，综合运用企业债券、短期融资券、中期票据等多种方式支持水利建设。充分运用债券投资计划、股权投资计划、资产支持计划等融资工具，引导社保资金、保险资金等长期资金投入具有稳定经营性收益的水利工程，发挥耐心资本优势。

2.3.3 加强创新模式推广应用

推动各地创新应用特许经营、项目融资＋施工总承包（Financing+Engineering-Procurement-Construction，F+EPC）、建设—运营—移交（Build-Operate-Transfer，BOT）、设计—建设—融资—运营—移交（Design-Build-Financing-Operate-Transfer，DBFOT）、转让—运营—移交（Transfer-Operate-Transfer，TOT）、改建—运营—移交（Renovate-Operate-Transfer，ROT）、股权合作、政府购买服务等多种模式，吸引更多市场主体通过募投建管一体化方式参与水利项目建设运营。运用好政府和社会资本合作新机制，建立政府与社会资本利益共享、风险共担的长期合作关系，完善收益分配、价格调整等支持政策。健全社会资本投资重大水利工程项目的信贷风险分担机制以及融资担保体系，积极探索形成"信贷＋保险"合作模式。

2.3.4 大力盘活水利存量资产

探索水利基础设施投资信托基金（REITs）、政府和社会资本合作、产权交易、企业债券、资产证券化等多种方式，盘活具有经营收入的存量水利资产，将回收资金作为资本金投入新建水利项目，构建存量资产与新增投资的良性循环机制。组织摸排水利基础设施存量资产，建立项目资产台账，细化资产属性，厘清权属关系，开展资产评估，落实盘活条件。加快水利国有企业市场化转型，做强做优做大水利市场主体，通过资源整合、资产重组、协议转让等方式，优化整合水利长期闲置的存量资产。在处理好存量资产公益性与经营性关系的前提下，挖掘水利项目潜在收益，调动社会资本参与积极性，提升水利项目市场化、专业化运营能力。

2.3.5 建立健全水生态产品价值实现机制

建立健全流域水生态产品调查监测和价值评价制度，构建水生态产品总值核算体系和分类定价机制。加快推进水生态保护补偿机制建设，推动建立长江、黄河等全流域横向生态保护补偿机制，鼓励沿线省份在干流及重要支流建立省际和省内横向水生态保护补偿机制，在具有重要生态功能、水资源供需矛盾突出、受各种污染危害或威胁严重的典型流域开展横向生态保护补偿试点。建立健全水生态环境保护者受益、使用者付费、破坏者赔偿的利益导向机制，鼓励具备条件的地区开展水生态产品价值实现机制试点，推动补偿方式的市场化、多元化。统筹涉水产业开发收益与水利工程建设投融资，大力推进水利与农业、旅游、康养、生态等其他产业融合发展，以新的产业形态来提升水利项目融资能力。

2.3.6 协同推进配套改革措施

深化水价形成机制改革、用水权市场化交易制度改革、节水产业支持政策改革和水利工程管理体制改革，促进各项改革协同推进、共同发力，充分激发市场主体活力，进一步拓宽水利建设资金筹措渠道。推动水价改革，水利工程供水价格按照"准许成本＋合理收益"的原则，同时考虑水利工程供水的行业特性，建立健全激励约束并重、与水利投融资体制机制改革相适应的价格机制，区分不同类型工程特点和作物种植结构，分类推进农业水价改革。推进用水权市场化交易制度改革，建立健全全国统一的用水权交易平台和市场，推动地区间、行业间、用水户间开展用水权交易。落实加快发展节水产业的政策措施，形成政府引导、财税金融支持、产业技术创新、市场准入监管、法规标准等政策体系。推进水利工程产权改革，完善各类市场主体平等参与水利工程建设运营的营商环境，加快建设统一开放、竞争有序的市场体系。

3
盘活水利基础设施存量资产

【编者导读】

经过多年建设，我国在水利基础设施领域形成了数以万亿元计的资产。盘活水利存量资产，不仅有助于化解地方政府债务风险，还有助于及时回收资金并进行项目投资，推动形成水利投资—水利资产—新增水利投资的良性循环。开展水利基础设施存量资产估算，可为进一步有效盘活水利存量资产提供决策支持。本文基于历年统计数据和财务惯例，采用永续盘存法统计全部水利存量资产账面价值，并根据固定资产投资统计报表制度等规定考虑固定资产投资指标中的价格变动因素，按照投资用途分类匡算存量资产账面价值。同时根据资产评估要求和相关准则，运用收益法估算有供水、发电收益的水利存量资产。当前水利基础设施领域可盘活的存量资产规模潜力较大，要建立健全相关体制机制，引导各地积极有序开展存量资产盘活工作。

3 盘活水利基础设施存量资产

水利是国民经济和社会发展的重要基础设施,1960—2020 年水利累计完成投资 6.92 万亿元,建成各类水库近 10 万座、农村供水工程 1100 多万处、设计灌溉面积 2000 亩❶及以上灌区 2.28 万处,形成了规模巨大的存量资产。习近平总书记在 2024 年中央经济工作会议上提出,必须统筹好做优增量和盘活存量的关系,全面提高资源配置效率。为深入贯彻落实党中央、国务院关于盘活存量资产、扩大有效投资的有关精神,本文基于有关统计和调研成果,采用资产统计和评估方法,初步估算了水利基础设施存量资产、有一定收益的水利基础设施存量资产规模,对于推动有效盘活水利存量资产、推动形成存量资产和新增投资的良性循环具有重要意义。

3.1 估算方法

本次估算主要包括水利存量资产账面价值统计和有一定收益的水利存量资产规模估算两部分内容。

3.1.1 水利存量资产账面价值统计

(1)主要依据。根据《政府会计准则——基本准则》,政府会

---

❶ 1 亩 ≈ 666.67m^2。

计主体在对资产进行计量时，一般应当采用历史成本计量，即按照取得时支付的现金金额或者支付对价的公允价值计量。财政部和水利部《关于进一步加强水利基础设施政府会计核算的通知》规定，水利基础设施的会计核算应当遵循《政府会计准则第5号——公共基础设施》等规定，公共基础设施应计提的折旧总额为其成本，计提公共基础设施折旧时不考虑预计净残值。根据《企业国有资产交易监督管理办法》，国有资产转让价格可以资产评估报告或最近一期审计报告确认的净资产值为基础确定，且不得低于经评估或审计的净资产值（账面价值）。

（2）估算公式。基于历年统计数据和政府会计准则相关规定，本文利用永续盘存法（Perpetual Inventory Method，PIM）计算多年累计水利固定资产账面价值，该方法由Goldsmith在1951年开创，迭代后得到：

$$k_t = k_{t-1} + I_t - \delta \sum_{i=1}^{t} I_i \tag{1}$$

式中：k_t 为第 t 年末提取折旧后固定资产累计账面价值；I_t 为第 t 年新增固定资产；δ 为折旧率，根据《水利建设项目经济评价规范》取3%。

按照固定资产投资统计报表制度规定，应考虑固定资产投资价格因素的影响，因此本文借鉴普遍做法，使用1991—2020年《中国统计年鉴》所公布的固定资产投资价格指数进行调整，计算公式如下：

$$k_t = k_{(t-1)} + \frac{I_t}{P_{(t-1)}} - \delta \sum_{i=1}^{t} \frac{I_i}{P_{(i-1)}} \tag{2}$$

式中：k_t 为将累计固定资产账面价值调整至以 2020 年价格水平为基准的结果；P_{t-1} 为以第 t 年价格为基准（价格为 1）所计算出的第 $t-1$ 年的相对价格，利用固定资产投资价格指数计算得出。

3.1.2 有一定收益的水利存量资产规模估算

（1）主要依据。根据《资产评估基本准则》《资产评估执业准则——资产评估方法》，资产评估方法主要包括市场法、收益法和成本法三种基本方法及其衍生方法。其中，市场法的应用前提是评估对象的可比参照物具有公开的市场以及活跃的交易，有关交易的必要信息可以获得；收益法的应用前提是评估对象的未来收益可以合理预期并用货币计量，预期收益所对应的风险能够度量，收益期限能够确定；成本法的应用前提是评估对象能正常使用，能够通过重置途径获得，重置成本以及相关贬值能够合理估算。目前，水利基础设施存量资产中，供水、发电等项目具有一定收益，是盘活的主要类型。收益法从供水发电收益的角度，根据可获得的实际供水量和发电量以及价格进行估算。申报基础设施 REITs 试点项目要求原则上以收益法作为项目评估的主要估价方法。本文采用收益法对水利基础设施存量资产进行估算。

（2）估算公式。收益法是通过将评估对象的预期收益资本化或者折现，来确定其价值的一种评估方法。对于水利基础设施来说，具体可采取现金流量折现法估算资产价值。假设项目持续运营且若干年后收益稳定，则资产净值可通过以下公式计算：

$$P = \sum_{i=1}^{t} \frac{R_i}{(1+r)^i} + \frac{A}{r} \times \frac{1}{(1+r)^t} \tag{3}$$

式中：P 为资产评估现值；R_i 为未进入稳定运营期前第 i 年的净现金流；r 为折现率；t 为进入稳定运营期所需年数；A 为进入稳定运营期后年净现金流。

考虑到本次估算范围内的多数水利工程已进入稳定运营期，则式（3）可简化为

$$P=A/r \tag{4}$$

3.2 水利基础设施存量资产规模情况

3.2.1 估算范围

按照水利建设投资统计报表制度，统计范围包括当年在建的所有水利建设项目，包括水利工程设施、行业能力以及水利前期工作等项目。数据来自历年全国水利发展统计公报、中国水利统计年鉴，以 2020 年价格为基准的存量资产规模计算。

3.2.2 账面价值统计情况

据统计，1960—2020 年我国水利累计完成投资 6.92 万亿元，其中 2001—2020 年完成投资 6.58 万亿元，占比 95%。2001—2020 年累计新增固定资产占完成总投资的比例为 65.3%，按基础设施固定资产形成率 65% 估算，1960—2020 年累计形成固定资产约 4.52 万亿元，考虑折旧后累计固定资产账面价值 3.47 万亿元。

3.2.3 考虑价格因素的存量资产规模

由于核算期内市场价格变动不仅会影响新增固定资产与固定资

产存量的可比性，而且会影响提取折旧的真实性与准确性，因此，使用相关价格指数调整之后的结果更加具有参考价值。由于官方只公布了1991—2020年的固定资产投资价格指数，本文采取张军等（2004）、单豪杰（2008）等的方法，使用《中国国内生产总值核算历史资料（1952—1995）》《中国国内生产总值核算历史资料（1952—2004）》提供的固定资本形成价格指数，以1952年为基期计算隐含平减指数，进而计算其他年份的固定资产投资价格指数。

调整至2020年基准水平后，1960—2020年累计形成固定资产规模达5.75万亿元，考虑折旧后累计固定资产规模达4.39万亿元。调整后的水利存量资产情况详见图1。考虑价格和折旧等因素后，存量资产规模匡算结果更符合实际水平。按用途统计，2001—2020年完成的水利投资中，防洪工程约占35.2%，灌溉工程约占16.8%，供水工程约占24.3%，水电工程约占3.1%，水土保持及生态治理工程约占7.9%，其他工程约占12.7%。具有一定收益的供水工程和水电工程约占27.4%。

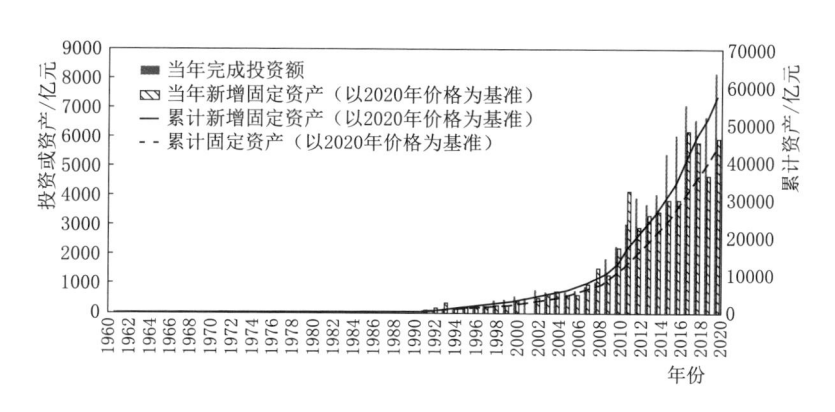

图1 1960—2020年水利完成投资和存量资产情况
（以2020年价格为基准）

3.3 有一定收益的水利存量资产估算

3.3.1 估算范围

根据盘活存量资产相关要求、相关年鉴和公报统计、数据可得性以及各类项目实际运营情况,采用资产评估方法中的收益法估算供水和水电存量资产,具体范围包括:供水资产核算非农业供水工程,不考虑收益较低的灌溉工程;水电资产核算小型农村水电,即装机5万kW及以下水电站资产。

3.3.2 估算参数

(1)总量。

1)用水量。根据2020年《中国水资源公报》,2020年全国用水总量5812.9亿m^3,其中非农业用水1893.5亿m^3。

2)发电量。据2020—2021年度全国电力供需形势分析预测报告统计,2020年,全国全口径水电发电量13540亿kW·h,其中农村水电发电量2424亿kW·h,占比为17.9%。

"十三五"期间,农村水电发电量相对较为稳定,年均约2492亿kW·h。

(2)单价。

1)水价。水价分为工程水价和市场水价,工程水价借鉴典型省份大、中、小型水利工程的单价调研情况,市场水价根据各地公布的水资源费/税征收标准、不同水源类型或用户类别的价格标准计算。全国工程水价法单价(考虑用水量加权)和市场水价法单价均值分别约为0.46元/m^3和1.80元/m^3。

2)电价。借鉴河南、浙江、广西等典型省份水电上网电价,各地上网电价均值为 0.3～0.4 元/（kW·h）。

（3）利润率。根据国家统计局数据，我国水的生产与供应、水力发电行业 2008—2015 年平均营业收入利润率分别为 2.8% 和 15.7%。考虑水利工程利润偏低，非农业供水和农村水电项目利润分别以行业多年平均利润率为上限。同时参考 REITs 试点项目近 3 年内总体保持盈利或经营性净现金流为正等要求，利润率下限取值为 0。

（4）净现金流。根据以上数据，用供水发电总量乘以单价，再乘以利润率，得到营业收入利润，再加上折旧费，即可估算净现金流。其中，折旧费按综合年折旧率乘固定资产原值计算，综合年折旧率取值为 3%。

（5）折现率。根据我国资产评估相关规定，折现率取值可以行业平均资金利润率为基础，再加上 3%～5% 的风险报酬率。结合近期水务 REITs 项目资产评估情况，折现率取值为 8%～10%。

3.3.3 基于收益法的水利存量资产估值

按不同利润率、单价和折现率计算，具有供水和水力发电功能的资产估算总值约为 4340 亿～8595 亿元，均值为 6468 亿元。其中供水工程资产估算值均值为 4114 亿元，农村水电资产估算值均值为 2354 亿元。估算成果详见表 1。

表 1 收益法资产估算成果

工程类别	利润率/%	单价	净现金流/亿元	折现率/%	收益法资产评估值/亿元
非农业供水	0	—	312	8	3899
				10	3119
	2.8	0.46 元/m^3	337	8	4209
				10	3367
		1.80 元/m^3	409	8	5109
				10	4087

续表

工程类别	利润率/%	单价	净现金流/亿元	折现率/%	收益法资产评估值/亿元
农村水电	0	—	122	8	1526
				10	1221
	15.7	0.3元/(kW·h)	240	8	2996
				10	2397
		0.4元/(kW·h)	279	8	3486
				10	2789
合计			434	8	5424
				10	4340
			576	8	7205
				10	5764
			688	8	8595
				10	6876

3.4 问题和建议

本次采用账面法估算了全部水利存量资产价值，考虑到价格因素，水利存量资产规模可达4.39万亿元，其中有供水、发电等用途且有收益的资产账面价值可超万亿元。采用收益法评估有非农业供水和小型农村供水等一定收益的水利存量资产规模为6467亿元。在不考虑相关权益人盘活意愿、资产权属、土地使用等因素的情况下，水利基础设施资产盘活的基础较好。

3.4.1 主要问题

（1）关于估算精度。收益法的评估对象一般为具体项目，而本次评估对象为水利行业中的供水、发电类型的所有项目之和，为行业层面的匡算。

（2）关于收益法评估值与账面值的比较。供水工程资产的收益法评估值存在低于账面价值的现象，反映出我国供水工程收益普遍较低的问题，在一定程度上影响了存量资产的盘活。

3.4.2 相关建议

（1）研究出台引导和规范水利领域盘活资产的政策文件，对重点领域、具体方式、重点工作等加以指导，加强与相关政策的支持和衔接，用好国家发展改革委引导社会资本参与盘活国有存量资产中央预算内投资示范等专项，支持将回收资金投入新建水利项目，鼓励将存量资产盘活的情况作为各级分配水利发展资金的考虑因素之一。

（2）摸清项目底数，落实资产盘活工作有关要求，梳理盘点本地区水利项目，摸清底数，形成项目清单，鼓励开展水利基础设施存量资产估值；对照不同盘活方式的条件，筛选存量资产，建立意向项目动态台账，积极引导通过资产证券化、REITs试点等方式盘活存量资产。

（3）优化整合存量项目，结合当地实际，引导原始权益人在处理好项目公益性与经营性关系的前提下，依法合规开展资产确权、分割重组和优化整合，提升资产规模和质量。广泛调动各类社会资本的积极性，鼓励其通过出资入股、收购股权、相互换股等方式加强合作，提升水利项目市场化、专业化运营能力。

（4）建立健全工作机制。各地水利部门要加强项目培育孵化和全过程跟踪，加强与本地区发展改革、证监、城乡规划、自然资源、生态环境、住房城乡建设、国资监管等部门的沟通，协调有关方面对水利项目盘活工作予以支持，共同解决项目推进过程中存在的问题，加快推进相关工作。

专题2 水 价 改 革

4
推动水网建设中水资源价值转化

【编者导读】

在国家水网建设背景下,正确认识、合理评估并有效转化水资源多元价值,对于推动水资源高效配置和节约集约利用具有重要意义。本文立足国家水网建设,通过构建多元化的水资源价值体系,多角度分析了水资源多元价值构成、测算方法,探索了水资源多元价值转化路径。研究表明,水资源具有资源价值、供水服务价值和生态服务价值等多重价值属性。其中,资源价值的核心要素包括产权、有用性和稀缺性,通过建立健全用水权有偿取得机制实现价值转化。供水服务价值重点关注为保障经济社会发展用水需求,在水资源管理和开发利用过程中增加的价值,通过完善工程水价形成及调整机制实现价值转化。生态服务价值包括供给服务、调节服务和文化服务等价值,结合生态保护者的直接投入和机会成本等,考虑生态保护和经济社会发展的阶段性特征,通过建立生态保护补偿机制推动生态服务价值实现。

学习践行新时代治水思路——两手发力

《国家水网建设规划纲要》对我国建设现代化高质量水利基础设施网络作出系统部署，提出实施重大引调水工程建设，完善水资源配置和供水保障体系的重大任务。水资源具有资源价值、供水服务价值和生态服务价值等多重价值属性。长期以来，由于主客观等多种因素影响，水资源的多重价值在引调水工程实施中未得到充分实现，既影响水资源价格形成机制的科学构建，又不利于推动水资源优化配置和节约集约利用。因此，全面贯彻习近平生态文明思想和习近平总书记关于治水的重要论述精神，落实党的二十届三中全会关于自然资源价格改革的要求，推动水网建设中水资源多元价值转化势在必行。本文立足国家水网建设，综合经济学、法学、环境科学等多学科理论和方法，构建多元化的水资源价值体系，探讨如何通过合理的价格机制和政策措施，推动水资源价值全面实现，为水网建设中水资源多重价值转化相关工作提供参考。

4.1 资源价值

资源价值是维持水资源持续供给的基本前提，是水资源多元价值体系的基础。针对资源价值转化存在的问题，需要进一步推进改革，完善制度设计，推动水网建设中水的资源价值转化。资源价值理论提供了认识和评估水资源内在价值的框架。

4.1.1 概念分析

水的资源价值体现的是水资源自身具有的价值，与水资源产权、数量与质量密切相关，产权价值、有用性价值和稀缺性价值是其核心要素。

（1）产权价值。从产权所有者角度看，我国水资源属于国家所有，根据《水法》《取水许可和水资源费征收管理条例》等法律法规，当国家把水资源使用权通过取水许可授权给取用水户时，取用水资源的单位或个人理论上需要支付相应的对价，以体现水资源权属和价值。

（2）有用性价值。有用性价值是指水资源能够满足人类一种或多种功用的属性或性能。水质是有用性价值高低的关键，一般来说，水质好的水相对于水质差的水其使用功能更多，水资源有用性价值也更大。

（3）稀缺性价值。稀缺性价值是指水资源供给量相对需求量不足而激发出的价值。水资源的稀缺性不仅指水资源绝对量的多少，更重要的是其相对稀缺程度，与区域人口、社会经济、生态环境、水资源调控能力等密切相关。

4.1.2 测算方法建议

（1）产权价值测算。产权价值是国家政治权力的体现，常以形成"赋税"的决策方式实现。2016年以来，我国先后在河北、北京、天津等10个省（自治区、直辖市）开展了水资源税改革试点，对引导水的资源价值转化起到积极作用。党的二十届三中全会对深化财税体制改革进行了全面部署，明确要落实水资源刚性约束制度，全面推行水资源费改税。2024年12月1日起，我国全面实施水资源费改税试点，对直接取用地表水或者地下水的单位和个人征收水资源税，分地区、分水源类型、分行业设置差别税额标准，实现税收对水资源利用的调控作用。因此，可根据水资源税的差别税额标准测算产权价值。

（2）有用性价值测算。参考相关文献资料，可采用水资源有用性价值模型进行测算。根据水资源的用途，将其分为居民生活用水、工业用水、农业用水、生态用水等多种类型，根据用水户的相对重要性，采用德尔菲法确定第i类水质的水资源实现j功能的价值w_{ij}。遵循"好水好价"原则，根据用水户对水质的需求，确定第i类水质的水资源实现j功能时的功能系数a_{ij}。第i类水资源的有用性价值U_i可通过以下公式得出：

$$U_i = \sum_{j=1}^{n} w_{ij} a_{ij} \tag{1}$$

（3）稀缺性价值测算。一般认为，在全国范围内水资源的稀缺性价值R与有用性价值U是相等的。考虑到区域差异性，引入水资源稀缺性修正参数β，表示区域水资源稀缺程度与全国平均水平的差异。若区域水资源充足，稀缺程度低于全国平均水平，则$0 \leq \beta < 1$；反之，若区域水资源缺乏，其稀缺程度高于全国平均水平，则$\beta > 1$，其稀缺性价值的增长方式将呈幂函数形式变化。一般情况下，区域水资源稀缺性价值为

$$R = \beta^{1.5} U \tag{2}$$

目前，水的资源价值仅以国家征收水资源税的形式体现了产权价值，并没有包含水作为自然资源的应有对价，即没有体现有用性和稀缺性价值。随着水网建设加快推进，引调水工程将推动水资源在更大范围内优化配置，用水户取得用水权就意味着获得相应的资源价值，除按标准缴纳水资源税外，还应给予水资源所有者一定的资源补偿，将有用性和稀缺性价值转化为相应的价格标准。

4.1.3 转化路径探索

贯彻落实党的二十届三中全会关于深化自然资源有偿使用制度改革的精神，跨流域跨区域引调水应遵循资源有价、使用有偿的原则，立足水的资源价值属性，参照其他自然资源的出让方式，探索引调水工程用水权有偿取得机制。建议采用"价值基准＋协商"方式，以水的有用性和稀缺性价值为基准，经供用水双方协商确定用水权有偿取得标准，按照协议供水年限和供水量，由受水区支付相关费用，以补偿引调水的资源价值。加强对有偿取得标准的跟踪、监测和分析，协议供水年限期满后，根据水源地和受水区的资源禀赋、经济发展、用水权交易市场等因素，适时调整相关标准。

4.2 供水服务价值

供水服务价值是水资源保障经济社会发展的关键所在，是水资源多元价值体系的核心。下面从生产要素投入角度，分析供水服务价值的概念内涵和测算方法，针对价值转化存在的问题，完善相关价格机制，推动水网建设中水资源供水服务价值转化。

4.2.1 概念分析

水资源的有用性价值明确了水资源作为自然资源，具有满足人类社会发展用水需求的属性，但天然水资源在供给用水户使用之前，通常还需要经过合理规划、开发、保护，才能有效满足各类用户对水资源的需求，这其中凝聚着的无差别的人类劳动构成了供水服务价值。供水服务价值包括管理者的管理维护投入和生产者的资源开发投入产生的价值。一是管理维护投入，为保障水资源的水质安全、水量稳定，维持水资源的正常使用功能，国家作为水资源所有者需要进行必要的规划管理、保护和恢复投入，这些投入使水资源的价值进一步增加。二是资源开发投入，水资源是大众商品，为了将水资源配置给用户使用，生产者需要进行必要的工程建设投入，这同样构成供水服务价值的一部分。

4.2.2 测算方法建议

随着水资源的开发利用，供水服务价值应以供水成本费用的形式转移到工程水价中，即以工程水价的形式体现。从生产要素投入角度看，体现供水服务价值的成本费用应包括管理维护和资源开发的全部投入。供水服务价值可采用以下公式计算：

$$P = F_1 + F_2 + \cdots + F_n \tag{3}$$

式中：P 为供水服务价值，元；F_1，F_2，$\cdots$，F_n 为水资源规划、开发、保护等各项投入，元。

实际供水服务过程中，要将供水服务价值转化为工程水价，需要严格的成本核定、完备的定价机制和合理的调价机制等制度保障。目前，《水利工程供水价格管理办法》明确中央直属及跨省（自治

4 推动水网建设中水资源价值转化

区、直辖市）重大水利工程供水价格遵循"准许成本加合理收益"的原则核定，准许成本包括固定资产折旧费、无形资产摊销费和运行维护费等，通过成本监审核定。但是，对于政府投入形成的供水成本，《水利工程供水定价成本监审办法》明确应当区分供水经营者属性，按照顺序冲减各类业务成本。据此，政府投入并没有纳入供水成本费用，导致核定的工程水价未能体现全部的供水服务价值。与此同时，工程水价调整机制不健全，供水服务价值的波动无法及时反映在工程水价中。

4.2.3 转化路径探索

水利工程供水价格改革是推动供水服务价值转化的关键举措。建议采取以下方式完善水资源供水服务价值转化：

（1）完善工程水价形成机制。我国水利工程建设长期依赖政府投资，政府投入构成了供水服务价值的一部分。建议水网建设过程中，适时优化工程水价形成机制，将政府投资和补助补贴等形成的固定资产、无形资产和当期费用等，计入供水成本费用，并合理计提收益，促进工程水价真正反映供水服务全部投入。

（2）因地制宜探索创新定价机制。鼓励有条件的地区综合考虑供水成本、水资源稀缺程度等因素，以供水服务价值为基础，实行供需双方协商定价。进一步引入市场机制，探索通过招投标、公开竞价等方式形成价格。

（3）建立完善水价动态调整机制。综合考虑供水服务价值、经济社会发展及用户承受能力等，合理确定调价幅度、调整周期、调价方式等。同时，建立工程水价与终端用户水价联动机制，及时将工程水价调整部分传导至终端水价。

4.3 生态服务价值

生态服务价值是水资源维系生态安全、满足人类美好生活需求的基础保障，是水资源多元价值体系的重要组成部分。下面根据经济外部性理论，分析梳理生态服务价值的概念内涵和测算方法，结合生态保护者的直接投入和机会成本等，建立完善水源地生态保护补偿机制，推动水网建设中水资源生态服务价值转化。

4.3.1 概念分析

生态服务价值体现水资源在保障生态调节功能的条件下，为人类直接或间接提供各种惠益的价值。国内外相关研究中关于水资源的生态服务价值或水生态产品价值，大致包括供给服务、调节服务和文化服务等价值。

（1）供给服务价值，即水资源系统为人类直接或间接提供水、电等各类物质的价值。

（2）调节服务价值，即水资源系统提供改善人类生存环境与生活条件的享受性非物质惠益的价值，包括水源涵养、水质净化、局部气候调节等。

（3）文化服务价值，即水资源系统为人类知识获取、休闲娱乐等提供的非物质惠益的价值，以旅游康养为代表。

由于供给服务价值已随水资源开发利用通过工程水价体现，故本文所讨论的生态服务价值重点关注由于水网工程建设和外调水量等引起的调节服务和文化服务价值变化，与广义的水生态产品价值内涵不同。

4.3.2 测算方法建议

实施跨流域跨区域引调水，将导致水源地生态环境中的水量减少，天然水资源分配结构改变，水资源的生态服务功能有所损耗。同时，水资源开发利用过程中产生的废弃物随排水进入生态系统，进一步降低了其生态服务功能。立足水资源系统特征，选取水源涵养、水质净化、局部气候调节等生态调节服务功能指标，以及旅游、康养等文化服务功能指标，根据《生态产品总值核算规范（试行）》，测算各项指标的价值（表1），将其累加得到因供水导致每年损耗的生态服务价值。

表 1 生态服务价值测算方法

类型	指标	计算公式	参数解释
调节服务	水源涵养	$V_{wr} = Q_{wr} \times (C_{we} + P_{we} \times D_r)$	V_{wr} 为水源涵养价值，元/a；Q_{wr} 为水源涵养量，m³/a；C_{we} 为水库单位库容的年运营成本，元/(m³·a)；P_{we} 为水库单位库容的工程造价，元/m³；D_r 为水库年折旧率
	水质净化	$V_{wp} = \sum_{i=1}^{np}(Q_{wpi} \times C_{wpi})$	V_{wp} 为水质净化价值，元/a；Q_{wpi} 第 i 类水体污染物净化量，t/a；C_{wpi} 第 i 类水体污染物的单位治理成本，元/t；n 为水体污染物类型数量
	局部气候调节	$V_{tt} = E_{we} \times P_e$	V_{tt} 为气候调节价值，元/a；E_{we} 为生态系统调节温湿度消耗的总能量，kW·h/a；P_e 为当地生活消费电价，元/(kW·h)
	…	…	…
文化服务	旅游康养	$V_{tp} = T_{gr} \times \eta$	V_{tp} 为旅游康养价值总量，元/a；T_{gr} 为旅游总收入，元/a；η 为水生态系统旅游收入占总旅游收入的百分比
	…	…	…

生态服务价值是较为理论性的概念，测算结果偏高，若直接将其转化为价格，可能对受水区造成较重的经济负担。因此，一般将生态服务价值作为参考和理论上限值，结合生态保护者的直接投入和机会成本、生态受益者的获利、支付意愿和受偿意愿、生态足迹等测算方法综合确定。其中，按生态保护者的直接投入和机会成本测算的方法在研究中得到普遍认可。从理论上讲，生态保护的直接投入与机会成本之和应是对生态保护者的最低保障，即生态服务价格理论下限值。

参考《生态保护红线生态补偿标准核定技术指南（征求意见稿）》，生态保护直接成本计算公式如下：

$$DC_j = \frac{1}{3} \times \sum_{t=1}^{3}(DC1_{jt} + DC2_{jt} + \cdots + DCn_{jt}) \times PA_j / PA_s \quad (4)$$

式中：DC_j 为生态保护直接成本，以三年滚动平均值计算，万元；DCn_{jt} 为当地政府在第 t 年与环境保护相关的各类支出，万元；PA_j 和 PA_s 分别为当地和所在省份的生态保护面积，km²。

生态保护机会成本计算公式如下：

$$OC_j = TPU_s \times AR_j \times A_j + (RIN_j - RIN_0) \times AR_j \times P_j \quad (5)$$

式中：OC_j 为生态保护机会成本，万元；TPU_s 为所在省份单位面积税收收入基准值，万元/km²；AR_j 为当地生态保护面积占国土面积的比例；A_j 为当地国土面积，km²；RIN_j 和 RIN_0 分别为当地和所在省份平均居民人均可支配收入，元；P_j 为当地常住人口，万人。

水网建设背景下的水资源生态服务价值主要通过开展水源地生态保护补偿实现。目前，我国在自上而下的政策试点和由下而上的实践创新过程中，形成了不同地区各具特色的生态补偿样板，但补偿标准普遍偏低。以浙江省为例，目前已建立了流域横向生态补偿机制，各地出台了多轮政策对水源地进行保护补偿，如在台州、温州和绍兴等地市相应水源地最新一轮的生态补偿办法中，2024年补偿标准仅为0.22元/m³，生态服务价值被严重低估。

4.3.3 转化路径探索

水源地生态保护补偿是推动水网建设中水资源生态服务价值转化的长效机制。按照"谁受益、谁补偿，谁保护、谁受偿"的原则，构建水量、水质一体式水源地生态保护补偿机制。

（1）合理确定补偿标准。建议以生态保护的直接投入与机会成本之和为下限值，以生态服务价值为上限值，综合考虑区域生态保护和经济社会发展的阶段性特征，由受益地区和水源地相关主体协商，合理确定生态保护补偿标准。

（2）探索多元化补偿机制。积极推动水源地生态产品价值转化，探索开展水生态附加值付费等市场化交易方式，将更多的生态效益转化为经济效益，间接补偿水源地经济发展。探索建立市场化生态保护补偿机制，通过政府购买水源涵养、水生态保护修复等水生态产品，促进水生态保护修复多元化。同时，研究出台水网建设相关投资政策，把握生态补偿与企业社会责任履行的契合点，倡导绿色投资、责任投资，广泛吸引各类社会主体参与。

（3）强化补偿资金使用管理。制定完善配套制度，实施补偿资金精准分配，明确补偿资金重点投向生态环境治理与保护相关领域，充分发挥补偿资金使用效益，持续改善水源水质，进一步提升水源地的生态服务功能。

5

深入推进农业水价综合改革

【编者导读】

　　农业是用水大户，也是节水潜力所在。长期以来，我国农业水价总体水平偏低，不能有效反映水资源稀缺程度和生态环境成本，价格杠杆对促进节水的作用未得到有效发挥。农业水价综合改革是综合运用工程配套、管理创新、价格调整、财政奖补、结构优化等多种举措推进的一项综合性改革。本文从促进水资源节约集约利用、保障灌区良性运行和高质量发展、吸引社会资本投入现代化灌区建设等方面，分析了深入推进农业水价综合改革的重大意义，系统回顾了初步探索、深入试点、全面推进和攻坚克难四个阶段的改革进展历程，总结了改革取得的成效。对标中央有关目标和任务要求，提出了进一步深化农业水价综合改革的方向和重点任务，可为相关地区农业水价改革工作提供决策支持。

5 深入推进农业水价综合改革

习近平总书记强调，农业是用水大户，也是节水潜力所在，更是水价改革难点，要通过精准补贴等办法，既总体上不增加农民负担，又促进农业节水。2016 年，国务院办公厅印发《关于推进农业水价综合改革的意见》(以下简称《意见》)，明确用 10 年左右时间完成改革，建立健全农业水价形成机制，促进农业节水和农业可持续发展。水利部落实中央部署安排，着眼水利高质量发展的重大需求，深入推进农业水价综合改革，2021 年以来持续开展深化农业水价综合改革推进现代化灌区建设试点工作，建成一批"设施完善、节水高效、管理科学、生态良好"的现代化灌区，为在更大范围深化农业水价综合改革提供了实践样板和有益启示。

5.1 深入推进农业水价综合改革的重大现实意义

5.1.1 深入推进农业水价综合改革是促进农业节水、实现水资源节约集约利用的关键所在

我国是农业大国，农业特别是耕地灌溉是用水大户。2023 年全国耕地灌溉用水量为 3160.2 亿 m^3，占用水总量的 53.5%，农田灌溉水有效利用系数为 0.576，较 0.7～0.8 的国际先进水平仍存在一定差距。据测算，我国农田灌溉水利用系数每提升 0.1，每年可以节

约用水 300 多亿 m³，农业节水潜力巨大。推进农业节水，除了常规的工程措施外，还需要健全制度保障，而推进农业水价综合改革是关键。当前，由于农业水价整体偏低，传统农业供用水管理中水资源商品属性体现不够，相当一部分地区还存在大水漫灌等用水浪费现象。建立健全农业水价形成机制，进一步强化水的商品属性，有助于充分发挥水价促进节水的杠杆调节作用，引导用水户树立节水意识，促进水资源节约集约利用。

5.1.2 深入推进农业水价综合改革是保障灌区良性运行和高质量发展的必然要求

灌区是农业生产和粮食安全的基础保障。我国农田有效灌溉面积占全国耕地面积的 54%，粮食产量占全国粮食总产量的 75% 以上，灌区良性运行事关国家粮食安全保障和高质量发展。我国早期灌区建设标准低、运行时间久、历史欠账多，长期存在运行经费不足、设施薄弱、水价形成机制不健全等问题，难以保障灌排工程良性运行。农业水价体系不健全是关键制约。锚定这一重大问题，推进农业水价综合改革，建立健全农业水价形成、精准补贴和节水奖励、工程建设和管护、用水管理等机制，结合农田水利工程新建和改扩建、节水技术推广、种植结构优化等多种举措，有利于推动实现灌排工程良性运行和灌区高质量发展等目标。

5.1.3 深入推进农业水价综合改革是吸引社会资本投入现代化灌区建设的现实需要

近年来，为保障国家粮食安全，现代化灌区建设和改造任务艰巨，资金需求压力巨大。由于农田水利工程公益性强，经营性和融资能力弱，对社会资本吸引力不够，如何坚持"两手发力"，进一步发挥市场作用，吸引社会资本投入灌区建设和改造，已成为现代化灌区建设必须解决的重大现实命题。农业水价产生的现金流和节水产生的预期收益是社会资本关注的重点。推进农业水价综合改革，允许农业水价中适当计提收益，有助于增加水费收入，提升工程整体营收。同时，科学界定农业水权，完善农业水权收储和交易机制，在确保灌溉用水的情况下通过高效节水推动农业水权向城市水权和工业水权转让，有助于实现"资源变资金"。推进农业水价综合改革，建立农田水利建设投资回报机制，能够充分激发市场主体活力，吸引社会资本参与现代化灌区建设、运行和管护，破解农田水利建设中资金资源等瓶颈制约。

5.2 推进农业水价综合改革的历程与成效

5.2.1 农业水价综合改革历程回顾

（1）初步探索阶段（2007—2013年）。2007年，水利部出台《关于印发农业水价综合改革试点工作编制大纲的通知》，选择8个省（自治区）14个灌区的部分末级渠系作为首批试点区，开展第一轮试点改革；2008年试点范围扩大到13个粮食主产区和4个主要产粮省的重点灌区；2010—2013年，水利部在小农水建设重点县中选出132个县，开展农业水价综合改革示范区建设，探索两部制水价、超定额累进加价等水价形成机制。此阶段改革的主要任务是对灌区末级渠系工程实施节水技术改造，改革用水管理体制，建立农业水权制度，实行终端水价制度，构造农田水利良性运行机制，提高用水效率和效益。综合来看，此轮改革更关注工程建设，以工程节水为主，改革范围较小，进展相对缓慢。

（2）深入试点阶段（2014—2015年）。2014年，水利部联合国家发展改革委、财政部、农业部印发《关于印发深化农业水价综合改革试点方案的通知》，要求在全国27个省（自治区、直辖市）80个县深入探索改革路径，标志着农业水价综合改革试点全面开启。2015年，80个试点县改革面积13.47万hm^2。该阶段通过采取管理创新、价格调整、财政奖补等六大综合措施，建立健全水价形成机制，综合农田水利工程、管理和技术手段协同推进农业节水。综合考虑农户承受能力，采取"提价+补贴"思路，探索建立农业用水精准补贴和节水奖励机制。

（3）全面推进阶段（2016—2020年）。2016年国务院办公厅印发《意见》，2017年中央一号文件提出全面推进农业水价综合改革。自此，我国农业水价综合改革有了明确的目标和方向，标志着改革工作进入全面推进阶段。《意见》明确在全国范围内全面推进农业水价综合改革，要求建立农业水价形成机制、精准补贴和节水奖励机制、工程建设和管护机制、用水管理机制"四项机制"，实现农业节水和农田水利工程设施良性运行"两个目标"。2017—2020年，国家发展改革委、财政部、水利部、农业农村部（以下简称四部委）连续印发指导文件，提出要坚持"先建机制、后建工程"的原则，进一步健全完善"四项机制"，因地制宜做好改革工作。统计资料显示，截至2020年年底，全国累计实施农业水价综合改革面积约2866.67万hm^2，农业用水量占比降至62.1%，北京、上海、江苏、浙江 4 省（直辖市）已全面完成改革任务。

（4）攻坚克难阶段（2021 年至今）。随着改革工作的深入推进，各种问题和挑战不断涌现，改革进入攻坚克难阶段。2021 年，四部委联合印发《关于深入推进农业水价综合改革的通知》，明确"十四五"时期推进改革目标任务，要求将机制建立摆在更加突出的位置，推进"四项机制"协同落地。2022 年，四部委联合印发《关于稳步推进农业水价综合改革的通知》，提出将农业水价总体达到运维成本、精准补贴与节水奖励机制建立等作为改革验收的必备条件。2024 年，国家发展改革委、水利部、工业和信息化部、住房城乡建设部、农业农村部联合印发《关于加快发展节水产业的指导意见》，提出全力推进农业水价综合改革，积极推行分档水价，健全农业用水精准补贴和节水奖励机制。截至 2023 年年底，我国已实施改革的耕地面积达 6000.00 万 hm^2，各地因地制宜建立了两部制、超定额累进加价、分类等多种农业水价政策，大力推进精准补贴与节水奖励政策的实施。总体来看，此阶段全国各地改革工作均取得一定成效，但仍面临持续扩大改革面积、健全完善各项制度建设的困难与挑战。

5.2.2 农业水价综合改革成效

十几年来，我国农业水价综合改革从试点建设到整体推进，破解了一系列难题，建立健全了农业水价形成机制，建立了精准补贴和节水奖励机制，撬动和吸引社会资本参与工程设施建设、管理和维护，促进农业用水方式转变，推动特色现代农业发展升级，取得了突出成效。

（1）农业水价形成机制基本建立。经过一系列改革，各地探索分级分类制定农业水价，逐步推行分档水价，基本形成了合理反映供水成本、有利于节水、与投融资体制相适应的农业水价形成机制。已实施改革的大型灌区骨干工程平均水价由 0.09 元 /m³ 提高至 0.13 元 /m³，进一步缩小了与运行维护成本间的差距，江苏省泰州市姜堰区、宁夏回族自治区吴忠市利通区、云南省弥泸灌区、山东省豆腐窝灌区及宁津县等 5 个试点粮食作物水价均已达到运行维护成本水平。云南省改革项目区农业水价调整到 0.15～2.50 元 /m³，其中陆良县综合考虑社会资本折旧和合理收益率等问题，建立了分类水价制度体系；姚安县健全农田水利工程供水价格体系，制定了渠道供水粮食、经济、养殖及其他用水执行终端水价的分类定价体系。

（2）精准补贴和节水奖励机制逐步健全。激励机制是提高农业水价的同时又不增加农民负担的重要保障，改革实施以来，各地均出台相关政策文件，明确奖补标准、对象、方式、程序等内容，激发了广大农民参与改革的积极性。2017—2023 年，财政部累计安排中央财政水利发展资金 95 亿元，在基于市场机制提高农业水价的同时，因地制宜落实精准补贴和节水奖励政策，确保农户收益不下降。内蒙古自治区河套灌区设立 1 亿元农业节水奖励基金，完善奖补机制，保障改革顺利推进。改革区域在合理充分利用中央财政资金的同时，通过水费计提、整合涉农奖补资金、上级水利专项补助、用水权交易、社会资本超额收益返还、群众集资、乡贤捐助等方式，多渠道筹集精准补贴和节水奖励资金。

（3）有效吸引社会资本多元化参与改革。在改革过程中，各地坚持"两手发力"，充分发挥政府财政投入的引导撬动作用，探索完善社会资本参与机制，通过特许经营、股权合作、政府购买服务等方式，吸引社会资本参与灌区和农田水利工程的建设管理。云南全省高效节水灌溉区域累计吸引社会资本投入达106.35亿元，参与主体达到上百家。江西省宜黄县以灌溉水费、土地流转差价等作为资产收益进行融资贷款，落实金融贷款3.4亿元用于水利工程建设县级配套和农田水利工程维护保养。宁夏回族自治区利通区以特许经营模式引入社会资本约6.7亿元参与全域现代化生态灌区建设项目，通过灌溉水费、用水权交易等回报机制保证社会资本合理收益，提升工程运行管护水平。

（4）水资源节约集约利用成效显著。农业水价综合改革工作有力地促进了改革区域用水管理机制的建立，农业节水和农业可持续发展逐步实现，全国农业用水量从2014年的3869.00亿m^3下降到2023年的3672.40亿m^3，耕地灌溉亩均用水量由402m^3下降至不足350m^3。改革区域农业用水效率得到不同程度提升，云南省元谋县项目区将传统大水漫灌改为管道输水、精准滴灌，灌溉水有效利用系数从0.42提升至0.9，年节水量约2200万m^3；宾川县项目区高附加值作物灌溉亩均用水量由580m^3减少到约300m^3，相比传统灌溉方式，年节水量达2000万m^3。

（5）特色现代农业发展升级。农业水价综合改革工作改善了灌区基础设施，促进了农业生产条件提档升级，实现了旱能灌、涝能排，为集约化农业生产方式发展和高附加值经济作物种植创造了有利条件，推动了特色现代农业发展升级，助力农业节水增效和乡村振兴发展。江西省宜黄县结合水资源和灌溉条件，有效调整了农业种植结构，大力发展食用菌和蔬菜种植，与种植水稻相比亩均产值增加3029元。云南省元谋县依托丙间片11.4万亩高效节水灌溉项目，发展智能水表刷卡取水，实现了精准管水和高效用水，有力地支撑了元谋高原特色农业的发展壮大，从而实现农业提质增效、农民大幅增收、经济社会健康和谐发展。

5.3 进一步深化农业水价综合改革的方向和重点

经过多年的努力，我国农业水价综合改革基础已基本夯实，但对标中央有关目标和任务要求，仍存在改革进展不平衡、机制建设与落实不到位、部分"硬骨头"仍未攻克等问题，亟须坚持目标导向、问题导向，总结经验，研究推动农业水价综合改革提档升级。

进一步深化农业水价综合改革，要把握好"有利于水资源节约集约利用、有利于灌区可持续发展和良性运行、有利于吸引社会资本投入现代化灌区建设、总体不增加农民种粮负担"的原则，以建立健全区分粮食作物、经济作物灌区，自流、扬水、井灌区，新建、改扩建灌区等不同类型灌区的政策供给体系为重点，因地制宜，精准施策，分类推进，确保各项机制措施落地见效。

5.3.1 坚持"先建机制、后建工程"这一基本原则

农业水价综合改革的综合性、系统性和复杂性强，是一项长期持续推进的改革任务。实践表明，通过"先建机制"，协调好各相关方、各有关要素的关系，有助于农业水价综合改革顺利实施和现代化灌区建设扎实推进。进一步深化农业水价综合改革，要正确处理工程建设与机制建设的关系，继续坚持"先建机制、后建工程"这一基本原

则，着眼农田水利工程融资、建设、管护、服务全生命周期，统筹协调政策、项目、部门、人员、资金、用地等各项要素，协同推进水价调整、项目融资、工程建设、运行管护等各项工作，充分发挥机制建设利长远的作用，确保各项工作按照预定目标顺利推进。

5.3.2 分区分类精准施策，健全农业水价形成机制

根据灌区类型、水源条件、种植结构等，分类实施差别化的水价政策。总体上遵循"激励约束并重、用户公平负担、强化市场作用"的定价原则，粮食作物灌区按照"水费收入＋财政补贴"形式保障灌区良性运行，用水"价增量减"不增加农民负担；经济作物灌区建立"合理收益"的水价形成机制，根据不同投资主体确定收益率，政府投入部分的收益率定为保本或微利，社会资本投入部分收益率可适当高一些。以县域为单元，实行"以工补农""以经补粮"水价制度，落实灌区骨干和田间工程分段定价、平抑多水源价格差异的区域综合定价等。落实《水利工程供水价格管理办法》《水利工程供水定价成本监审办法》有关要求，有序推进灌区骨干工程定价成本监审和水价管理，鼓励条件成熟地区的田间工程由供需双方协商定价或招标投标竞价，推进以5年为周期的农业供水成本监审和水价动态调整，建立骨干工程和末级渠系水价联动机制。

5.3.3 统筹平衡各方利益，完善动态化节水奖补机制

严格落实"四水四定"❶，科学调整作物用水定额，实施用水

---

❶ "四水四定"，即以水定城、以水定地、以水定人、以水定产。

精准计量、水费计收等机制。坚持分类施策，落实对种粮农民定额内用水的精准补贴，补贴标准根据定额内用水成本与供水成本差额确定。对采取高效节水措施、调整种植结构实现节水的规模化经营主体、农民用水合作组织等，通过节水奖励、合同节水收益分成等方式给予奖补。建立农业水价调整与精准补贴联动机制，根据农民承受能力、农业生产成本和水费支出等变化，动态调整精准补贴标准。建立节水精准补贴台账，定期跟踪农民种粮情况、生产成本、收入、水费支出等情况，对已实行土地流转或调整种植结构的，及时调整补贴对象和标准。多渠道筹集奖补资金，探索区域资源综合开发利用、社会资本超额收益返还政府用于奖补等机制。

5.3.4 创新投融资模式，激励引导各类市场主体有序参与

根据灌区类型、种植结构等，因地制宜推进政府和社会资本合作新机制，鼓励采取特许经营、股权合作等模式，激励引导国有企业、民营企业、社团组织等社会资本方参与农田水利公共服务。健全利益分配机制，科学分配水费收益、补贴、投资红利等。健全完善水费收入、合同节水收益、农业生产多种经营效益等投资回报机制，适当满足社会资本投资期望。积极发挥财政资金引导撬动作用，扩宽市场化融资渠道，加强与金融机构合作，通过发行长期基本建设国债、不动产投资信托基金（REITs）盘活优质资产等方式融资。地方政府努力营造良好营商环境，精准自身定位，协调好与社会资本方、农户等的关系，进一步加强事中事后监管，确保多方共赢。

5.3.5 加强规范引导，在土地规模化经营和多业态融合发展中落实水价改革要求

据统计，截至 2022 年年底，全国家庭承包耕地土地经营权流转（含转让和互换）总面积 6.04 亿亩，占家庭承包经营耕地面积的 38.5%。进一步深化农业水价综合改革，必须把握农业从农户生产到规模化经营转变这一趋势，有针对性地健全完善吸引社会资本、用水计量、水权流转、水价形成、水费计收、奖补等机制政策，在条件适宜地区探索创新基层水利经营模式，适应大户经营、集中流转、分片托管等新型农村土地规模化经营方式，发挥规模化种植降成本、增产出、提收益、多方受益等优势，同步提升基层水利服务管理能力。找准水利在农业生产中的定位和发力点，积极探索水资源向水价值转化的路径，推动传统农业由种养环节向农产品加工流通等第二、第三产业延伸，以及农业与旅游、康养等深度融合，发挥产业融合的"乘数效应"，培育产业发展新动能。

5.3.6 继续深化灌区管理体制改革，持续提升灌区综合服务能力

协同推进灌区管理体制机制创新，探索灌区管理单位"一体化"改革，分类别分对象探索推进"小机构管理、公司化运营"、管养分离、物业维护保养等模式。对标现代化灌区每万亩 2～3 名管理人员的先进水平，优化管理模式，压缩管理层级，精简管理人员，实现机构和人员"瘦身增效"。有条件的地区可推动灌区管理单位和优良供水、发电、土地开发等资产整合，延伸拓展农资、农艺、农技综合服务管理，推动现代化灌区建设、运行、管护和多元化经营。完善灌区管理制度和硬件设施，进一步提升灌区标准化、信息化、

智慧化管理水平,探索开展物业化、专业化购买服务,多措并举压减灌区管理非必要成本支出,强化供水成本约束。

5.3.7 强化科技赋能,大力推进数字孪生灌区建设

落实数字孪生水利建设"需求牵引、应用至上、数字赋能、提升能力"总体要求,推动大数据、人工智能、物联网等新技术、新模式在水利上的应用升级,大力推进数字孪生灌区建设。综合集成智慧化管理信息平台,大力推广水情、雨情、墒情自动监测,以及用水精细计量、按量收费、精准调度,不断增强预报、预警、预演、预案"四预"功能,实现灌区动态感知、智慧决策,提升灌区保障农业综合生产的能力。

专题3 用水权改革

6

《民法典》视角下的水资源使用权确权登记

【编者导读】

《中华人民共和国民法典》(以下简称《民法典》)第二百一十条规定:"国家对不动产实行统一登记制度。统一登记的范围、登记机构和登记办法,由法律、行政法规规定。"水资源使用权是水资源所有权中的一种权能,开展水资源使用权确权登记,是对水资源使用权人权利的一种对外宣示,具有物权登记的一般性特征,对于保障权利人利益,维护水权交易安全,提高水资源利用效率具有十分重要的意义。水利部门今后一段时期将开展水资源使用权确权登记,但目前我国尚无关于水资源使用权确权登记的法律法规,相关工作尚处于探索阶段。研究表明,水资源使用权确权登记是物权理论在涉水领域的延伸或运用,今后要加快推进农村山塘和农村集体修建水库的水资源使用权确权登记工作。

6 《民法典》视角下的水资源使用权确权登记

水资源使用权确权登记[1]是新时期水利部门建立健全水权制度的一项重要举措，对完善取水许可制度，最大限度保护水资源、促进水资源最优化利用具有十分重要的意义。为进一步明晰水资源使用权确权登记的意义及要求，本文将从民法典视角出发，分析当下水资源使用权确权登记相关问题。

6.1 水权和水资源使用权的概念

水权和水资源使用权是一组联系十分紧密的概念，了解水资源使用权，必须首先明晰水权概念。目前学界对水权无统一的定义，存在多种学说。崔建远（2002，2013）等认为水权是指权利人依法对地表水与地下水使用、收益的权利。李晶（2008）等认为水权是指在一定量水资源基础上形成的权利，包括水资源所有权和水资源使用权。姜文来（2000）等认为水权是指水资源稀缺条件下人们对有关水资源的权利的综合（包括自己或他人受益或受损的权利），其最终可以归结为水资源的所有权、经营权和使用权。张范（2001）等认为水权即水

---

[1] 《关于深化水利改革的指导意见》（水规计〔2014〕48号）规定，"对已发证的取水许可进行规范，确认用水户的水资源使用权。对农村集体经济组织的水塘和修建管理的水库中的水资源使用权进行确权登记。"

资源产权，是水资源分配、使用和获取水资源受益的基础。前述四种学说中，第一种学说认为水权就是指水资源使用权；第二种学说认为水权包括水资源所有权和使用权；第三种学说认为水权包括水资源所有权、经营权、使用权；第四种学说从水权物权化的角度出发，认为水权是指对水资源的占有、使用、分配等权利。

从权利的位阶体系看，水权应包括水资源使用权和所有权。在财产权利体系中，水资源所有权的上位权利是财产所有权，再上位权利是物权。物权作为一般性概念，具体到每个物或权利又有不同的表现形式，在水资源权属领域，就表现为水权。当然，水权与一般物权相比较，它有自身的特点，是一种准物权❶。从物权的角度看，水资源所有权与使用权的分离，是物尽其用的必然要求。因为我国水资源属于国家所有，国家作为抽象的政治主体，不可能对水资源进行直接的占有、使用、收益和处分，主要是通过许可特定主体使用水资源、征收有关水资源费等方法实现其所有权。当然，相较于水资源所有权，水资源使用权的支配性、绝对性和排他性等物权特征更为突出。正是水资源使用权这种突出的准物权属性以及水资源的稀缺性，决定了其确权登记在实践中具有十分重要的意义。

6.2 《民法典》视角下水资源使用权确权登记的功能

登记制度是私有制发展到一定阶段的产物。国家机关利用公权

---

❶ 准物权通常是指以物之外的其他财产为客体的具有支配性、绝对性和排他性因而类似于物权的民事财产权。准物权具体包括海域使用权、探矿权、采矿权、取水权和使用水域、滩涂从事养殖、捕捞的权利。

力对不动产等进行登记,最初是为了满足征税的需要。但这种以税收征收为目的的登记制度,在价值取向上与现代登记制度有着较大的差异。随着商品经济的发展,各种财产交易日益普遍和频繁,交易安全越来越受到人们的重视,登记制度的功能随之发生了转化,从便利国家税收征收到保护当事人的所有权,再到保护交易安全,实现了从着重公权保障到着重私权保障的转化。结合登记制度发展历史和物权理论,水资源使用权确权登记实际上也是权利人对水资源使用权的一种对外公示,为水权交易安全提供制度保障。

6.2.1 明确权属关系,实现定纷止争

在实践中,一项权利若缺乏权威、正式的对外公示,均可能导致权利界定失效的后果。通过确权登记将水资源使用权的主体、客体、权利变动等事项加以记载,并向社会公开,可消除人们对水资源使用权存在状况的模糊性认识。同时,当他人侵害水资源使用权时,通过查询登记簿可以有效解决权利人举证难的问题。可以说,水资源使用权确权登记公示制度的这一权利归属宣示功能,对于保护水资源使用权利人的利益、明确权属关系,具有重要的秩序价值。因此,水资源使用权确权登记制度的重要意义在于,使法律上对水资源使用权的抽象界定在实践中得到具体确定,实现定纷止争。

6.2.2 保障交易安全,促进水权交易

在物权理论上,"物权的公示不仅对权利人自己能够正当合适地行使权利是必要的,而且对稳定社会正常的物权秩序也是必须的"。同样,水资源使用权确权登记对于维护水市场秩序,保障水权交易

安全具有十分重要的意义。水资源使用权登记的善意保护效力的实质在于即使登记本身存在错误，登记簿上记载的权利人不是真正的权利人，但对于信赖登记簿而交易的第三人来说，也应受到法律的保护，第三人仍可以获得合法的、不受真正权利人追索的权利。换句话说，水资源使用权变动中相对人的利益实际上是水权交易秩序稳定性的标志，相对人利益安全的保障，也是法律考量的重要价值。

6.2.3 节省交易成本，提高交易效率

水权市场交易需要一定成本，交易成本的存在不仅会影响交易主体的获利程度，甚至可能会影响交易能否实现，因为"只有得大于失的行为才是人们所追求的"。为防范和降低交易风险，水权交易双方应在一个公开的、可以信赖的交易信息平台上开展相关活动，以便相互了解和沟通。水资源使用权确权登记向社会公众公示权利，交易相对方据此能获得足以信赖的信息，省却了用于相关调查所花费的交易支出，从而可以节省交易成本。可以说，在水资源使用权确权登记全面完成的前提下，水权水市场主体无须投入过多的人力、物力，便可顺利完成交易，大大提高交易效率。

6.3 不同层次水资源使用权的确权登记

理论上，水权包含着区域水权、取水权和水权使用证上的权利三个层面的权利。区域水权归属于省（自治区、直辖市）、市、县或跨区域的流域，取水权归属于获得取水许可证的单位或个人，水权使用证上的权利归属于灌区管理单位或农村集体经济组织内的各用

水户或农户。其中，区域水权是一种初始水权分配，是国家根据水量分配方案分配给各行政区域的水资源使用权，无须确权登记。在实践中，水资源使用权确权登记需要注意以下几种情况。

6.3.1 关于取水许可证下用水权的确权登记问题

取水权是单位或个人依照法律法规并经申请批准获得的一种取水、引水权利。取水权是一种用益物权。❶由于取水许可证持有人的权利是经过严格的法定程序而取得的，其持有的取水许可证即是具有水资源使用权利的证明，具有对外宣示的功能，无须再申请确权登记。在实践中，由于取水许可证有一定的期限，因此，水利部门应着力调查摸清已颁发的取水许可证的使用期限，对已到期的取水许可证，在无继续申请要求或延续申请不符合条件的前提下，要及时注销，对非法获得取水许可证的单位或个人，要及时吊销取水许可证。

6.3.2 关于用水权使用证上权利的确权登记问题

在实践中，水权使用证通常是灌区内用水户的一种权利证明，表明用水户持有一定份额水量的权利，其权利总和即为灌区管理单位通过取水许可获得的取水权利。因此，该水权使用证的主要作用在于权利人可依据该证明向灌区管理单位请求一定的水资源使用权利。考虑到灌区管理单位获得的取水许可证即为所有水资源使用权人的共同权利证明，因此，持有水权使用证的权利人也无须再申请

---

❶ 参见《中华人民共和国民法典》第三百二十九条。

水资源使用权确权登记。从物权角度看，持有水权使用证的权利人的水资源使用权是一种准按份共有权，其对外交易需征得 2/3 以上的其他按份共有人的同意，其他按份共有人在同等条件下享有优先受让权。❶

6.3.3 农村山塘或农村集体水库的确权登记问题

在我国，绝大多数农村山塘或农村集体修建的水库中的水资源使用权主要依靠传统习惯或风俗予以确定，这种状况极易造成水资源使用权利的不确定性，引发权利纠纷，甚至可能会剥夺或限制农民通过转让水权获得利益增长的途径，导致农村山塘或集体水库私下转让的无序局面。因此，农村山塘或集体水库的水资源使用权确权登记应是今后一段时期水资源使用权确权登记的工作重点。

需注意的是，在实践中，长期以来农民对农村山塘或农村集体水库中的水资源无明确的份额，各权利主体享有平等的使用权利。从物权的角度看，今后对于该项确权登记后的水资源使用权，农户或用水户获得的权利应是一种准共同共有，共有人的权利及于农村山塘或农村集体水库水资源使用权的全部，并不是按照应有部分享有使用权。因此，农户或用水户对外转让水资源使用权原则上应得到全体共有人的同意❷，其他共同共有人在同等条件下享有优先购买权❸。

---

❶ 参见《中华人民共和国民法典》第三百零一条、三百零五条。
❷ 参见《中华人民共和国民法典》第三百零一条。
❸ 最高人民法院《关于贯彻执行〈中华人民共和国民法通则〉若干问题的意见（试行）》第九十二条，最高人民法院《关于审理城镇房屋租赁合同纠纷案件具体应用法律若干问题的解释》法释〔2009〕11 号。

6.4 推进水资源使用权确权登记的对策建议

水资源使用权确权登记是一项量大、面广、专业性很强的工作，推进该项工作，不仅需要充分发挥水利部门的作用，而且要充分调动基层农村组织的协同作用，通过利用既有的水利普查成果，以试点为切入点，逐步推进各项工作。

6.4.1 加快厘清水资源确权登记职责边界

习近平总书记在 2013 年 2 月召开的中共十八届二中全会第二次全体会议上指出："大部门制要稳步推进，但也不是所有职能部门都要大，有些部门是专项职能部门，有些部门是综合部门。综合部门需要的可以搞大部门制，但不是所有综合部门都要搞大部门制，不是所有相关职能都要往一个筐里装，关键要看怎样摆布符合实际、科学合理、更有效率。"对于水资源来说，2018 年国务院机构改革"三定"方案虽然明确由国务院自然资源主管部门统一履行自然资源所有者职责，但考虑水资源的特性，也明确由国务院水行政主管部门负责水资源的"统一监督管理"。在《民法典》第二百零九条规定水资源所有权可以不登记的前提下，产生于水资源所有权基础上的水资源使用权的确权登记，应更多考虑水行政主管部门的监督管理需要进行制度设计，这样更有利于提高水资源的统一监督管理效能。

6.4.2 全面调查摸清水资源使用权实施情况

依托取用水监管平台，调查摸清全国单位或个人取水许可证持有情况、灌区取水许可情况以及农村山塘和集体经济组织修建水库情况，对无取水许可证的水资源使用权人进行依法监管。同时，2010—2012年，我国完成了第一次全国水利普查，积累了大量丰富翔实的大中小型水库、灌区、农村山塘和农村集体经济组织水库等方面的资料，要充分加以利用，对于在此次全国水利普查中形成的调查登记资料，在甄别其合法性、规范性、完整性的基础上，可作为将来水资源使用权确权登记发证工作的依据。对于不完整的数据，需进一步核实，特别是对于农村上报的山塘、水库等主体不明确的数据，需进一步确认。

6.4.3 协调联动，扎实推进确权登记工作

通过加强水利部门与地方政府、自然资源等部门之间的沟通与合作，按照各自职责和分工，切实做好农村山塘、农村集体经济组织修建水库的权属调查和界址认定等工作，妥善处理区域间以及单位（个人）间水事纠纷争议。着力发挥基层水利部门、农村党组织、村民委员会和农村干部的作用，充分尊重农民集体和农民的意愿，保障农民群众的参与权和知情权，协同推进农村山塘、农村集体经济组织修建水库的水资源使用权的确权登记发证工作。

7 水资源国家所有权的实现路径及推进对策

【编者导读】

《中华人民共和国宪法》(以下简称《宪法》)规定,自然资源国家所有权的主体是国家,即全民所有,其保障的对象不是具体的财产权而是客观制度,是社会主义基本经济制度在宪法上的体现,宪法上的自然资源国家所有权需要包括民法典在内的众多下位法来转化并具体落实。本文深入阐述水资源国家所有权的内涵实现路径。水资源所有权是水资源分配及利用的基础。实现《宪法》上水资源国家所有权到《民法典》《中华人民共和国水法》(以下简称《水法》)上水资源国家所有权的转化,是实现水资源物尽其用的必然要求。水资源国家所有权具有公权和私权双重属性,在行使水资源国家所有权时,既要注重公法上的国家主权意义,保障公共利益,也要积极促进水资源国家所有权与使用权的分离,实现水资源使用权和收益权。

学习践行新时代治水思路——两手发力

2013年,党的十八届三中全会指出,我国生态环境保护中存在的一些突出问题,一定程度上与体制不健全有关,原因之一是全民所有自然资源资产所有人不到位,所有权人权益不落实。我们要落实全民所有自然资源资产所有权,建立统一行使全民所有自然资源资产所有权人职责的体制。为落实党中央决策部署,2018年出台的国务院机构改革方案对自然资源管理体制进行了相关调整,成立自然资源部,由其统一行使自然资源所有权者职责,这意味着对自然资源国家所有权的实现进行了新的调整。水是生存之本、文明之源、生态之基。保障生活用水、生产用水、生态用水,关系到人民群众幸福安康和经济社会的可持续发展。但实践中,一些地方在行使水资源国家所有权时,没有充分认识到水资源国家所有权的双重属性,简单地将水行政管理权的行使等同于水资源国家所有权的实现,没有完全体现水资源资产的公益性与经济性价值。在国家深入推进资源管理体制改革,以及日益重视自然资源资产管理的时代背景下,正确认识水资源国家所有权的性质,合理界定水资源国家所有权与行政管理权的界限,明晰水资源国家所有权的实现路径及对策,对有效实现水资源的公益性与经济性价值具有重要意义。

7 水资源国家所有权的实现路径及推进对策

7.1 综述

目前，水资源所有权归属于国家，这已经为《宪法》《民法典》《水法》等法律所确认和宣示，理论界对此也无争议，相关理论研究主要围绕水资源国家所有权的性质及行使主体展开。

7.1.1 围绕水资源国家所有权性质开展研究

这方面的研究较多，概括起来主要有三种观点。公权说认为，水资源国家所有权主要是规定在宪法和水资源的相关单行法律中，其公权属性更为突出，应当矫正我国《民法典》对水资源国家所有权不恰当的私权定位，实现其公共所有权的回归，特别是要强调水资源国家所有权的全民性和国家责任。私权说认为，所有权之主体不论是国家，还是集体，抑或个人，所有权均是民法上的所有权，属于私权。公权与私权兼有说认为，《宪法》规定的国家所有权是一项公权利，是我国社会主义基本经济制度在宪法上的体现，与私权没有直接关联，所有权的行使和保护还需相关的部门法来加以规范，这里不仅需要私法，也需要公法，自然资源国家所有权具有双重属性。

7.1.2 围绕水资源国家所有权行使主体开展研究

国家作为水资源所有权的主体，并不能直接行使所有权的权利（力），需要有关机关代表行使。为此，一些学者从不同角度对其展开讨论。林彦（2015）等认为，全国人民代表大会是名义上的水资源国家所有权代表者，国务院代表国家行使水资源国家所有权，地

75

方政府可以通过国务院的授权委托获得水资源的实质管理权。李俊然等认为，若想有效实现水资源国家所有权，必须严格区分水资源的国家所有者和管理者角色，明确政府、部门、企业以及个人在水资源开发利用中的权利（力）与义务。项波等认为，基于水资源的公共物品属性，水资源所有权的行使要以首先满足公共利益为原则，同时要强化有关法律对水资源所有权的救济。

总体看，学术界对于水资源国家所有权的性质讨论得比较多，且更多从自然资源国家所有权研究角度切入。对于水资源国家有所有权实现的研究，主要围绕行使主体及行使原则等方面展开分析，而对水资源国家所有权实现的具体路径研究得还较少。

7.2　水资源国家所有权的法律地位

《宪法》第九条规定，矿藏、水流、森林等自然资源属于国家所有，即全民所有。我国作为社会主义国家，《宪法》规定自然资源属于国家所有，主要考虑了社会主义立法传统。《宪法》规定水资源为国家所有，更多考量的是这有利于我国水资源管辖及管理，同时兼顾社会主义国家政治制度需要。在历史上，自然资源国家所有权有诸多正当性的基础，如君主制度、国家主权等。目前，国家所有权的正当性主要在于国家是为全体公民的利益而管理自然资源，由此产生了"水资源国家所有即全民所有"的宪法规定。可以说，水资源在宪法上采取国家所有权形式，是其所负载公共利益及国家所代表利益的全民性所决定的。但需要说明的是，宪法上水资源国家所有权的"国家"更具主权意义，宪法上国家所有权的主体名为主权国家，实为全体人民；宪法上的水资源国家所有权更强调基本经济制度属性，而非具体的权利（力）义务关系。

从法律位阶角度看，《宪法》是我国根本大法，落实《宪法》关于水资源国家所有权的要求，需要相关下位法律进一步细化有关制度。据此，2002年修订实施的《水法》第三条规定，水资源属于国家所有，农村集体经济组织的水塘和由农村集体经济组织修建管理的水库中的水，归该农村集体经济组织使用。在此基础上，《水法》等涉水法律法规还规定了一系列水资源管理与保护制度，为各级人民政府以及相关部门实施行政权管理水资源提供了制度依据。2020年实施的《民法典》第三百二十四条、第三百二十九条规定，水流属于国家所有，依法取得的取水权受法律保护。《民法典》将取水权界定为用益物权，一方面实现了《宪法》上水资源国家所有权到民法上水资源国家所有权的转化，实现了水资源所有权与使用权的分离；另一方面也是对取水权具有"私权"属性的一种制度定位。

从上述规定可以看出，《宪法》上的国家所有权是社会主义基本经济制度在宪法上的体现。依据《宪法》，国家取得了水资源所有权的主体资格，但是仅有这种资格还远远不够，水资源所有权的行使需要相关法律加以规范。如果否定包括水资源在内的自然资源国家所有权的民事私权属性，将其划归宪法上的或其他法上的权力甚至法外空间，民法规则上的运行机制、救济制度就没有适用余地，更不利于有效规范涉水法律关系。因此，在法律规则逻辑上，宪法规定的国家所有权只是社会经济制度，而不是一种所有权形式，全民所有只是表明了国家所有的本质，不能将其理解为法权概念，宪法上的自然资源国家所有权需要众多下位法来具体落实，只有这样，水资源国家所有权的法权意义才能落地生根。

7.3 水资源国家所有权的实现路径

水资源国家所有权具有公权与私权双重属性，决定水资源国家所有权的行使也要区分不同情形对待。同时，在市场经济条件下，要使水资源国家所有权在经济上真正实现其价值，必须实现水资源国家所有权与使用权的分离。

在公法上，《宪法》规定的国家所有权既象征国家主权，也体现国家基本经济制度。在涉及与水资源有关的外交关系时，《宪法》上水资源国家所有权体现国家的主权属性，国家可以据此开展水外交关系，同时也要求我国水资源免受任何国家、国际组织或者域外个人的破坏、侵占、污染等。在对内管辖上，《宪法》等规定的水资源归国家所有更多体现基本经济制度的特性，即我国水资源所有制实行国家所有制。国家在行使水资源所有权时，通过向所有处于疆土范围内的人发布决定或命令，履行保障涉水公共利益的职责。在这一过程中，国家通过履职管理的是水资源公益性资产，不能为自身谋取"私利"，其目标是实现涉水公共服务均等化。此时，水资源行政管理权是实现水资源国家所有权的重要手段。在私法上，国家作为水资源所有权主体，享有水资源所有权的占有、使用、收益、处分四项权能，其实现方式包括行政、经济、技术等多种手段和措施。

7.3.1 占有权能的实现

占有通常是指占有人对不动产或者动产的实际控制，包括有权占有和无权占有两种方式。国家作为水资源所有权主体，依据《水法》《民法典》等法律取得水资源所有权主体资格，属于有权占有。但是，国家作为一个虚拟的民事主体，并不能直接占有水资源，其实际占有者原则上应是国家委托行使水资源所有权的全体人民，具体可以分为以下两种类型：

（1）对于按照法律规定无须申请取水许可即可使用的水资源，通常按照遵循事实的原则，先占先得，但不能违反法律规定和公共利益。

（2）对于需要通过取水许可获得的水资源，取水权人（包括自然人和单位）在实施取水行为后即为该部分水资源的直接占有者，并行使相应的使用权和收益权。需要注意的是，基于自然规律，水资源具有流动性、循环性等属性，即使是实际占有人对水资源的占有，也不能追求对水资源的完全、绝对控制。

7.3.2 使用权能的实现

国家并不直接使用水资源，其使用权能实现以下三种路径：

（1）水资源配置。国家依照《水法》等实施水资源配置，促进流域、区域水资源最优化利用。如水利部正在组织开展的跨省江河水量分配，以及各省（自治区、直辖市）在本行政区域内实施水量分配的行为，都是国家在流域和行政区域间实现水资源高效利用的一个重要体现。

（2）取水许可。水行政主管部门根据申请人的申请实施取水许可，实现水资源所有权与使用权的分离，申请人获得取水权，享有水资源的使用权能，并受《民法典》《水法》等的保护。

（3）用水权交易。各流域和区域基于水资源配置获得的用水指标或者申请人基于取水许可获得的取水权，通过市场机制实现水资源使用权在流域间、地区间、行业间、用水户间流转，进一步提升水资源利用效率。

7.3.3 收益权能的实现

收益权能的实现主要有以下两种实施路径：

（1）征收水资源费（税）。根据《取水许可和水资源费征收管理条例》第二条规定，取用水资源的单位或者个人实施取水行为，应当依法向国家缴纳水资源费。在征收水资源费（税）过程中，国家通过让渡水资源使用权获得水资源费（税），取水权人缴纳水资源费（税）并获得取水权。2016年，财政部、国家税务总局、水利部联合印发《水资源税改革试点暂行办法》，决定在河北省开始水资源费改税试点。2017年11月，财政部又发布《扩大水资源税改革试点实施办法》，决定自2017年12月起，水资源税改革试点将扩大到北京、天津、山西等9省（自治区、直辖市）。2024年10月，财政部联合国家税务总局、水利部印发《水资源税改革试点实施办法》（财税〔2024〕28号），决定自2024年12月1日起全面开征水资源税。水资源税改革涉及水利、地税、财政、农业、电力等多个部门职能，需要对各部门原有的业务模式和管理路径进行全面整合，同时需要针对非农纳税人、农业纳税人等不同管理对象提出可操作性的水资源税适应性管理模式。

（2）开展供水经营。国家委托供水企业、水管单位等国有企事业单位实施水资源经营活动，通过收取水费取得相应收益。

7.3.4 处分权能的实现

水资源国家所有权的处分权包括法律和事实上的处分。在法律上，水资源归国家所有为《宪法》确认，这决定了除国家之外的其他民事主体不能取得水资源所有权主体地位。因此，在法律上水资源所有权不能转让，但是基于水资源所有权派生出来的使用权可以转让。在事实上，国家是全体人民的代表，全体人民作为委托人本身对无须经许可的水资源的使用消费即是水资源事实上的一种处分。另外，按照《民法典》等规定，所有权人对自己所有之物可通过抛弃等方式进行处分。水资源是基础性、战略性的自然资源，对国家经济社会发展具有重要作用，若国家对水资源实施"人为"抛弃，就意味着国有资产的流失。因此，国家原则上不能抛弃水资源，但对于不能再加以利用的水资源或者不再具有资产价值的水资源，国家可以采取适当方式予以抛弃。

7.4 水资源国家所有权实现的推进对策

为确保水资源国家所有权各项权能的充分实现，要坚持政府与市场"两手发力"，促进水资源所有权与使用权的有效分离，最大限度实现水资源的公益性与经济性价值。

7.4.1 厘清水资源行政管理权与国家所有权的边界

水资源行政管理权强调涉水行政机关综合运用多种手段，组织各种社会力量开发利用水资源，协调经济社会发展与水资源开发利用之间的关系。水资源行政管理权注重行政管理机关对相对人的管理，两者的关系是行政管理关系。在内容上，水资源行政管理权包括与水资源有关的法规规范制定、水资源配置、水行政许可、水资源权属确认登记、饮用水水源保护区划定及监督、行政管理相对人涉水义务的赋予与免除等权力。水资源国家所有权在强调公法上权力的同时，在一国境内也注重私法上国家作为民事主体对水资源的占有、使用、收益与处分。在私法领域，国家作为水资源所有权主体与其他民事主体发生法律关系，主要通过《民法典》等调整，如行为人基于取水许可获得的取水权一旦进入市场，将依据《民法典》及水权交易规则来调整。

需要注意的是，水资源配置、水行政许可既是水利部门实施行政管理权的重要体现，又是国家实现水资源使用权能的重要途径，并不意味着水资源行政管理权与国家所有权的行使没有边界。在我国，水资源国家所有权不能转让，其使用价值或者商品价值的实现以所有权与使用权的分离为前提。而国家实施水资源配置、水行政许可的结果是行政管理关系转化为行政法律关系，行政机关与相对人享有了相应的权利（力）与义务，相对人获得取水权，国家收取水资源费（税）。此时，行政机关没有正当理由就不能再干涉取水权人的权利自由，但涉水行政管理机关可以依法监督相对人的有关取水活动。

7.4.2 明确行业行政主管部门的管辖职责

党的十九大报告提出要设立独立的国有自然资源资产管理和自然生态监管机构，统一行使全民所有自然资源资产所有者职责。按照上述要求，2018年通过的国务院机构改革方案决定成立自然资源部，代表国家统一履行自然资源所有权人职责。就水资源来说，自然资源部门肩负着水资源所有权人角色，代表国家履行水资源所有权人职责，承担水资源资产的保值增值、防止水资源资产等国有自然资源资产流失等职责，行使水资源所有权人的占有（包括直接占有、间接占有）、使用、收益、处分权利（力）。水行政主管部门代表国家履行水资源的行政管理和监督职责，宏观上主要包括通过水量分配或水资源配置，强化流域和区域用水总量控制；通过水资源统一调度，优化水资源空间分布，满足用水需求；通过规划和计划用水管理，充分发挥水资源的多种功能和综合效益等职责。微观上主要包括通过取水许可、水资源论证、定额管理、节水技术改造、水生态保护与修复等手段，强化供水、取水、用水及排水过程监管，落实用水总量控制，提升水资源利用效率，加强水资源水生态保护。

7.4.3 培育并发展壮大水权水市场

发挥水权水市场在水资源配置过程中的决定性作用，既有利于弥补政府通过行政手段配置水资源的缺陷，也有利于实现水资源国家所有权的公益性价值与经济性价值双赢。我国水权水市场发展尚不充分，今后要从以下角度完善水权水市场体系：

（1）统一概念。当前关于水权的概念类型多样，包括用水权、取水权、取用水权等，考虑水资源国家所有权不能转让，前述概念的本质应该都是指水资源的使用权，修订时应统一概念，即水权。

（2）强化顶层设计。建议在修订《水法》《取水许可和水资源费征收管理条例》时将水资源有偿取得纳入相关规定。理由在于：当前的水资源费并不是相对人获得水资源使用权的对价，它是国家对水资源使用者的一种行政事业性收费，属于政府非税收入，水资源费改税地区，则属于政府税收收入；相对人转让其获得的取水权，其前提必须是有偿，否则就会构成国有资产流失。

（3）坚持以点带面。积极总结宁夏等7个水权试点地区的经验，着力推广试点地区在水权确权方法、路径以及交易方式等方面的成功做法。

（4）充分利用中国水权交易平台。中国水权交易平台已建立一系列水权交易规则，并已全部完成对7个流域管理机构、31个省（自治区、直辖市）和新疆生产建设兵团、5个计划单列市的水权交易系统部署，这为全国水权交易有效开展提供了基础支撑。

（5）夯实基础支撑。加快建立健全覆盖中央、流域、地方的水资源监控管理平台，健全水资源计量监控和统计制度。

7.4.4 进一步健全水资源价格形成机制

健全水资源价格形成机制有利于实现水资源使用权能和收益权能。今后应按照分类设计的思路，完善水资源税、水利工程供水水价、城市供水水价和城市污水处理费等的价格机制。水资源税实行从量计征，根据水资源禀赋状况、取用水类型和经济发展水平等情况实行差别税额，对取用地下水的，可以结合实际适当提高税额。水利工程供水价格应坚持"政府引导、市场决定"的原则，按照"准许成本加合理收益"的方法，规范水利工程成本分摊与监审约束，区分供水经营者类别和性质，推动差别化定价，有条件的水利工程供水价格允许协商定价。城市供水水价应坚持以市场决定为主，以推广阶梯式水价和超定额累进加价制度为目标，坚持合理盈利的原则，强化供水成本监审约束，实现价格调整动态化。城市污水处理费标准的制定，应坚持以市场为主，按照"污染付费、公平负担、补偿成本、合理盈利"的原则，综合考虑经济社会承受能力和水资源污染状况等因素，收费标准要能补偿污水处理设施的运营成本并合理盈利。

7.5 结论

水资源是一种准公共物品，国家基于《宪法》等规定获得的水资源所有权主体资格不得转让。水资源国家所有权价值实现要求所有权与使用权有效分离，需要按照《水法》《民法典》等规定，优化水资源配置和让渡水资源使用权，促进水资源有效供给，保障国家供用水安全。因此，在水资源国家所有权行使过程中，既要充分认识到水资源的公益属性，也要注重实现水资源国家所有权的经营性资产价值。今后要按照全面深化改革的总体要求，针对水资源国家所有权与行政管理权边界不清晰等问题，进一步建立健全水资源资产管理体制，明晰水利、自然资源和生态环境等部门在水资源监督管理及水资源国家所有权方面的职责，充分发挥水利部门的专业管理能力。同时，培育并发展水权水市场，完善水资源价格形成机制，更好地发挥市场机制作用，促进水资源使用权流转，最大限度保障水资源国家所有权人的权益。

8
探索用水权有偿取得

【编者导读】

　　自然资源资产有偿使用制度是生态文明制度体系的一项核心制度。党的二十届三中全会要求推进水利等行业自然垄断环节独立运营和竞争性环节市场化改革，深化自然资源有偿使用制度改革。探索推进用水权有偿取得是深入推进水资源有偿使用、用水权市场化交易改革的重要内容和关键环节。本文在分析当前水资源使用权初始取得面临的困境的基础上，结合相关政策依据、地方已有的实践探索、相关资源有偿取得经验，探讨了符合我国取用水现状和当前改革形势要求的用水权有偿取得推进策略，提出完善用水权有偿取得制度的相关建议。

8 探索用水权有偿取得

习近平总书记强调,要建立健全自然资源资产产权制度,建立反映市场供求和资源稀缺程度、体现生态价值、代际补偿的资源有偿使用制度和生态补偿制度;提出把碳排放权、用能权、用水权、排污权等资源环境要素一体纳入要素市场化配置改革总盘子,支持出让、转让、抵押、入股等市场交易行为。党的二十届三中全会明确提出要深化自然资源有偿使用制度改革。《水法》明确规定了国家对水资源依法实行取水许可制度和有偿使用制度。根据《水法》有关取水许可制度的要求,国务院于2006年颁布实施了《取水许可和水资源费征收管理条例》(以下简称《条例》),对于符合《条例》规定的取水单位或者个人,水行政主管部门通过行政许可的方式无偿授予其取用水资格。获得取水许可资格的单位和个人同时要缴纳水资源费,但不需要缴纳水资源使用权出让金,属于"无偿取得、有偿使用"。在这种取用水制度下,水资源管理实践中一定程度上存在用水权"得而不用,用而不得"的矛盾,影响水资源的高效利用和用水权交易的深入推进。随着全社会对水资源价值认识的不断深化和重视,有必要探索推进用水权有偿取得,尝试开展水资源"有偿取得、有偿使用"。

8.1 用水权无偿取得对推进用水权市场化改革的影响

用水权有偿取得，通常是指取水单位或个人以有偿的方式获得水资源使用权的行为。具体来说，水行政主管部门将取用水权通过行政许可赋予用水户时，由取用水单位或个人向政府缴纳水资源使用权出让金后获得水资源使用权，其核心是按照"水资源是稀缺资源，水资源占用有价"的理念，形成反映水资源稀缺程度的价格体系和交易市场。但是，根据《水法》和《条例》规定，现阶段我国政府通过水行政许可将水资源配置到用水户的过程，尚处于"无偿取得"阶段，一定程度上影响着水利行业竞争性环节市场化改革进程，探索推进用水权有偿取得显得十分紧迫而必要。

8.1.1 无偿取得的用水权影响水资源国家所有权价值的充分实现

在市场经济条件下，要使水资源国家所有权在经济上真正实现其价值，必然要求水资源国家所有权与使用权的相对分离。全民所有自然资源有偿使用制度改革的重要目的之一是在经济价值上充分实现国家对自然资源的所有权。我国水资源属于国家所有，水资源的国家所有权在水资源开发利用过程中，通过取水许可实现水资源国家所有权和使用权的分离，用水户由此获得水资源的使用权。与之对应，用水户在申请获得水资源使用权的同时，理论上应支付相应的权利对价，以确保国家水资源所有权价值的对等实现。但是，在当前取水许可制度框架下，用水户通过水行政主管部门的行政许可获得用水权，取水单位和个人只需要缴纳水资源费（税）❶，反映水资源使用权对价的水资源使用权出让金没有在相关制度里面予以要求并体现，水资源国家所有权未能得到充分实现。可以说，用水权有偿取得制度的缺失，使得水资源国家所有权经济价值的"充分实现"面临着制度瓶颈。

8.1.2 无偿取得的用水权影响用水权交易市场的培育和发展壮大

用水权交易市场是实现水资源使用权分配与再分配的市场分配手段，水资源的稀缺性和使用上的排他性、竞争性，决定了在政府向用水户出让用水权的初始分配以及用水户之间转让用水权的再次分配环节，都应充分发挥市场机制作用。根据《水权交易管理暂行办法》等规定，目前用水户只能对通过调整产品和产业结构、改革工艺、节水等措施节约的水资源量实行有偿转让；对于单位或者个人通过申请获得的取水权，原则上不能转让，其原因之一在于相关单位和个人是无偿获得取水许可资格，若允许无偿取得的用水权开展市场化交易，将会在事实上形成国有资产流失。同时，受当前"无偿取得"的取水许可制度等的限制，实践中存在有些取用水户保有大量剩余用水指标不能转让、有些取用水户因没有相应的用水指标不能扩大再生产的尴尬局面。另外，随着用水权市场化交易实践的日趋活跃，用水户的新增用水需求既可通过用水户间的有偿转让

---

❶ 根据《水资源费征收使用管理办法》等法规规定，水资源费作为行政事业性收费，属于政府非税收入；根据《中华人民共和国资源税法》等法规规定，水资源税作为资源税的一种，属于政府税收，主要功能是调节资源级差收入、加强资源管理、发挥税收杠杆作用。水资源税和费是国家行使水资源监督管理的一种手段，是实现水资源国家所有权价值的路径之一，两者并没有完全反映水资源的全部价值或者对价。

获得，也可通过向政府无偿申请取水许可获得，会导致同一地区可能出现用水权取得"双轨制"，不利于维护市场公平，影响用水权交易市场的进一步激活。因此，探索推进用水权有偿取得，明确用水户通过缴纳水资源使用权出让金的方式获得用水权，将是推进水利行业竞争性环节市场化改革的有效举措，有利于培育和发展壮大用水权交易市场。

8.2 探索推进用水权有偿取得已具备较好的改革基础

8.2.1 国家推进自然资源有偿使用制度改革的政策契机

党的十八大以来，国家自然资源资产管理体制改革作出了一系列决策部署，将自然资源资产产权制度建设作为生态文明建设的重要内容。2015年，中共中央、国务院印发的《生态文明体制改革总体方案》明确要求"全面建立覆盖各类全民所有自然资源资产的有偿出让制度，严禁无偿或低价出让。"水资源是自然资源的重要组成，国家对于水资源的有偿出让对应用水户有偿取得水资源的权利，为用水权有偿取得提供了重要依据。2016年，国务院《关于全民所有自然资源资产有偿使用制度改革的指导意见》进一步提出要"完善水资源有偿使用制度"。党的二十届三中全会强调"推进能源、铁路、电信、水利、公用事业等行业自然垄断环节独立运营和竞争性环节市场化改革"，"健全自然资源资产产权制度和管理制度体系……深化自然资源有偿使用制度改革"。从国家对自然资源有偿使用制度改革要求看，探索推进用水权有偿取得，推动水资源逐步向"有偿取得，有偿使用"阶段发展，成为更好实现国家作为水资源所有权人的权益，保障取用水户行使完整水资源使用权，加快健全完善水资源有偿使用制度的关键环节。

8.2.2　地方探索推进用水权有偿取得的实践经验

2022年，水利部部长李国英在推进"两手发力"助力水利高质量发展工作会议上强调，在条件具备的地区探索用水权有偿取得。一些地方积极开展了用水权有偿取得先行先试探索。宁夏以工业用水户为重点，探索通过缴纳用水权有偿使用费获得用水权的"有偿取得"新模式，对新建、改建和扩建工业项目用水权全面实行有偿取得，原则上在用水权交易市场公开竞价购买；存量工业企业中无偿取得用水权的，认可其业已取得的用水权资格，但要按照基准价分年度补缴用水权使用费。自2021年实施用水权有偿取得制度以来，宁夏回族自治区累计征收工业用水权有偿使用费2.84亿元，主要用于用水权收储、水利基础设施建设及运行维护、水资源管理与保护、节水改造与奖励等，形成了良性的资金征收使用机制。2023年，北京、贵州等地也相继制定用水权改革政策文件，将用水权有偿取得作为探索内容，研究用水权价值基准价格、有偿使用费征收方式和使用用途等，积极稳妥推进用水权有偿取得。地方的改革虽大多处于起步阶段，并面临着一定的上位法律和制度约束，但探索以有偿的方式获得水资源使用权，对于更好体现水资源稀缺价值，调节水资源供需关系，促进水资源向更高效率、更高效益用途流转，具有重要的实践意义。

8.2.3 土地、矿产等领域制度设计的有益参考

目前，土地资源、矿产资源和排污权有偿取得制度已较为成熟完善。对于土地资源，国家将国有土地使用权在一定年限内出让给土地使用者，由土地使用者在土地契税之外向国家支付土地使用权出让金。此外，土地资源还可通过国有土地租赁、作价入股等方式有偿取得。对于矿产资源，在矿业权出让环节，国家基于自然资源所有权出让探（采）矿权，依法取得国有资源有偿使用收入；在矿业权占有环节，将探矿权、采矿权使用费整合为矿业权占用费，根据矿产品价格变动情况和经济发展实行动态调整；在矿产资源开采环节，从价计征资源税，并与反映市场供求关系的资源价格挂钩，建立税收自动调节机制。

排污权方面，国务院办公厅于2014年出台《关于进一步推进排污权有偿使用和交易试点工作的指导意见》，要求试点区排污单位在缴纳使用费后获得排污权或通过交易获得排污权，同时赋予排污单位在规定期限内对排污权的使用、转让和抵押等权利，有偿取得排污权的单位还应依法缴纳排污费等相关税费。初步统计显示，目前我国已有28个省级行政区开展了排污权有偿取得探索，截至2021年年底，全国排污权有偿使用和交易总金额为245亿元，其中一级市场排污权有偿取得占全国排污权有偿取得和交易总金额的比重达72%。推行用水权有偿取得，参照其他自然资源必须缴纳一定资源使用权出让金才能获得开发利用自然资源的资格，有利于进一步健全完善水资源有偿取得和使用制度，符合自然资源有偿使用制度改革的要求。

8.3 坚持分类实施、分步推进的改革策略

与我国土地、矿产、排污等领域已实行的"有偿取得、有偿使用"制度建构相比，用水权有偿取得尚处于探索阶段，必须充分考虑水资源的特殊属性、取用水的复杂性以及制度衔接性，分类分步推进。

8.3.1 区分用水行业重点推进

水资源是基础性的自然资源，在满足经济需要之外还承担了重要的生态功能、安全功能。因此，探索推进用水权有偿取得不能简单地全面铺开。对于农业、生态等事关粮食安全、生态安全的用水需求，应充分考虑其公益属性给予基本保障，现阶段用水权有偿取得制度实施重点应集中在工业企业、服务业等经营性用水。对直接从江河、湖泊或地下取用水资源的工业企业，以及从公共供水管网取用水的工业企业，应全面实行用水权有偿取得；对于农业灌溉、居民生活用水宜暂免缴纳用水权有偿取得费用，后续根据经济社会发展形势、经济主体可承受能力酌情决定是否缴纳或部分缴纳；对于用水大户或农业合作社等集约化经营种养业，用水权有偿取得费用征收与否可由各地区结合实际情况自行确定。

8.3.2 区分存量增量稳妥推进

考虑目前通过取水许可无偿获得行政分配水资源的方式符合现行法律规定，在现行制度框架下，应区分新增和存量稳妥推进用水权有偿取得。对于新建、改建、扩建项目或用户新增的合理用水需

求，应要求有偿取得，用水户新增用水需求原则上应通过向政府缴纳水资源使用权出让金，从区域预留的用水指标、区域新增用水指标中获取，或从政府无偿收回的闲置取用水指标中获取，还可以通过用水户间交易有偿取得新增用水权。对于既有已通过水行政许可无偿取得的用水权，坚持"法不溯及既往"原则，在有效期内不要求补交水资源使用权出让金；但是，这些无偿取得的用水权在水行政许可期限到期后，在申请延期或者重新申请取水许可时需要交纳水资源使用权出让金，用水单位或者个人也同时享有用水权转让、抵押、收益等权利。

8.3.3 区分取用水情况协调推进

推进用水权有偿取得，应充分考虑实践中取用水的复杂情况，针对既取又用的用水户、只取不用的水库等公共取水工程两类情况，要明确用水权有偿取得费用征收环节，避免重复征收。对于既取又用的用水户，取用水为同一环节，用水户通过支付水资源使用权出让金获得取水许可证。对于取水用水环节分离的水库等公共供水工程，有两种征收方式：一是从公共供水工程取水的单位（比如自来水厂）征收，该取水单位将水资源使用权出让金计入供水成本；二是直接在用水环节对终端用水户征收，即用水户通过支付水资源使用权出让金获得用水权。考虑到有偿取得制度设计的初衷以及与工程供水价格改革的衔接性，当前及未来较长一段时期建议用水权有偿费用征收选择第一种方式；随着社会和公众对水资源价值认识的不断深化以及水价改革的逐渐深入，在条件成熟时也可考虑选择第二种方式。

8.4 相关政策建议

探索用水权有偿取得是一项系统工程，需要按照国家自然资源有偿使用制度改革的方向，进一步健全相关法规制度，建立价格标准体系，夯实基础保障，选择有条件的地区先行先试。

8.4.1 健全相关法律法规和配套制度

推行用水权有偿取得制度，对用水户在初始获得用水权环节征收水资源使用权出让金，需要在法律法规层面明确制度依据。建议在《水法》或者《条例》修订过程中，借鉴《土地法》《矿产资源法》等设立自然资源使用权有偿取得制度的经验，进一步明确用水权的取得方式及权利内容，按照"有偿取得＋有偿使用"的思路，明确实行用水权有偿取得以及水资源使用权出让金的征收、使用管理。在《条例》修订中，细化用水权有偿取得的具体情形及条件，界定用水权的权利边界和范围，规范水资源使用权出让金的征收和使用管理，细化用水权交易情形、交易规则等。

8.4.2 建立用水权有偿取得价格标准

用水权有偿取得价格有别于用水权交易价格、水资源税、工程供水价格，体现的是水资源资产经济、生态、社会等方面的综合价值，需要在建立基于用水权内在价值的基准价格体系、完善征收使用管理等制度的基础上探索推行。在探索阶段，水资源使用权出让金收取标准可由地方水利、价格、财政等相关部门，综合考虑当地水资源稀缺程度、供求关系、区域经济条件、受让人支付能力等多方面因素系统核定，由地方水行政主管部门负责征收和使用管理，收入统筹用于水资源的节约、保护、管理和合理开发等。为了体现水资源国家所有，结合矿产资源有偿取得制度设计，合理确定中央和地方分成比例，纳入财政预算管理。

8.4.3 夯实用水权有偿取得基础保障

推行用水权有偿取得制度改革需夯实各方面基础保障工作，提高改革的系统性和协调性。一是严格用水总量控制管理，通过江河流域水量分配、地下水取用水总量控制指标分解、调水工程水量分配，加快推进区域用水总量指标分配和控制。二是强化取水许可管理，建立取水许可动态管理制度，对取水量变化情况及时予以动态管理，及时回收闲置用水指标。三是加快推进取用水计量监测体系建设，完善监测站网布设和监测设备建设，实现取水、用水、排水全过程调控、监测、评价与管理。

8.4.4 鼓励和指导有条件的地方先行先试

用水权有偿取得尚在起步阶段，制度建立初期不宜全面铺开。应借鉴排污权有偿取得试点相关工作的经验，由水利部联合国家发展改革委、财政部印发相关政策文件，在全国范围内选取条件较好、用水权交易实践较为成熟的地区和水资源供需矛盾突出、取水指标占而不用现象较严重的地区探索开展用水权有偿取得先行先试，在用水权有偿取得政策制度、征收模式、监督管理等方面形成一批效果好、能持续、可推广的先进模式和典型案例，积累经验后逐步在全国范围内推广。

9
推进用水权市场化交易

【编者导读】

推进用水权市场化交易是发挥市场机制作用促进水资源优化配置和节约集约利用的重要手段,是强化水资源刚性约束的重要举措。经过多年探索实践,我国水权交易市场从无到有,交易制度逐渐完善,交易规模逐步扩大,但与新阶段高质量发展和现代化建设要求相比,我国水权交易仍面临不少问题和困难。本文在深入辨析水权交易相关概念基础上,系统梳理总结了我国水权交易现状和问题,并从水权确权、水权交易价格、水权交易配套法规制度等方面提出了进一步推进水权市场化交易的对策建议。

推进用水权市场化交易是发挥市场机制作用、促进水资源优化配置和节约集约利用的重要手段。党的十八大以来，党中央、国务院多次对建立完善水权制度作出部署。2014年，习近平总书记在保障水安全大会上提出"节水优先、空间均衡、系统治理、两手发力"治水思路，强调要培育水权交易市场。落实"节水优先、空间均衡、系统治理、两手发力"治水思路和党中央关于推进建立水权制度决策部署，推动新阶段水利高质量发展，必须坚定不移坚持"两手发力"，大力推进用水权市场化交易，健全完善水权交易平台，加强用水权交易监管，加快建设全国统一的用水权交易市场，提升水资源优化配置和节约集约安全利用水平，促进生态文明建设和高质量发展。

9.1 水权交易相关概念辨析

（1）关于水权、用水权等相关概念。目前，我国宪法和法律体系中对于水资源权属存在水流产权、水资源所有权、取水权等多个概念，而对于用水权则鲜有规定。如《宪法》第九条规定：水流等自然资源属于国家所有，即全民所有；《水法》第三条和第四十八条规定了水资源所有权、取水权有关内容，但没有对水权及水权交易给出明确的法律定义；《取水许可和水资源费征收管理条例》规定了取水权转让有关内容。2020年10月,《中共中央关于制定国民经济和社会发展第十四个五年规划和二〇三五年远景目标的建议》(以下简称《建议》)首次正式提出用水权的概念,并强调积极推进用水权市场化交易。2022年8月,水利部联合国家发展改革委、财政部发布《关于推进用水权改革的指导意见》(以下简称《指导意见》),对用水权及其交易制度进行了进一步明确。可以看出,在《建议》出台之前,我国政府机构及学者普遍认为水权是指由水资源的所有权、使用权以及经营权等一系列权利组成的权利束,随着《建议》和《指导意见》等政策文件的实施,我国将水资源国家所有权从广义的水权概念中剥离,采用了水权的狭义解释,即以用水权替代水权。根据《民法典》第二百四十七条和第三百二十九条等有关规定,用水权可以描述为非所有人依法对水资源所享有的一种用益物权,实际上,用水权是取水权派生出的权利,是取水权用益物权的具体体现,其权利性质包括水资源的使用权和收益权,可以由取水权人直接行使,也可以与取水权人分离。

(2)关于水权交易主客体。2016年,水利部印发《水权交易管理暂行办法》,规定水权交易是指在合理界定和分配水资源使用权基础上,通过市场机制实现水资源使用权在地区间、流域间、流域上下游、行业间、用水户间流转的行为,明确提出水权交易的对象为水资源使用权,明晰了水权交易的客体是与所有权分离的使用权。由于用水权存在用益物权的属性,兼具公权性和私权性,用水权交易在主体上应包括行政区域、用水单位、个人等民事主体。由于水资源的特殊性及其较强的社会公益功能,在适用私法规则开展市场化交易的同时,还应通过行政监管加以规范。在交易之前,需要明确用水权交易的前提,包括水权权属确定、可交易水量认定、市场准入规则等;在交易过程中,要进行取用水监测计量监管、生态环境影响评估等;交易完成后需对权属变更、水资源水量水质进行动态监管等。

(3)关于水权交易方式。2019年5月,国务院办公厅转发国家发展改革委《关于深化公共资源交易平台整合共享的指导意见》,明确对于应该或可以通过市场化方式配置的公共资源,建立交易目录清单,加快推进清单内公共资源平台交易全覆盖,做到"平台之外无交易"。水资源属于基础性的自然资源,同时水资源具有流动性、随机性、流域性、边界非约束性等特征,用水权交易更需要规范化、专业化、信息化的综合服务平台支撑,以确保水权交易的安全、高效、规范开展。国家应建立统一的水权交易系统,对于影响面大、水资源条件脆弱的用水权交易,如跨水资源一级区、跨省区的区域水权交易和流域管理机构审批的取水权交易,属于国务院水行政主管部门事权,交易涉及部门多、交易水量大、协调任务重,应在国家平台交易更为妥当;对于交易主体分散、交易量小、频次较高的水权交易可灵活采用平台或自主交易。此外,为充分体现市场在用水权配置中的作用,交易主体应更多通过竞价、协议转让或协商等方式开展交易,减少政府行为干预。

9.2 我国水权交易市场现状

2000年10月,时任水利部部长汪恕诚发表了题为《水权和水市场——谈实现水资源优化配置的经济手段》的讲话,在水利系统引发强烈反响。此后，在水权理论的指导下，各地展开了丰富多彩的水权转让实践活动。2000年11月，浙江省东阳市和义乌市签订有偿转让横锦水库用水权的协议，成为我国首例水权交易案例；2005年，水利部发布《关于水权转让的若干意见》和《水权制度建设框架》；2014年7月，水利部部署在宁夏、江西、湖北、内蒙古、河南、甘肃、广东7省（自治区）开展不同类型的水权试点工作；2016年4月，水利部印发《水权交易管理暂行办法》，进一步明确了水权交易类型、主体、方式等内容，同年6月国家水权交易平台——中国水权交易所正式开业运营。2022年，水利部、国家发展改革委、财政部制定印发《关于推进用水权改革的指导意见》，围绕加快用水权初始分配和明晰、推进多种形式的用水权市场化交易、完善水权交易平台等，对当前和今后一个时期的用水权改革工作作出总体安排和部署。总的来看，经过20多年探索实践，我国水权交易市场从无到有，交易制度规则逐渐完善，水权交易日益活跃，交易规模逐步扩大。初步统计显示，截至2024年11月，中国水权交易所自2016年成立以来，累计成交单数突破1.57万单，交易水量47.9亿m^3，年均交易水量约6亿m^3，交易范围覆盖全国29个省份。

9.2.1 水权交易主要类型

按照用水权类型划分，当前我国开展的水权交易类型主要包括区域水权交易、取水权交易、灌溉用水户水权交易等。

（1）区域水权交易指位于同一流域或者位于不同流域但具备调水条件的行政区域之间开展的用水权交易，交易的主体为县级以上地方人民政府或者其授权的部门、单位，交易标的为区域可用水量内结余或预留水量。2023年11月，宁夏宁东能源化工基地管理委员会购得四川省阿坝藏族羌族自治州出让的黄河用水权，并在中国水权交易所交易成功，成为全国首单跨省区域水权交易。根据中国水权交易平台公开数据，近年来，我国区域水权交易量约15.2亿m^3，占水权交易总量的31.7%左右。

（2）取水权交易指具有一定水力联系的取用水户之间的水权市场化交易，交易主体为纳入取水许可管理范围的取用水户或者符合申请领取取水许可证条件的单位或者个人，交易标的为取用水户通过调整产品和产业结构及规模、改革工艺、改进节水技术等措施节约的取水权。据统计，我国累计取水权交易水量约30.5亿m^3，占水权交易总量的63.6%左右，是累计水权交易量最多的交易形式。

（3）灌溉用水户水权交易指在同一灌区、水文地质单元内灌溉组织间、农户间以及灌溉组织和农户间的用水指标交易，交易的主体为已明确用水权益的灌溉用水户或者用水组织，交易标的为灌溉用水户的用水权。据统计，近年来，灌溉用水户交易水量约2.2亿m^3，占水权交易总量的4.6%左右，但交易单数超过了1万单，占据了水权交易数的85%，是水权交易最活跃的市场形式。

9.2.2 交易价格和时限

水权交易的价格一般依据水源类型、输水成本、历史交易价格、交易收益、生态补偿费用等确定。目前，我国区域水权交易的价格一般是在政府指导下，由交易主体协商或竞价确定。取水权交易的价格一般由交易主体依据水资源稀缺程度、成本费用、合理收益等因素协商或竞价确定，有的地区采取政府指导价。灌溉用水户水权交易的价格由交易双方根据农业用水价格、合理收益、历史交易价格等因素协商确定。

据统计，当前我国区域水权交易价格一般在 0.06～1.3 元/m³ 之间，交易期限一般以长期（1 年以上）为主，如 2023 年宁夏宁东能源化工基地以 1.2 元/m³ 的价格向阿坝州购得 1500 万 m³ 黄河用水权，交易期限为 2024—2026 年。取水权交易价格一般在 0.4～3.5 元/m³ 之间，交易期限为 1 年左右，如 2020 年江苏省宿迁市洋河新区将回购的 32.76 万 m³ 节水指标向区内各中小型酒企转让，交易价格为 2.66 元/m³，交易期限为 1 年。灌溉用水户水权交易期限受农业生产周期限制大多数为 1 年期，交易价格相对较低，最低为 0.01 元/m³，严重缺水地区交易价格有所提高。

9.2.3 交易规则

国务院颁布的《取水许可和水资源费征收管理条例》《南水北调工程供用水管理条例》分别对取水权转让和南水北调跨省年度水量转让作了原则性规定。水利部制定的《水权交易管理暂行办法》，分别对区域水权交易、取水权交易、灌溉用水户水权交易等作了规定。2024 年 1 月，水利部印发《用水权交易管理规则（试行）》《用水权交易技术导则（试行）》《用水权交易数据规则（试行）》，进一步规范了用水权交易相关术语表述，对水权分配与明晰，不同类型用水权交易流程、期限、价格，交易审批、权属变更、事后监管等，以及用水权交易平台建设、运营等内容，作了进一步细化和明确，同时对用水权交易数据标准进行了统一，为与有关系统数据交换共享衔接做了准备。

9.2.4 交易平台建设

2016年6月，中国水权交易所获国务院批准挂牌成立并推动水权交易平台正式运行。水利部按照"需求牵引、应用至上、数字赋能、提升能力"的总要求，加快完善和部署应用全国水权交易系统。初步统计显示，截至2023年12月，7个流域管理机构、31个省（自治区、直辖市）和新疆生产建设兵团、5个计划单列市已全部完成系统部署。其中17个省（自治区）应用系统开展了用水权交易，降低了交易成本，促进了水资源在更大范围内的优化配置和节约集约利用。全国水权交易系统集成交易申请、信息发布、交易匹配、资金结算、协议签订、交易鉴证、开具发票等全流程，支撑全国各地、各类用户以公开或协议等方式开展在线交易，支持各流域管理机构和地方水行政主管部门对交易全过程进行监督，为加快培育用水权交易市场、激活用水权交易、规范交易行为提供了基础支撑。

9.3 我国水权交易面临的主要问题

经过多年发展，我国水权交易市场取得了积极进展，但总体上看尚处于方兴未艾阶段，水权交易仍面临不少问题和困难。

9.3.1 水权交易不活跃

截至2024年11月，我国累计水权交易总量约47.9亿m^3，年均交易水量不到全国年用水总量的1‰。区域水权交易总单数仅31单，累计交易水量最多的取水权交易也仅有1000单左右，交易形式最多的灌溉用水户水权交易，交易水量仅占农业用水量的0.37‰左右。同时，虽然全国大多数省份都出现了至少一种水权交易，也有多个省份在区域水权交易、取水权交易和灌溉用水户水权交易三类水权交易方面都有了丰富的实践经验，但根据公开资料统计，除港澳台外仍有 2 个省级行政单位尚未参与水权交易。总体来看，我国水权交易仍存在交易不活跃、交易市场规模小的问题。

9.3.2 交易价格机制不完善

现阶段我国水权交易价格形成机制依然存在不足，价格水平偏低，水资源的稀缺性未充分体现，制约了水权交易主体的积极性。一方面，虽然国家规定了水权交易价格由交易主体协商确定或通过竞价形成，并明确了不同类型水权交易价格的定价依据，但在实践中，特别是区域水权交易和取水权交易，促使交易实现是当前水权交易的侧重点，以至于政府过多地参与到交易工作中，干预定价以促成交易的达成，市场机制在价格形成过程中的作用被侵占，交易价格难以体现市场供求关系。另一方面，对水资源真实价值的认识不足，定价计算方式不尽科学合理，水权交易价格核算仍以维持工程建设成本和运行维护费用为主，而对于水资源的生态价值、生态经济效益补偿等方面考虑较少。

9.3.3 水权交易规则机制不健全

（1）缺乏水权交易市场准入规则。根据《水权交易管理暂行办法》《用水权交易技术导则（试行）》，水权交易市场主体仅被笼统规定为纳入取水许可管理范围或符合条件的取用水户以及明确用水权益的用水户等，个别不符合国家产业政策的高污染高耗水产业、产品不符合节水标准的企业可能假借交易突破最严格水资源管理底线，造成水权不正常流动。

（2）缺乏水权交易的利益补偿机制。当前我国水权交易价格总体偏低，不能体现水资源真实价值，利益相关主体无法得到对应的收益或补偿，引发交易的不可持续性，需要对水权交易的生态、经济等正外部性进行有效识别，研究提出相应的补偿标准以及补偿路径模式。

（3）缺乏可交易水量的评估认定机制。《用水权交易技术导则（试行）》对不同交易类型的交易标的进行了初步明确，但具体如何认定、由谁认定，尚需建立一套评估认定规则。同时，对于取用水户的闲置水权如何处置、收储交易等，仍需进一步研究明确。

9.3.4 促进水权交易的相关制度不完善

（1）水权确权面临诸多困难。跨省江河和省内跨区河流的水量分配工作尚未完成，难以为水权确权提供清晰的边界条件，用水权确权工作存在着确权难度大、总体推进缓慢等问题，许多地区的灌区内用水户水权确权工作尚未开展，水权交易无从开展。

（2）水资源刚性约束不足。区域水权购买意愿不强，一些缺水地区用水总量指标不足时，仍习惯通过向上级政府申请应急调水或超采地下水等方式来获取用水指标，一定程度上限制了购买水权的需求。

（3）取水许可管理制度有待进一步完善。当前，取用水户需要新增用水时，大多数仍是向政府无偿申请取水许可，缺乏到市场购买水权的意愿。不少地区取水许可证水量普遍偏大，而且存在重复发证、大证套小证等现象，取水许可证对权利人的权利内容、能否转让及转让条件等，尚缺乏明确规定。

以上因素均制约着水权交易市场的发展。

9.4 坚持"两手发力"，大力推进水权市场化交易

经过20多年的水权水市场建设，我国目前还没有发展出普遍性的水权市场，新阶段大力推进水权市场化交易，必须深入贯彻落实习近平总书记"节水优先、空间均衡、系统治理、两手发力"治水思路和关于治水的重要论述精神，坚持政府和市场"两手发力"，强化理念、制度、技术、模式创新，持续加大政策制度改革，加快推进构建"政府管控＋市场调节"共同作用下的中国特色水权交易市场。

9.4.1 加快初始水权分配与明晰

明晰初始水权是开展水权交易的前提，是增加水权交易市场有效供给的关键举措。

（1）对于区域用水权，应加快推进江河流域水量分配，根据水量分配方案批复的可用水量，在满足区域用水总量控制指标下将节余的水量作为可交易水量。

（2）对于用水户取水权，在严格取水许可管理的前提下，通过发放取水许可证明晰取水权。

（3）对于灌溉用水户水权，可以根据地区条件和经济发展状况，通过发放用水权属凭证或下达用水指标等方式，因地制宜将用

水权分配到支渠口、用水户协会或用水户。

（4）对于城市公共供水系统用户用水权，各地可根据自身发展条件，探索通过发放权属凭证、下达用水指标等方式，明晰用水权。

9.4.2 建立健全用水权交易配套制度

建立健全统一的水权交易机制和相关制度，是推进用水权市场化交易的基础保障。

（1）积极探索实行用水权有偿取得制度。当前，造成我国水权交易不活跃的主要原因是市场机制不完善，水权无偿取得和有偿取得两种形态并存。为维护市场公平性，应在初始配置新增用水环节引入市场机制，实行用水权有偿取得制度，重点围绕工业企业等经营性用水领域，政府将向取用水户回购的水权、收回的闲置水权等有偿出让给有新增用水需求的用水户，促进水权一级市场交易。

（2）建立闲置水权认定和收储、处置机制。探索建立"水银行"收储机制，对于工业企业取用水户许可水量超过实际用水量等情形，通过一定程序认定为闲置水权，符合条件的可以到市场上交易或由政府回购后适时投放市场，盘活存量水资源，增加可交易水权。

（3）建立结余水量和节约水量评估认定机制，为开展水权交易提供依据。区域之间以用水总量控制指标和江河水量分配指标范围内的结余水量开展水权交易，取用水户通过改革工艺、节水技术改造等措施以节约的水量为标的开展水权交易。

（4）健全水权交易监管机制。加快完善水权交易市场准入机制，建立负面清单，完善水权交易评估机制，聚焦交易价格、交易用途、交易成本、交易流程等，形成全过程、全方位、全覆盖的综合评估机制，加强审批和监管。

9.4.3 完善水权交易价格机制

价格机制是市场机制的核心，推进用水权市场化交易必须建立完善的水权交易价格形成机制。

（1）建立科学的交易价格定价方式。遵循公平性、补偿成本和合理收益等原则，综合考虑水资源稀缺程度、市场供求关系、供求双方的交易意愿、历史交易价格等因素，建立清晰规范、科学普适的水权交易价格定价方式。同时，对水权交易的生态、经济等正外部性进行有效识别，通过合适的标准和路径对相关利益进行补偿，确保水权交易价格构成体系的有效性和合理性。

（2）推进政府基准价与市场协议价相结合的定价机制。以具备相应能力的机构评估价作为基准价，由交易双方协商确定最终价，进一步引入市场机制，加大竞标、公开竞价等定价方式的使用，确保定价的公开、公平、公正。同时，探索"水银行"收储机制，建立储备水资源组织，根据水权市场价格波动情况，通过适时出售或购买水权，引导市场稳定水价。

9.4.4 加强水权交易相关法规制度建设

制度政策管根本、管长远。当前，我国相关法规制度对用水权权利义务、用水权交易等内容规定较少，一定程度上制约了水权交易市场的发展。

（1）要以《水法》等有关法律修订为契机，在相关条款中明确取水权派生的用水权等水权基本概念、权能，对用水权的处分、交易行为以及有偿取得，给予法律上的规定；修订现行的《取水许可和水资源费征收管理条例》，在《水法》修订基础上，进一步明确水权交易细则、交易类型、交易内容、定价机制等内容，增加取水权有偿取得相关内容，优化取用水行政监管方式。

（2）进一步加强和规范取水许可管理，严格控制新增取水许可证的颁发，明确取水许可与取水权确权凭证的关系，创新取水许可管理和取水管理后评估制度，动态优化调整许可水量，全面推进取水许可电子证照应用，加强取用水用途管制。

（3）推进实施水资源刚性约束制度，推动出台水资源刚性约束制度指导意见，强化用水总量和强度双控指标约束考核，倒逼已超过或接近用水总量控制指标的地区通过水权交易满足新增用水需求，引导相关企业通过水权交易解决新增用水指标。

9.4.5 强化水权交易基础能力建设

促进水权交易的实现需要辅助建立相应的交易平台和统计监测计量设施。

（1）加快构建全国统一的水权交易系统。目前，我国用水权交易平台体系建设取得积极进展，但用水权交易平台层级多，交易管理规则不一、系统不衔接等问题短期内仍然存在，应按照《指导意见》的要求，加快推进建立全国统一部署、分级应用的多层次水权交易平台体系，逐步将用水权交易纳入公共资源交易平台体系，加强数字孪生和区块链等信息技术应用，推进交易系统与水利有关信息系统资源共享互认、互联互通。

（2）强化取用水监测计量。水权交易的推进，需要用水计量、用水过程监控、水量调度等数据的统计监测。为此,要加快推进取用水监测计量体系建设,在重要断面、重要取水口配备相应的监测计量设施,因地制宜推进用水在线监测设施建设,为水权交易提供技术支撑。

专题 4　水生态产品价值实现

10
深刻认识推动水生态产品价值实现的重要意义

【编者导读】

完善生态产品价值实现机制是生态文明领域全面深化改革的一项重大制度安排。水是生存之本、文明之源。本文站在贯彻落实习近平生态文明思想、贯彻落实党和国家重大战略部署、贯彻落实习近平总书记关于治水的重要论述精神高度,深刻认识推动实现水生态产品价值的重要意义。立足水利,深刻认识推动水生态产品价值实现是促进形成水利高质量发展内生动力的关键一环。

党的二十届三中全会通过了《中共中央关于进一步全面深化改革、推进中国式现代化的决定》。以习近平同志为核心的党中央举旗定向，明确了进一步全面深化改革的总目标，要求聚焦七个方面，并对十四个领域全面深化改革作出系统部署。其中，在深化生态文明体制改革中，明确提出要"健全生态产品价值实现机制"。

当前，我国经济已经从高速增长阶段转向高质量发展阶段，如何保持经济社会高质量发展与资源环境保护之间的平衡显得尤为重要。推动水生态产品价值实现就是达到这种平衡的重要路径之一，必须站在贯彻落实习近平生态文明思想、贯彻落实党和国家重大战略部署、贯彻落实习近平总书记关于治水的重要论述精神的高度，深刻认识推动水生态产品价值实现的重要意义，推动水利高质量发展，为以中国式现代化全面推进强国建设、民族复兴伟业提供有力的水安全保障。

10.1 深刻认识推动水生态产品价值实现是贯彻落实习近平生态文明思想的重要举措

习近平生态文明思想要求坚持人与自然和谐共生，坚持山水林田湖草沙系统治理，加快形成绿色发展方式和生活方式，探索以生态优先、绿色发展为导向的高质量发展道路。推动水生态产品价值实现，就是要通过体制机制改革创新，科学合理地开发利用水资源和水生态系统，一方面将水生态系统的生态价值转化为经济价值，另一方面将一部分经济收益用于更好地保护和维持水生态系统的健康和稳定，率先走出一条生态环境保护和经济发展相互促进、相得益彰的新路子，打造水利领域人与自然和谐共生的新方案。

习近平总书记多次发表重要讲话，强调"良好的生态环境蕴含着无穷的经济价值""绿水青山和金山银山绝不是对立的，关键在人，关键在思路""要积极探索推广绿水青山转化为金山银山的路径，选择具备条件的地区开展生态产品价值实现机制试点，探索政府主导、企业和社会各界参与、市场化运作、可持续的生态产品价值实现路径"。水是生命之源、生产之要、生态之基，依水而存、伴水而存的水生态产品是生态产品的最重要组成和表达形式。推动水生态产品价值实现，将水生态优势转化为经济价值，促进流域区域经济发展，充分体现了绿水青山就是金山银山的理念和要求。

习近平生态文明思想强调良好生态环境是最普惠的民生福祉。健康的水生态环境可以直接为人民群众提供优质的水资源、优美的水环境，为高品质的农产品、林产品、水产品以及工业企业提供优质水源。水生态系统的健康与否直接关系到人民群众的生活质量。推动水生态产品价值实现，能够促进水生态系统健康良性发展，提供更多更优质的水生态产品，不断满足人民群众对美好生活的需求，提升人民群众的生活质量，是推动生态文明建设的重要途径。

10.2 深刻认识推动水生态产品价值实现是贯彻落实国家重大决策部署的必然要求

推动水生态产品价值实现是党和国家对强化生态环境价值、扩大生态产品供给作出的重要决策部署之一。2010年国务院印发《全国主体功能区规划》，首次提出生态产品概念，认为生态产品是"维系生态安全、保障生态调节功能、提供良好人居环境的自然要素，包括清新的空气、清洁的水源和宜人的气候等"。2015年《中共中央关于制定国民经济和社会发展第十三个五年规划的建议》明确提出，要提供更多优质生态产品，推动形成绿色发展方式和生活方式。

2016年开始，国务院和各有关部门出台系列政策，强调从体制机制层面推动和保障生态产品价值实现，并融入市场化机制改革、乡村振兴和脱贫攻坚。如2016年经国务院批准，财政部、环境保护部、国家发展改革委、水利部联合印发《关于加快建立流域上下游横向生态保护补偿机制的指导意见》，提出要加快形成"成本共担、效益共享、合作共治"的流域保护和治理长效机制。2018年中央一号文件《中共中央 国务院关于实施乡村振兴战略的意见》提出，将乡村生态优势转化为发展生态经济的优势，提供更多更好的绿色生态产品和服务，促进生态和经济良性循环。

2021年至今，国家关于生态产品价值实现的决策部署进一步清晰、具体，突出强调生态产品价值实现路径，提出市场化、多元化生态补偿机制，并融入了"双碳"目标和共同富裕内容。如2021年中共中央办公厅、国务院办公厅印发《关于建立健全生态产品价值实现机制的意见》，从顶层设计层面对如何将"绿水青山就是金山银山"理念落实到制度安排和实践操作进行全面部署。2024年7月印发的《中共中央 国务院关于促进经济社会发展全面绿色转型的意见》，进一步明确要加快完善生态产品价值实现机制，让生态成为支撑经济社会持续健康发展的不竭动力，有力促进经济社会发展全面绿色转型。

可以看出，从党的十八大提出"加大自然系统与环境保护力度，增强生态产品生产能力"，到党的十九大要求"提供更多优质生态产品以满足人民日益增长的优美生态环境的需要"，再到党的二十大强调"建立生态产品价值实现机制"，以及党的二十届三中全会提出"健全生态产品价值实现机制"的要求，生态产品价值实现已经由地方试点、流域区域层面的探索上升为党和国家的重要任务。水是生命之源、生产之要、生态之基，也是促进经济社会发展全面绿色转型的重要载体。推动水生态产品价值实现，目的就是要让水生态优势源源不断转化为发展优势、经济优势，厚植高质量发展的绿色底色，培育发展新质生产力的绿色动能，这是贯彻落实党和国家重大决策部署的必然要求。

10.3 深刻认识推动水生态产品价值实现是贯彻落实习近平总书记关于治水重要论述精神的生动实践

2014年3月14日，习近平总书记在中央财经领导小组第五次会议上，基于对国情水情的深刻洞见和深邃思考，以新的视野、新的认识、新的理念，谋划治水方略、制定治水政策，开创性提出"节水优先、空间均衡、系统治理、两手发力"治水思路。

习近平总书记强调，治水要良治，良治的内涵之一是要善用系统思维统筹水的全过程治理。推动水生态产品价值实现，必须坚持系统思维，综合考虑水资源保护、生态环境修复、经济社会发展等多方面因素，既要统筹山水林田湖草沙等自然要素提升生态系统自身的健康水平，也要统筹水生态保护治理与水利基础设施建设、基本公共服务设施建设、水文化及历史遗产开发等，以从整体上提升水生态系统产品的可开发利用水平。

习近平总书记多次强调，要坚持和完善社会主义基本经济制度，充分发挥市场在资源配置中的决定性作用，更好发挥政府作用，推动有效市场和有为政府更好结合。推动水生态产品价值实现，既需要政府在治理和保护生态系统健康、搭建水生态产品价值转化平台、培育水生态产品价值转化项目、规范和建立水生态产品价值转化制度、明确水生态产品价值核算标准等方面更好发挥作用，更需要充分发挥市场机制作用，精准把握广大人民群众对水生态产品的需求，实现水生态产品供需精准对接。

坚持"两手发力"建立水生态产品价值实现机制，通过财政纵向补偿、区域间横向补偿或市场交易机制，可以将水生态产品中具有直接经济效益的产品或服务直接转化为经济价值。如通过水权交易或水资源有偿使用，促使水资源从低效益用途向高效益用途转化，不仅实现了水资源本身的价值，还能够形成节水激励，有助于实现水资源可持续利用。通过建立生态补偿机制，运用政府补贴、社会捐赠或受益者付费等方式，对水资源保护、水生态环境改善等行为给予补偿，可以激发社会对水生态保护的认可度与关注度，激励社会公众更多参与水生态保护。通过市场机制，依托优美的水生态环境、水利工程或水利遗产等,发展水利旅游和休闲产业等,可以将自然景观和人文价值转化为旅游资源,并带动周边经济发展,促进乡村振兴和村民共富,形成生态效益、经济效益、社会效益多赢局面。

近年来,各地纷纷加快推动水生态产品价值实现,如新安江跨省流域生态补偿、福建长汀水土保持碳汇交易、浙江安吉和江苏宜兴生态清洁小流域生态产品价值转化等,更好地发挥市场机制作用,将生态效益转化为经济效益、社会效益,是贯彻落实习近平总书记"节水优先、空间均衡、系统治理、两手发力"治水思路和治水重要论述的生动实践。

10.4 深刻认识推动水生态产品价值实现是促进形成水利高质量发展内生动力的关键一环

党的二十大报告强调,中国式现代化是人与自然和谐共生的现代化。习近平总书记指出,推进中国式现代化,要把水资源问题考虑进去;中国式现代化也包括水利现代化。水利高质量发展的目标就是要为以中国式现代化促进强国建设、民族复兴伟业提供坚实的水安全保障。

研究推动水生态产品价值实现就是探索实现水利现代化的路径。通过建立水生态产品价值核算体系,对水生态产品进行核算,能够将渔业产品、原水产品、生态农产品、水力发电等物质产品,水源涵养、固碳释氧、气候调节、水质净化、洪水调蓄等调节服务,以及旅游康养、休闲游憩、宜居环境等文化服务,均以货币形式直接体现，将水利工作的生态效益和社会效益具象化，能够有效展现水的生态价值、经济价值和社会价值，使社会公众更为直观地了解水利对经济社会发展的贡献，从而吸引更多社会资本参与治水，拓宽筹融资渠道和投入规模，让市场和社会在获得政策红利、享受绿水青山的同时，能够成为绿水青山的自觉守护者，推进水治理提质增效，实现治水从以政府为主向政府与市场"两手发力"转变。

同时，推动水生态产品价值实现，可以使人民群众在保护绿水青山的过程中获得收益，反过来又进一步提升保护绿水青山的主动性。正如习近平总书记所强调的，因地制宜选择好发展产业，让绿水青山充分发挥经济社会效益，切实做到经济效益、社会效益、生态效益同步提升，实现百姓富、生态美有机统一。推动水生态产品价值实现，也就是实现"一方水土养一方人"到"一方水土富一方人"的迭代升级，实现治水模式由部门垄断为主向全民治水的转变，进而实现真正意义上的高质量发展。

水利是经济社会发展的根本，必须加快转变观念，打开思路，积极探索推动水生态产品价值实现，先立后破，寻改革之道，谋发展之路，在推动生态文明建设、推进人与自然和谐共生的现代化中彰显水利的使命担当。

11 推动水生态产品价值实现需要把握的原则性问题

【编者导读】

  水为人类生存和发展提供了不可或缺的产品和服务。水生态产品价值实现涉及政府、市场、企业、村集体和村民等多方利益，处理好经济发展与资源环境保护之间的关系显得极为重要。本文深入分析了推动水生态产品价值实现需要把握好的五个原则性问题，以期为推动水生态产品价值实现有序健康发展提供参考。

水生态产品价值实现涉及政府、市场、村集体、村民等多方利益，需要统筹生态环境保护和经济社会发展关系。在推进过程中需要把握好几个原则性问题。

11.1 要把保护优先、绿色发展作为水生态产品价值实现的前提

习近平总书记强调，推动形成绿色发展方式和生活方式是贯彻新发展理念的必然要求，必须把生态文明建设摆在全局工作的突出地位，坚持节约资源和保护环境的基本国策，坚持节约优先、保护优先、自然恢复为主的方针，形成节约资源和保护环境的空间格局、产业结构、生产方式、生活方式，努力实现经济社会发展和生态环境保护协同共进。《中共中央关于进一步全面深化改革 推进中国式现代化的决定》（以下简称《决定》）进一步强调，中国式现代化是人与自然和谐共生的现代化，要求加快完善落实绿水青山就是金山银山理念的体制机制。这就要求我们必须把保护优先、绿色发展的理念融入到国家发展的各项战略中，以各类自然资源要素为抓手，引领、约束和协调经济社会发展实践，拓展高质量发展新空间。

水是自然资源要素的重要组成部分，是人类赖以生存和发展不可缺少的重要基石。依托水生态系统推动生态产品价值实现，必须

坚持保护优先、绿色发展,统筹好生态保护和价值实现的关系。要控制开发强度,摒弃以牺牲水生态环境换取一时一地经济增长的做法,以保障自然水生态系统休养生息、实现水生态系统健康可持续发展为基础,注重生产方式、开发强度、转化模式的选择,增值自然资本,厚植水生态产品价值。要强化风险防控,加强生态保护红线监管,对以生态清洁小流域为主的水生态产品要加强把关,产品开发需要主动规避山洪地质灾害风险隐患,并加强灾害高发时段的预警预报和引导撤离。要打造差异化产品,按照物质类、文化服务类、调节服务类,有序引导各地因地制宜开发水生态产品,打造多样化水生态消费场景,避免一拥而上盲目开发且同类竞争,减损水生态产品价值。

11.2 要把以人为本、共同富裕作为水生态产品价值实现的目标

习近平总书记指出,改革发展搞得成功不成功,最终的判断标准是人民是不是共同享受到了改革发展成果。党的二十届三中全会再次强调"坚持以人民为中心,尊重人民主体地位和首创精神,人民有所呼、改革有所应,做到改革为了人民、改革依靠人民、改革成果由人民共享",并作出规范收入分配秩序和财富积累机制,完善实施区域协调发展战略机制,完善强农惠农富农支持制度,坚持农业农村优先发展,完善乡村振兴投入机制等一系列重大改革部署,表明了既要通过共同奋斗把"蛋糕"做大做好,也要通过合理制度安排把"蛋糕"切好分好的决心意志,为让现代化建设成果更多更公平惠及全体人民、最终实现共同富裕,提供更加坚实有力的制度

保障。

当前，我国推动高质量发展面临的突出问题依然是发展不平衡不充分，城乡区域发展和收入分配差距仍然较大，民生保障、生态环境保护仍存短板。有研究表明，利益是村民群体性活动产生的基础，信任是村民群体性活动成败的关键。因此，要把实现人民群众对美好生活的向往和推进乡村振兴、实现共同富裕作为推进水生态产品价值实现的出发点和落脚点，统筹好个体利益和群体利益的关系。要完善决策机制，在实施水生态产品价值实现前，村集体要充分征询群众意见、民主决策，"问计于民、问需于民"，不能无视个体的意见，避免"关门"商定。要提高群众参与度，引导群众全过程参与水生态产品打造和价值实现，推动投资者、经营者优先吸纳当地群众劳动力参与水生态产品运营，让群众切实感受生态治理和价值实现成效，形成全社会管水护水氛围。要注重收益合理反哺，明晰各有关主体承担水生态产品供给的责任边界，深入挖掘供给区的水生态资源和产品价值，推动转化为群众致富的水生态产业，将产业增值有效用于水生态保护和修复，以及当地乡村振兴基础设施建设，让人民群众共享产业发展红利，实现良性投建运营。

11.3　要把政府主导、市场运作作为水生态产品价值实现的抓手

正确处理政府和市场的关系是习近平经济思想的重要内容。2018年4月，习近平总书记在深入推进长江经济带发展座谈会上，指出要探索政府主导、企业和社会各界参与、市场化运作、可持续的生态产品价值实现路径。2021年4月，中共中央办公厅、国务院

办公厅印发《关于建立健全生态产品价值实现机制的意见》，提出生态产品价值实现必须坚持"政府主导、市场运作"原则。2024年4月10日，中共中央、国务院出台《生态保护补偿条例》，明确提出生态保护补偿工作要坚持政府主导、社会参与、市场调节相结合。党的二十届三中全会再次强调，要充分发挥市场在资源配置中的决定性作用，更好发挥政府作用，处理好政府和市场的关系，既"放得活"又"管得住"，推动政府和市场优势互补、协同发力，实现经济健康可持续发展。

  水生态产品价值转化最终的目标是实现水生态环境改善与经济社会发展的有机统一和良性循环。应充分发挥有为政府和有效市场的作用，统筹好政府和市场的关系，使水生态产品的经济价值被市场认可、生态价值充分显现、社会价值稳步提升。一要发挥市场调节作用，不能把市场主体局限于水生态产品开发本身，要充分用好其思路丰富且灵活的优势，在合规基础上挖掘产品的附加价值，开展"水利+"配套设施建设，做强并延伸涉水产业链，丰富水生态产品价值内涵，以多样的参与方式和多途径的项目收益激发社会主体参与热情。二要强化政府补位职责。水利项目天然的公益属性，意味着政府不能将建管运营工作完全放开由市场决定，要加强制度建设、价值核算、生态补偿、绩效考核、市场监管等方面的管理，完善跨部门协同机制，明确权责关系，保障消费者权益，使产品能够健康发展。三要避免政府越位行为。为支持水生态产品价值实现，各级政府出台资金、土地、服务等支持政策，要注意严格落实相关法律法规和政策要求，避免在利益驱动下单纯追求政策红利、强行开展水生态价值实现的行为，防止水生态治理"碎片化""错位化"，确保水生态产品价值更多更公平惠及全体人民。

11.4 要把系统谋划、稳步推进作为水生态产品价值实现的途径

《决定》明确提出进一步全面深化改革的原则之一就是"坚持系统观念"。坚持系统观念是习近平新时代中国特色社会主义思想的世界观和方法论的重要内容之一。习近平总书记在对党和国家各项事业进行决策部署时，反复多次强调要坚持系统观念、运用系统思维。针对进一步深化改革，习近平总书记提出，改革要更加注重系统集成，坚持以全局观念和系统思维谋划推进，加强各项改革举措的协调配套，推动各领域各方面改革举措同向发力、形成合力，增强整体效能，防止和克服各行其是、相互掣肘的现象。

水生态产品价值实现，需要考虑物质产品、调节服务和文化服务等不同类别生态产品之间的系统性和整体性，还需要考虑水生态系统治理与保护、价值核算、转化项目开发、风险监督与监管等诸多环节之间的衔接。因此，必须在顶层设计层面进行系统谋划，统筹考虑各领域、各环节、各主体在水生态产品价值实现过程中的权、责、利，并在实践层面稳步推进。首先要将建章立制摆在首位，细致分析水生态产品打造和交易全过程，研判廉政风险点，出台水生态产品价值实现指导意见，规范交易流程和要求，使各地在实践中有规可守、有章可循，避免因利益问题出现交易乱象。其次要强化水规划引领，以水利规划为基础制定水生态产品价值实现项目清单，按照实施成熟条件制定分期价值转化的目标任务，科学研究为保障水生态产品价值实现而实施水利项目提质增效的必要性，避免不经

充分论证急上项目。最后要关注投资手续完备性，严格执行水生态产品价值实现涉及各类项目的前置要件审核要求，把好防洪影响评价、规划水资源论证、水土保持审查等技术论证关，确保项目合理可行。原则上不能以承诺等方式替代审批手续，严禁投资手续缺失或缺项"带病"开展交易。

11.5 要把守正创新、鼓励探索作为水生态产品价值实现的重点

理论因创新而富有生机，制度因创新而更具活力。制度创新是在解决实践问题、适应时代发展要求的过程中逐步向前推进的。习近平总书记在党的二十大报告中强调必须坚持守正创新，指出守正才能不迷失方向、不犯颠覆性错误，创新才能把握时代、引领时代。《决定》再次强调，要坚持守正创新，在新的起点上推进理论创新、实践创新、制度创新、文化创新以及其他各方面创新。

2012年，党的十八大报告首次把"美丽中国"作为生态文明建设的宏伟目标，提出建立生态补偿制度。浙江和安徽在新安江启动全国首个跨省流域生态补偿机制试点，按照"谁受益谁补偿、谁保护谁受偿"原则，建立补偿标准体系，开创跨省流域生态补偿机制的先河，可以视为以横向补偿方式实现水生态产品价值的最早尝试。历经4轮试点，新安江生态补偿从原先"对赌"淘汰高排放高能耗产业、加快产业转型等常规举措，逐步创新补偿机制，从完善省际合作机制、深化项目建设、强化产业合作交流、推进人力资源共享、联动发展文旅产业、共促生态产品价值实现等方面，加快了由同护绿水向共谋发展转变的脚步。因此，推动水生态产品价值实现，必

须坚持守正创新，积极探索适宜的水生态产品价值实现路径。要强化数字变革，依托数字技术，及时有效掌握区域内水生态产品的数量、质量、权属等基本信息，推动水生态产品在确权登记、动态监测、价值核算等方面实现数据贯通、有效调取，防止产品信息变成水利部门的"自留地"。要拓展产品内容，及时总结典型案例的做法、困难和成效，结合本地区水生态系统特点和当地经济社会文化优势，构建特色鲜明、各具亮点、形式多样的水生态产品价值实现路径模式，切勿生搬硬套，一味模仿。水生态产品价值实现是新事物，机制尚不完善，应当加强价值量核算、转化路径、权益归属等关键环节的研究，激励地方试点先行、积极探索，同时要建立完善容错纠错机制，为各地推动多种类型、模式的水生态产品价值实现营造良好的创新环境。

12
水生态产品概念及其价值核算方法

【编者导读】

　　水生态产品价值核算是水生态产品价值转化和实现的基础。本文在梳理生态产品概念及分类的基础上，结合水的特点与属性，尝试界定水生态产品概念，对产品进行分类，探索构建水生态产品价值核算方法，以期为逐步完善水生态产品价值实现的理论与制度体系，推动水利高质量发展和建设美丽中国奠定坚实基础。

2021年，中共中央办公厅、国务院办公厅印发了《关于建立健全生态产品价值实现机制的意见》，旨在促进环境保护和绿色发展。水生态产品是生态产品的重要组成部分。水作为人类生产生活不可或缺的资源和发展的基本要素，其价值被严重低估。加快水生态产品概念、分类及价值核算方法研究，既是实现水资源可持续利用的需要，也是实现经济可持续发展的要求。本文立足水的生产要素价值、水利基础设施价值、水源价值、社会文化和精神价值，以水生态系统为依托，尝试界定水生态产品概念，并对产品进行分类，探索提出水生态产品价值核算指标及计算方法，以期为下一步系统深入的研究做铺垫。

12.1 水生态产品概念及分类

12.1.1 生态产品

生态产品是具有鲜明中国特色的概念，国外通常称为生态系统服务。联合国《千年生态系统评估报告》认为生态系统服务主要包括调节、支持、文化和产品四大类产品。近些年，也有国外学者开始使用"生态产品"一词。国内学术界关于生态产品的研究可以追溯到20世纪80年代。2010年，生态产品概念首次在官方文件《全国主体功能区规划》(国发〔2010〕46号)中被正式提及。党的十八大以来,相关概念得到不断丰富和完善。2021年2月,中央全面深化改革委员会第十八次会议审议通过的《关于建立健全生态产品价值实现机制的意见》强调,建立生态产品价值实现机制关键是要构建绿水青山转化为金山银山的政策制度体系,建立生态环境保护者受益、使用者付费、破坏者赔偿的利益导向机制,探索政府主导、企业和社会各界参与、市场化运作、可持续的生态产品价值实现路径。

生态产品涉及生产、生活、生态方方面面,很难对其作出精确的定义。根据国家政策文件,综合国内外有关学者意见和观点,生态产品大体可以被认定为在不损害生态系统质量、稳定性和完整性的前提下,生态系统为人类生产生活所提供的供给和服务,主要包括物质产品供给、生态调节、文化服务等,既涵盖生态系统所生产的自然要素,也包括人类在绿色发展理念指导下,采用生态产业化和产业生态化方式生产的生态农产品、生态旅游服务等。

生态产品的价值反映的是生态产品变化对人类和经济社会发展的影响,其实现就是生态产品蕴藏的内在价值显化为生态效益、经济效益、社会效益,其评估和测算是以货币形式反映生态系统的各项功能,以方便人们更为直观地了解从生态系统中获得的服务和功能价值。国内关于生态产品价值的核算在林业领域有较多实践探索,采用的方法主要有市场价值法、收益价值法、成本费用法、影子工程法、条件价值法、替代成本法等。

12.1.2 水生态产品

水生态产品作为生态产品的有机构成,同样可以从物质产品供给、生态调节、文化服务三个角度进行理解和界定。水生态产品价值是经济学意义上的市场价值，而非生态学、社会学意义上的使用价值，通常体现在维系生态安全和保障生态调节功能上，包括固碳释氧、保持水土、调节气候、涵养水源、保护生物多样性行动，这些功能和使用价值以货币化的形式体现出来，就是水生态产品的市场价值。联合国《千年生态系统评估报告》将淡水生态系统服务功能划分为供给、调节、文化和支持四大类，如供水、发电等供给类产品，洪水调节、水质净化等调节类产品，涉水娱乐、旅游等文化服务类产品，维持生态系统物质循环等支持功能，等等。而支持功能并不直接服务人类，只是为保证实现其他生态系统服务功能提供基础服务。

从理论层面看，破解水生态产品价值至少需要劳动价值论、效用价值论、公共物品理论以及产权理论等方面的理论研究。其中，劳动价值论和效用价值论是生态产品价值实现的理论基础，公共物品理论为明确价值付费者提供理论指导，产权理论为明确价值享有者提供理论指导。结合国内外研究成果，本文认为，水生态产品是水生态系统提供给人类社会使用和消费的或具有潜在使用价值的产品与服务，应能够反映水的生产要素价值、水利基础设施价值、水源价值、社会文化和精神价值，且具备"商品和服务"的一般特征，具有自然属性和社会属性。推动水生态产品价值实现需要做好三步基础性工作，即产品界定、指标确定和价值核算。

12.1.3 水生态产品分类

水生态产品具有多样性，本文根据其服务功能分为物质供给类产品、调节服务类产品和文化服务类产品三大类，见表1。其中，物质供给类产品是指在不损害水生态系统稳定性和完整性的基础上，依靠自然资源、环境服务或经过人工治理后功能得以提升的资源环境所生产的物质类生态产品。可分为直接利用类产品，如渔业产品、灌溉农产品、灌溉林产品、原水产品等，以及转化利用类产品，如水力发电、水路运输等。物质供给类水生态产品具有严格的排他性和竞争性，包含人类必要的社会劳动，一般通过产业化经营和直接市场交易方式实现价值。

调节服务类产品是指水生态系统提供改善人类生存环境与生活条件的享受性非物质惠益，主要体现在维系生态安全和保障生态调节功能上，包括水源涵养、土壤保持、物种保育、固碳释氧、局部气候调节、水质净化及洪水调蓄等。调节服务类水生态产品表现为非排他性和非竞争性，具有显著的纯公共产品特征，通常由政府下达水环境治理、抚育、水生态保护修复、生态质量提升、水利基础设施建设等工程任务进行培育增值，一般通过生态补偿、转移支付、财税激励、公共投资等方式实现其价值。其中，由于碳排放权已经成为广泛达成共识的具有经济价值的权益指标，因此基于固碳功能产生的碳汇可以通过市场交易方式实现价值转化。

文化服务类产品是指从水生态系统获取丰富精神生活、认知体验、水文化教育、休闲游憩和美学欣赏等体验性非物质惠益，是以自然资源作为物质基础或载体、生态环境作为空间保障提供的服务类生态产品，用于满足人们精神文化生活需求，如旅游康养、教育科研、宜居环境等。水生态系统的文化服务具有非排他性和竞争性，属于准公共产品，一般可通过社会化服务、直接市场交易、经营开发等途径实现其价值转化。

此外，根据是否消耗水资源，水生态产品又可以分为消耗性水生态产品和非消耗性水生态产品。其中，物质供给类产品的获得需要消耗水资源，属于消耗性水生态产品，而调节服务类产品和文化服务类产品的获取不消耗水资源，均属于非消耗性水生态产品。

表 1 水生态产品分类

一级目录	二级目录	三级目录	内涵
物质供给类水生态产品	渔业产品	淡水养殖产品：鱼类、虾类、蟹类、软体动物类、藻类、植物类、水生花卉、水产品苗种等；淡水养殖副产品：珍珠等	通过开发、人工培育和养殖等方式从淡水生态系统取得的水产品
	灌溉农产品	农作物：粮食、油料、棉麻、糖料、烟草、蔬菜及食用菌、水果（园林水果）、中草药材等；农作物副产品：秸秆、青贮玉米、饲用燕麦等	依靠水利工程灌溉种植的农产品
	灌溉林产品	木（竹）质林产品、非木质林产品等	依靠水利工程灌溉种植的经果林、人工绿化林或水土保持林形成的林产品
	原水产品	工业用水、生活用水、瓶装饮用水、城市绿地生态用水等	通过水利基础设施建设为人类生产生活提供的天然水源
	水力发电	水力发电量	利用水位落差，配合水轮发电机，将水的位能转化为电能
	水路运输	内河航道水路运输服务	利用水的浮力，用船舶和其他水运工具，在江、河、湖泊、水库等天然或人工水道运送货物和旅客的服务
	其他供给产品	河砂、湖砂等	除上述提及的水产品外，从水生态系统中获得的其他物质产品，包括各地特有的物质产品

续表

一级目录	二级目录	三级目录	内　涵
调节服务类水生态产品	水源涵养	水源涵养	经过水生态综合治理后，流域或项目区内生态系统通过其特有的结构和功能与水相互作用，对降水进行截留、渗透、蓄积，将水分保持在水生态系统中的功能
	土壤保持	减少土壤侵蚀、减少泥沙淤积、保持土壤肥力等	通过实施水土保持综合治理，流域或项目区内增加土壤抗蚀性、减少表层土壤流失、保持甚至提升土壤性质的功能
	物种保育	物种保育	经过水生态综合治理后，改善流域或项目区内生态系统生物多样性（植物、动物等）的功能
	固碳释氧	固碳释氧功能	通过流域或土壤或水中植物、藻类光合作用吸收二氧化碳合成有机物，并释放氧气的功能
	局部气候调节	气温调节、湿度调节	流域或项目区内生态系统通过植被蒸腾和水面蒸发作用吸收太阳能，从而调节温度、湿度、改善人居环境舒适程度的功能
	水质净化	水生态系统净化COD、总氮、总磷、氨氮、活性磷酸盐等	通过吸纳和转化水体污染物，降低水中污染物浓度，净化水环境的功能
	洪水调蓄	洪水调蓄等	通过拦截过境水，蓄积洪峰水量，削减滞后洪峰，缓解汛期洪峰造成的威胁和损失的功能
文化服务类水生态产品	旅游康养	自然景观生态旅游服务、娱乐服务、休憩服务、体育运动服务、康养服务等	水生态系统为人类提供的相关文娱服务，使其获得审美享受、精神放松、身心愉悦等非物质惠益
	教育科研	科学研究服务、水文化服务、科普宣传教育服务等	水生态系统为人类提供的教育、科研、文化艺术等服务，使其获得知识提升等非物质惠益
	宜居环境	土地价值溢价、房产销售或出租价值溢价等	因水生态景观对人居条件和环境的改善使得周边房地产溢价增值的功能

12.2 水生态产品价值核算指标

水生态产品价值核算（尤其是调节服务类产品价值核算）是水生态产品价值转化和实现的基础。其中，功能量和价值量的科学界定与核算尤为关键。

水生态产品功能量是指在一定时期（通常为1年）、一定地域范围内，水生态系统为人类福祉和经济社会可持续发展提供的最终产品和服务的物理量，需要从水生态系统的属性、结构和功能出发，通过定量评估核算水生态系统提供的最终产品和服务的物质数量。水生态产品价值量是指在一定时期（通常为1年）、一定地域范围内，水生态系统为人类福祉和经济社会可持续发展提供的最终产品和服务的货币价值量，需要在水生态产品功能量定量评估的基础上，通过确定各类产品与服务价格核算水生态系统提供的最终产品和服务的货币价值量。

本文根据数据的可得性选择功能量和价值量核算指标，具体见表2。

表2 水生态产品价值核算指标

类型	产品	功能量	价值量
物质供给类水生态产品	渔业产品	渔业产品产量	渔业产品价值
	灌溉农产品	灌溉农产品产量	灌溉农产品价值
	灌溉林产品	灌溉农产品产量	灌溉农产品价值
	原水产品	供水量	供水价值
	水力发电	发电量	发电价值
	水路运输	货运和客运量	水路运输价值
	其他供给产品	其他供给产品产量	其他供给产品价值

续表

类　型	产　品	功能量	价值量
调节服务类水生态产品	水源涵养	水源涵养量	水源涵养价值
	土壤保持	土壤保持量	土壤保持价值
	物种保育	物种多样性指数	物种保育价值
	固碳释氧	二氧化碳固定量	固碳价值
	局部气候调节	水蒸发消耗的热量	气候调节价值
	水质净化	水体污染物净化量	水质净化价值
	洪水调蓄	调蓄洪水量	洪水调蓄价值
文化服务类水生态产品	旅游康养	旅游康养人次	旅游康养价值
	教育科研	参观研学人次	科研教育价值
	宜居环境	住房面积	房地产增值

12.3　水生态产品价值核算方法

以生态产品价值核算为基础，水生态产品价值核算涉及多个指标，不同指标有多种核算方法。其中，供给类产品价值可以通过市场机制实现，以市场价值法核算为主。调节服务类产品具有显著正外部性，其价值难以通过市场化交易实现，以替代成本法、影子工程法等间接方法核算为主。文化服务类产品价值核算常采用准市场法，如旅行费用法、支付意愿法、条件价值法等。本文围绕水生态产品价值核算有关指标（表2），提出水生态产品价值核算方法[1]如下。

[1] 本节所使用的核算指标与公式参考了以下规范：《陆地生态系统生产总值（GEP）核算技术指南》《生态产品总值核算技术规范》《生态保护红线监督技术规范生态功能评价（试行）》《山东省生态产品总值（GEP）核算技术规范 陆地生态系统（试行）》《森林生态系统服务功能评估规范》《生态系统生产总值（GEP）核算技术规范》《生态系统生产总值（GEP）核算技术规范 陆域生态系统》。

12.3.1 物质供给类水生态产品

物质供给类水生态产品主要涉及渔业产品、灌溉农产品、灌溉林产品、原水产品、水力发电、水路运输以及其他供给产品等，可以根据实地调研、当地统计年鉴、农业部门、水务局等地方政府部门获取相关资料数据，其价值量采用市场价值法测算。

1. 渔业产品

渔业产品是指在采取水生态综合治理措施后，通过开发、人工培育和养殖等方式，从淡水生态系统取得的水产品。包括各类淡水鱼、虾、蟹、植物等，是水生态系统中的重要组成部分。它们不仅直接来源于水域环境，而且其生长、繁殖和品质都受到水生态系统健康状况的直接影响。渔业产品在维系生态平衡、保护生物多样性以及提供人类所需的高品质食品等方面发挥着重要作用。

（1）功能量。用渔业产品产量作为功能量化指标，采用统计法计算，具体方法如下：

$$Y_{AP_i} = \sum_{j=1}^{m} Y_{AP_{ij}} \tag{1}$$

式中：Y_{AP_i} 为第 i 类渔业产品的总产量，单位根据产品的计量单位确定，如 t/a；$Y_{AP_{ij}}$ 为核算范围内第 i 类渔业产品第 j 位养殖户产量，单位根据产品的计量单位确定，如 t/a；m 为养殖户数量。

（2）价值量。渔业产品价值采用市场价值法进行核算，具体方法如下：

$$V_{AP} = \sum_{i=1}^{n} (Y_{AP_i} \cdot P_{Ai} \cdot \delta_{Ai} - C_{Ai}) \tag{2}$$

式中：V_{AP} 为核算范围内渔业产品总价值，元/a；P_{Ai} 为第 i 类渔业产品公布价格，单位根据渔业产品具体类型确定；δ_{Ai} 为第 i 类渔业产品的溢价系数，为实际市场价格与公布价格之比，默认为 1；C_{Ai} 为第 i 类渔业产品的人工维护和投入成本，元/a；n 为核算范围内渔业产品类型。

2. 灌溉农产品

灌溉农产品主要指依靠水利工程灌溉种植的农产品，包括各类粮食、油料、烟草、蔬菜、水果、中草药材、农作物副产品等。由于灌溉对农产品产量的提升作用十分显著，因此依靠水利基础设施对农田灌溉所提升的农作物产量部分可视为水生态系统物质供给类产品。

（1）功能量。用灌溉农产品的产量作为功能量化指标，采用统计法计算，具体方法如下：

$$Y_{CP_i} = \sum_{j=1}^{m} Y_{CP_{ij}} \quad (3)$$

式中：Y_{CP_i} 为第 i 类灌溉农产品的总产量，单位根据产品的计量单位确定，如 t/a；$Y_{CP_{ij}}$ 为核算范围内第 i 类灌溉农产品第 j 位农户产量，单位根据产品的计量单位确定，如 t/a；m 为农户数量。

（2）价值量。灌溉农产品价值采用市场价值法进行核算，具体方法如下：

$$V_{CP} = \sum_{i=1}^{n} (Y_{CP_i} \times P_i \times \delta_i - C_i) \quad (4)$$

式中：V_{CP} 为核算范围内灌溉农产品总价值，元/a；P_i 为第 i 类灌溉农产品公布价格，单位根据生态农产品具体类型确定；δ_i 为第 i 类灌溉农产品的溢价系数，为实际市场价格与公布价格之比，默认为 1；

C_i 为第 i 类灌溉农产品的人工维护和投入成本，元/a；n 为核算范围内灌溉农产品类型。

3.灌溉林产品

灌溉林产品与灌溉农产品类似，是指依靠水利工程灌溉种植的经果林、人工绿化林或水土保持林形成的林产品，包括木（竹）质林产品，如木材、竹材等，或非木质林产品，如林药等。同样，林产品中通过灌溉提升的产量部分，可以列为水生态产品。

（1）功能量。用灌溉林产品产量作为功能量化指标，采用统计法计算，具体方法如下：

$$Y_{HP_i} = \sum_{j=1}^{m} Y_{HP_{ij}} \tag{5}$$

式中：Y_{HP_i} 为第 i 类灌溉林产品的总产量，单位根据产品的计量单位确定，如 t/a；$Y_{HP_{ij}}$ 为核算范围内第 i 类灌溉林产品第 j 位种植户的产量，单位根据产品的计量单位确定，如 t/a；m 为种植户数量。

（2）价值量。灌溉林产品价值采用市场价值法进行核算，具体方法如下：

$$V_{HP} = \sum_{i=1}^{n} (Y_{HP_i} \times P_{H_i} \times \delta_{H_i} - C_{H_i}) \tag{6}$$

式中：V_{HP} 为核算范围内灌溉林产品总价值，元/a；P_{H_i} 为第 i 类灌溉林产品公布价格，单位根据灌溉林产品具体类型确定；δ_{H_i} 为第 i 类灌溉林产品的溢价系数，为实际市场价格与公布价格之比，默认为 1；C_{H_i} 为第 i 类灌溉林产品的人工维护和投入成本，元/a；n 为核算范围内灌溉林产品类型。

4. 原水产品

原水产品是指通过水利基础设施建设为人类生产生活提供的天然水源，是水生态系统中最基础、最原始的资源之一。按照其终端用途可分为工业用水、生活用水、瓶装饮用水和城市绿地生态用水等。

（1）功能量。用原水产品的供给量作为功能量核算指标，采用统计调查法计算，具体方法如下：

$$Y_s = Y_{bs} + Y_{gs} + Y_{ps} + Y_{cs} + Y_w \tag{7}$$

$$Y_w = L_Q - E_Q \tag{8}$$

式中：Y_s 为原水产品供给量，m^3/a；Y_{bs} 为本地生活用水量，m^3/a；Y_{gs} 为本地工业用水量，m^3/a；Y_{ps} 为本地瓶装水用水量，m^3/a；Y_{cs} 为本地城市绿地生态用水量，m^3/a；Y_w 为下游供水量，m^3/a；L_Q 为出境水量，m^3/a；E_Q 为入境水量，m^3/a。

（2）价值量。原水产品的价值可用市场价值法测算，具体方法如下：

$$V_{SP} = Y_{bs} \times P_{bs} + Y_{gs} \times P_{gs} + Y_{ps} \times P_{ps} + Y_w \times P_w + Y_{cs} \times P_{cs} \tag{9}$$

式中：V_{SP} 为原水产品总价值，元/a；P_{bs} 为生活用水的价格，元/m^3；P_{gs} 为工业用水的价格，元/m^3；P_{ps} 为本地瓶装水的价格，元/m^3；P_w 为向下游供水的价格，元/m^3；P_{cs} 为城市绿地生态用水的价格，元/m^3。

5. 水力发电

水力发电是指利用水位落差，配合水轮发电机，将水的位能转化为电能。水电站通常建在水流湍急或水位落差较大的河流、湖泊或水库等水域环境中，是水生态系统开发利用的重要方式之一。

（1）功能量。用水力发电的发电量作为功能量的核算指标，采用统计调查法或以下方法计算：

$$Y_{EP} = \sum_{i=1}^{n} Q_i \times H_i \times \eta_i \times 8760 \quad （10）$$

式中：Y_{EP} 为水力发电的全年发电量，kW·h；Q_i 为第 i 个水电站每秒流经水力发电机组的水量，m³/s；水头 H_i 为第 i 个水电站水的下落高度，m；η_i 为第 i 个水电站水轮机和发电机的综合效率，通常为 0.8～0.82；n 为核算范围内水电站的数量；系数 8760 为一年的小时数，即 1 年 =8760 h。

（2）价值量。水力发电价值采用市场价值法进行核算，具体方法如下：

$$V_{EP} = Y_{EP} \times P_E \quad （11）$$

式中：V_{EP} 为水力发电的总价值，元/a；P_E 为当地电价，元/（kW·h）。

6. 水路运输

水路运输是指利用水的浮力，用船舶和其他水运工具，在江河湖泊、水库等天然或人工水道运送货物和旅客的服务。这种运输方式与水生态有着直接联系，是水生态系统为人类生产生活提供的重要服务之一。

（1）功能量。用水路运输的货运量和客运量作为功能量的核算指标，采用统计调查法计算，具体方法如下：

$$Y_{GP} = \sum_{i=1}^{n} Y_{GP_i} \quad （12）$$

$$Y_{RP} = \sum_{i=1}^{n} Y_{RP_i} \quad （13）$$

式中：Y_{GP} 为核算范围内水路运输的总货运量，t/a；Y_{GP_i} 为核算范围内第 i 条水路的货运量，t/a；Y_{RP} 为核算范围内水路运输的总客运量，人次 /a；Y_{RP_i} 为核算范围内第 i 条水路的客运量，人次 /a；n 为核算范围内的航道数量。

（2）价值量。水路运输价值采用市场价值法进行核算，具体方法如下：

$$V_{YP} = Y_{GP} \times P_G + Y_{RP} \times P_R \quad (14)$$

式中：V_{YP} 为核算范围内水路运输的总价值，元；P_G 为水路运输货物每吨的价格，元 /t；P_R 为水路运输每人次乘客的票价，元 / 人次。

7. 其他供给产品

除上述提及的水产品外，从水生态系统中获得的其他物质产品，包括各地特有的物质产品，如河砂、湖砂等。

（1）功能量。用其他物质产量作为功能量化指标，采用统计法计算，具体方法如下：

$$Y_{QP} = \sum_{i=1}^{n} Y_{QP_i} \quad (15)$$

式中：Y_{QP} 为核算范围内特有的物质产品的总量，t/a；Y_{QP_i} 为核算范围内第 i 类特有的物质产品的总量，t/a；n 为核算范围内特有的物质产品的类型。

（2）价值量。其他物质产品价值采用市场价值法进行核算，具体方法如下：

$$V_{QP} = Y_{QP} \times P_Q \quad (16)$$

式中：V_{QP} 为核算范围内特有的物质产品的总价值，元；P_Q 为特有的物质产品每吨的价格，元 /t。

12.3.2 调节服务类水生态产品

1. 水源涵养

水源涵养指在采取水生态综合治理后，流域或项目区内生态系统通过其特有的结构和功能与水相互作用，对降水进行截留、渗透、蓄积，并通过蒸散发实现对水流、水循环的调控，主要表现在减少地表径流、补充地下水、调节河流流量等功能，最终实现增加可利用水资源量的过程。

（1）功能量。用水源涵养量作为功能量化指标，采用水量平衡法和水量供给法计算。

方法一：水量平衡法表示如下：

$$Q_{WR} = \sum_{i=1}^{n} A_i \times (RP_i - R_i - ET_i) \times 10^{-3} \tag{17}$$

式中：Q_{WR} 为水源涵养量，m³/a；RP_i 为产流降雨量，mm/a；R_i 为地表径流量，mm/a；ET_i 为蒸散发量，mm/a；A_i 为第 i 类生态系统的面积，m²；i 为生态系统类型；n 为生态系统类型总数。

方法二：水量供给法表示如下：

$$Q_{WR} = (UQ_w - TQ_w) + (LQ_w - EQ_w) \times (1-\delta) \tag{18}$$

式中：Q_{WR} 为水源涵养量，m³/a；UQ_w 为核算区内的用水量，包括工业、生活用水量，m³/a；TQ_w 为跨流域净调水量，m³/a；LQ_w 为区域出境水量，m³/a；EQ_w 为区域入境水量，m³/a；δ 为区域产流径流系数。

（2）价值量。水源涵养价值采用市场价值法（替代工程法）进行核算：

$$V_{WR} = Q_{WR} \times P_{WE} \tag{19}$$

式中：V_{WR} 为水源涵养价值，元/a；Q_{WR} 为核算区内总的水源涵养量，m³/a；P_{WE} 为水资源交易市场价格，元/m³，当交易市场未建立时，以水库建设的工程及维护成本或水资源影子价格替代，即水库单位库容的工程造价及维护成本。

也有计算方式考虑到了水库单位库容的年运营成本、水库单位库容的工程造价和水库年折旧率等指标，计算如下：

$$V_{WR} = Q_{WR} \times (C_{WE} + C_{WG} \times D_r) \quad (20)$$

式中：V_{WR} 为水源涵养价值，元/a；Q_{WR} 为水源涵养量，m³/a；C_{WE} 为水库单位库容的年运营成本，元/m³；C_{WG} 为水库单位库容的工程造价，元/m³；D_r 为水库年折旧率。

2. 土壤保持

土壤保持指在采取水土流失综合治理后，新的生态系统通过林冠层、林下植被、枯落物层、根系等各个层次消减雨水对土壤的侵蚀程度，从而增加土壤抗蚀性、减少表层土壤流失、保持甚至提升土壤性质的功能，包括减少土壤侵蚀、减少泥沙淤积和保持土壤肥力等。

（1）减少土壤侵蚀。减少土壤侵蚀指在采取水土流失综合治理后，坡面等易发生水土流失的地区减少的土壤损失量。

1）功能量。减少土壤侵蚀功能量可根据实测数据或以下公式计算：

$$Q_{SE} = R \times K \times L \times S \times B \times E \times T \quad (21)$$

式中：Q_{SE} 为土壤侵蚀量，t/(km²·a)；R 为降水侵蚀力因子，MJ·mm/(km²·h·a)；K 为土壤可侵蚀性因子，t·h/(MJ·mm)；L 为坡长因子；S 为坡度因子；B 为生物措施因子；E 为工程措施因子；T 为耕作措施因子，横坡耕作取值 0.5，顺坡耕作取值 1。

2）价值量。减少土壤侵蚀的价值量用替代成本法表示，具体方法如下：

$$V_{SE} = Q_{SE} \times A_s \div \rho \times P_s \quad (22)$$

式中：V_{SE} 为减少的土壤侵蚀的价值量，元/a；A_s 为减少的土壤侵蚀的面积，km²；ρ 为土壤容重，t/m³；P_s 为减少侵蚀的土壤的价格，若采用工程用土价格，则需计算"保持土壤肥力"项，若采用种植土价格，则已考虑土壤肥力价值，无需计算"保持土壤肥力"项，元/m³。

（2）减少泥沙淤积。减少泥沙淤积指在采取水土流失综合治理后，某一河段减少的外来（上游等）的泥沙淤积量。

1）功能量。减少泥沙淤积功能量可根据实测数据或以下公式计算：

$$Q_{SA} = R \times K \times L \times S \times B \times E \times T \times R_{SL} \times R_{GU} \quad (23)$$

式中：Q_{SA} 为减少泥沙淤积量，t/(km²·a)；R 为降水侵蚀力因子，MJ·mm/(km²·h·a)；K 为土壤可侵蚀性因子，t·h/(MJ·mm)；L 为坡长因子；S 为坡度因子；B 为生物措施因子；E 为工程措施因子；T 为耕作措施因子，横坡耕作取值 0.5，顺坡耕作取值 1；R_{SL} 为坡面泥沙输移比；R_{GU} 为沟道泥沙输移比；R_{SL} 和 R_{GU} 具体数值根据各地实际情况率定。

2）价值量。减少泥沙淤积的价值量用替代成本法表示，具体方法如下：

$$V_{SA} = per \times Q_{SA} \times C_{RD} \div \rho \quad (24)$$

式中：V_{SA} 为减少泥沙淤积的价值，元/a；per 为土壤侵蚀流失泥沙淤积于水库、河流、湖泊需清淤作业的比例，通常取 24%；C_{RD} 为水库工程清淤平均费用，元/m³；ρ 为土壤容重，t/m³。

（3）保持土壤肥力。保持土壤肥力指在采取水土流失综合治理后，土壤受生态系统影响，恢复其化学性质，改变土壤中有机质和氮磷钾含量的功能。

1）功能量。用土壤肥力提升量作为功能量化指标，可根据实测数据或以下公式计算：

$$M_N = M_A \times CO_N \tag{25}$$

$$M_P = M_A \times CO_P \tag{26}$$

$$M_K = M_A \times CO_K \tag{27}$$

$$M_{OM} = M_A \times CO_{OM} \tag{28}$$

式中：M_N、M_P、M_K 和 M_{OM} 分别指土壤保持区内土壤中 N、P、K 和 OM 的质量，t；M_A 指土壤保持区内土壤的质量，t；CO_N、CO_P、CO_K 和 CO_{OM} 为土壤中 N、P、K 和 OM 的纯含量，%。

2）价值量。用市场价值法进行核算，公式如下：

$$V_M = M_A \times P_F \tag{29}$$

式中：V_M 为保持土壤肥力的价值，元；P_F 为相应土壤用作肥料的价格，与 M_N、M_P、M_K 和 M_{OM} 大小有关，元/t。

3. 物种多样性保育

物种保育指在经过水生态综合治理后，改善流域或项目区内生态系统生物多样性（植物、动物等）的功能。

（1）功能量。用 Shannon-Wiener 多样性指数 H' 作为功能量化指标，用于测量群落的异质性。Shannon-Wiener 多样性指数计算公式如下：

$$H' = -\sum (p_i \times \ln p_i) \tag{30}$$

式中：p_i 为第 i 个物种个体数占物种总数的比例。

（2）价值量。物种保育价值采用替代市场法进行核算，核算方法按照 Shannon-Wiener 指数分级计算：

$$V_{SW} = \sum (P_{SW_i} \times A_{SW_i}) \tag{31}$$

式中：V_{SW} 为物种多样性价值，元/a；P_{SW_i} 为各级 Shannon-Wiener 指数对应的单位面积价格，元/(hm²·a)，A_{SW_i} 为各级 Shannon-Wiener 指数对应的面积，hm²。其中 Shannon-Wiener 指数等级划分及保育价格参照《森林生态系统服务功能评估规范》（GB/T 38582—2020）执行。

4. 固碳释氧

固碳释氧是指流域土壤或水中植物、藻类光合作用吸收二氧化碳合成有机物，并释放氧气的功能。一般将水生态系统内植物、藻类光合作用消耗的二氧化碳量或产生的氧气量作为固碳释氧功能量。

（1）功能量。用二氧化碳量作为功能量化指标，具体方法如下：

$$Q_{CO_2} = \delta_{CO_2/C} \sum_{i=1}^{m} (S_i \times CSR_i) \tag{32}$$

式中：Q_{CO_2} 为核算地域范围内水生态系统的二氧化碳固定量，t C/a；$\delta_{CO_2/C}$ 为碳转化为二氧化碳的系数，取值 11/3；S_i 为第 i 类水生态系统的面积，hm²；CSR_i 为第 i 类水生态系统的固碳速率，t/(hm²·a)；m 为核算地域范围内水生态系统类型数量。

（2）价值量。采用替代成本法测算，具体方法如下：

$$V_{CF} = Q_{CO_2} \times P_C \qquad (33)$$

式中：V_{CF} 为生态系统固碳价值，元/a；P_C 为碳减排交易价格，元/t。

5. 局部气候调节

局部气候调节，是指流域或项目区内生态系统通过植被蒸腾和水面蒸发作用吸收太阳能，从而调节温度、湿度，改善人居环境舒适程度的功能，即生态系统降低温度、增加湿度所对应的人工调节措施（使用空调）的耗能量。

（1）功能量。用生态系统蒸散发总消耗的能量作为功能量化指标，具体计算方法如下：

$$E_P = E_{WT} \times \rho_w \times q \times 10^3 / (R \times 3600) + E_{WH} \times y \qquad (34)$$

式中：E_P 为生态系统蒸散发消耗的能量，kW·h/a；E_{WT} 为开放空调降温期间的蒸散发量，m³/a；E_{WH} 为开放加湿器增湿期间的蒸散发量，m³/a；ρ_w 为水的密度，g/cm³；q 为挥发潜热，即蒸发1g水所需要的热量，J/g；R 为空调效能比，取值3；y 为加湿器将1m³转化为蒸汽的耗电量，kW·h/m³；系数3600为单位转化系数，即1kW·h=3600kJ。

（2）价值量。用替代成本法表示，计算公式如下：

$$V_{EP} = E_P \times P_E \qquad (35)$$

式中：V_{EP} 为局部气候调节的价值，元/a；P_E 为当地电价，元/(kW·h)。

6. 水质净化

水质净化是指通过吸纳和转化水体污染物，降低水中污染物浓度，净化水环境的功能。依据污染物浓度是否超过地表水水域环境功能和保护目标，选用水体净化能力或水体污染物排放量作为水质净化功能量的评价指标。按照《地表水环境质量标准》(GB 3838—2002)中对水环境质量应控制项目的规定，选取COD、氨氮、总磷等污染物指标核算水质净化的功能量。

（1）功能量。

方法一：如污染物排放量超过地表水水域环境功能标准限值，则采用生态系统自净能力估算功能量，计算公式为

$$Q_{WP} = \sum_{i=1}^{n}\sum_{j=1}^{m} Q_{WP_{ij}} \times S_j \qquad (36)$$

式中：Q_{WP}为水体污染物的净化量，t/a；$Q_{WP_{ij}}$为单位面积第j类生态系统对第i类污染物的净化量，t/(km²·a)；i为水体污染物的类别，$i=1, 2, 3, \cdots, n$；n为水体污污物类别数量；S_j为水生态系统面积，km²；j为生态系统的类型，$j=1, 2, 3, \cdots, m$；m为生态系统类型的数量。

方法二：如污染物排放量未超过地表水水域环境功能标准限值，根据质量平衡模型，核算区域内生态系统对各种污染物的净化量，来评估水质净化功能量，计算公式为

$$Q_{WP} = \sum_{i=1}^{n}(Q_{E_i} + Q_{A_i}) - (Q_{D_i} + Q_{S_i}) \qquad (37)$$

式中：Q_{WP}为水体污染物的净化量，t/a；i为水体污染物类别，$i=1, 2, 3, \cdots, n$；n为水体污染物类别数量；Q_{E_i}为第i类污染物流入量，t/a；Q_{A_i}为第i类污染物排放总量，主要包括城市生活污染、农村生活污染、农业面源污染、养殖污染、工业生产污染排放的水体污染物，t/a；Q_{D_i}为第i类污染物流出量，t/a；Q_{S_i}为污水处理厂处理第i类水体污染物的量，t/a。

（2）价值量。水质净化价值量采用替代成本法核算。计算公式为：

$$V_{WP} = \sum_{i=1}^{n} Q_{WP_i} \times C_{WP_i} \quad (38)$$

式中：V_{WP} 为水质净化的价值，元/t；Q_{WP_i} 为第 i 类水污染物的净化量，t/a；C_{WP_i} 为第 i 类水污染物的单位治理成本，元/t；i 为水体污染物类别，i=1，2，3，…，n；n 为水体污染物类别数量。

7. 洪水调蓄

洪水调蓄指水生态系统通过拦截过境水，蓄积洪峰水量，削减滞后洪峰，缓解汛期洪峰造成的威胁和损失的功能。洪水调蓄分为水库洪水调蓄、湖泊洪水调蓄和沼泽洪水调蓄。

（1）功能量。计算公式如下：

$$Q_{PC} = Q_{RC} + Q_{LC} + Q_{SC} \quad (39)$$

式中：Q_{PC} 是洪水调蓄量，m³/a；Q_{RC} 为水库防洪库容，m³/a；Q_{LC} 为湖泊洪水调蓄量，m³/a；Q_{SC} 为沼泽洪水调蓄量，m³/a。

1）水库洪水调蓄。

方法一：

$$Q_{RC} = 0.35 \times Q_T \quad (40)$$

式中：Q_T 为水库总库容，m³。

方法二：

$$Q_{RC} = Q_{RC_v} - Q_{RC_u} \quad (41)$$

式中：Q_{RC_v} 为洪水期水库进水总量，m³/a；Q_{RC_u} 为洪水期水库出水总量，m³/a。

2）湖泊洪水调蓄。

$$Q_{LC} = e^{4.924} \times S_L^{1.128} \times 3.19 \times 10^4 \quad (42)$$

式中：Q_{LC} 为湖泊可调蓄水量，m³/a；e 为自然对数；S_L 为湖泊面积，km²。

3）沼泽洪水调蓄。

$$Q_{SC} = S_S \times H_S \quad (43)$$

式中：Q_{SC} 为沼泽可调蓄水量，m³/a；S_S 为沼泽总面积，m²；H_S 为地表滞水高度，m/a。

（2）价值量。洪水调蓄作为纯公益性功能产出，无法用市场交易进行定价，因此洪水调蓄价值量采用替代市场法进行核算。植被洪水调蓄、库塘洪水调蓄和湿地洪水调蓄的计算方法相同，具体表示如下：

$$V_{FL} = Q_{PC} \times (C_{WE} + C_{WG}) \quad (44)$$

式中：V_{FL} 为洪水调蓄价值，元/a；C_{WE} 为水库单位库容的年运营成本，元/m³；C_{WG} 为水库单位库容的工程造价，元/m³。

12.3.3 文化服务类水生态产品

1. 旅游康养

旅游康养是指水生态系统为人类提供的相关文娱服务，如湖泊、河流、湿地等，这些景观具有独特的生态美学价值和休闲游憩功能，使其可获得审美享受、精神放松、身心愉悦等非物质惠益。

（1）功能量。生态旅游、康养产品是以生态系统为主要景观，以保护生态环境为前提，开发的生态观光、生态游玩和休闲康养等生态旅游产品，以满足人类休闲娱乐、健康养生等需求。用游客、康养人次作为功能量化指标。具体方法如下：

$$N_T = \sum_{i=1}^{n} N_{T_i} \quad (45)$$

$$N_H = \sum_{j=1}^{m} N_{H_j} \quad (46)$$

式中：N_T、N_H 分别为游客、康养总人次，万人次 /a；N_{T_i} 为第 i 个旅游景区、农家乐、游乐场的游客人次，万人次 /a；N_{H_j} 为第 j 个康养场所的康养人次，万人次 /a；n 为核算范围内旅游景区、农家乐、游乐场数量；m 为各类康养场所数量。

（2）价值量。生态旅游价值用旅行费用法核算，具体方法如下：

$$V_{ET} = N_T \times C_T + N_H \times C_H \quad (47)$$

式中：V_{ET} 为生态旅游总价值，元 /a；C_T 为每人次游客的平均旅游消费水平，元 / 人次；C_H 为每人次康养的平均支付费用水平，元 / 人次。

2. 教育科研

教育科研是指水生态系统可为人类提供的教育、科研、文化艺术等服务，使其获得知识提升等非物质惠益。水生态系统作为地球上最重要的生态系统之一，具有复杂的生态过程、丰富的生物多样性以及独特的美学价值，能够为科学研究、教育科普、艺术创作等提供宝贵的资源和实验场所。

（1）功能量。用水文化教育基地的参观人次、研学基地的实践人次作为功能量化指标，具体方法如下：

$$N_Y = \sum_{i=1}^{n} N_{Y_i} \quad (48)$$

$$N_X = \sum_{j=1}^{m} N_{X_j} \quad (49)$$

式中：N_Y、N_X 分别为水文化教育基地的参观总人次、研学基地的实践总人次，万人次 /a；N_{Y_i} 为第 i 个水文化教育基地的参观人次，万人次 /a；N_{X_j} 为各第 j 个研学基地的实践人次，万人次 /a；n 为核算范围内水文化教育基地数量；m 为各类研学基地数量。

（2）价值量。科研教育价值用市场价值法核算，具体方法如下：

$$V_{JY} = N_Y \times P_Y - C_Y + N_X \times P_X - C_X \quad (50)$$

式中：V_{JK} 为科研教育总价值，元 /a；P_Y 为教育基地的参观门票价格，元 / 人次；C_Y 为教育基地的人工维护和投入成本，元 /a；P_X 为研学基地的实践门票价格，元 / 人次；C_X 为研学基地的人工维护和投入成本，元 /a。

3. 宜居环境

宜居环境是指因水生态景观对人居条件和环境的改善使得周边房地产溢价增值的功能。例如，在水生态系统周边建设的房地产项目，往往会因为拥有良好的自然景观和生态环境而获得更高的市场价值，这部分景观溢价是水生态系统提供的宜居环境的经济价值表现。

（1）功能量。用新增住房面积作为治理后流域或项目区内农村人居环境改善情况的功能量化指标，具体通过调查计算。

（2）价值量。运用市场价值法核算宜居环境的溢价价值，计算公式如下：

$$V_{LP} = S_{LP} \times \overline{P} \times \gamma \quad (51)$$

式中：V_{LP} 为宜居环境价值总量，元 /a；S_{LP} 为项目区域内住房总面积，m^2；$\bar{P}$ 为项目区域现有住房的平均价格，元 $/m^2$；γ 为受调查者购买水景观周边住房愿意多支付的费用在总购房成本中的占比。

需要注意的是，由于生态系统本身是一个生命共同体，不同类型生态产品之间存在一定程度的相互依存关系，如旅游康养依托于水质净化和宜居环境，局部气候调节依托于灌溉农产品和林产品，等等，因此在核算中存在一定的价值重叠问题，在目前的生态产品价值核算过程中暂时无法避免。

综上，水生态产品价值核算应统筹考虑水生态系统的物质供给类产品、调节服务类产品和文化服务类产品的综合价值，确保能够反映水生态系统的整体功能以及为人类提供的实际惠益。但到目前为止，关于如何实现水生态产品价值转化，还没有成熟的理论研究和实践经验。本文对应纳入价值核算的水生态产品的范围和边界进行了界定，提出了水生态产品价值核算指标及计算方法，但也仅是一种探索和思考，是否科学合理还需要实践检验。

需要强调的是，水生态产品本身涉及领域众多，推动其价值实现必然是一个极为复杂的过程，不是短期能够达成的目标，需要长期反复实践。研究过程中，除了水利和生态环境等相关学科外，还需要综合考虑经济学、社会学、管理学、法律学等开展跨学科研究，更需要充分考虑各地水资源条件和经济社会发展水平、社会管理程度等，比较分析和借鉴国内生态产品价值实现的不同做法，边研边试，不断总结经验，逐步完善理论与制度体系，推动破解中国经济社会发展过程中的"绿色贫困"和"金色污染"瓶颈。

13
水生态产品价值实现路径

【编者导读】

　　拓宽绿水青山转化为金山银山的通道，探索水生态产品价值实现路径，对助推经济社会高质量发展具有重要意义。应基于流域或区域对水生态产品类型及经济属性进行识别，针对不同水生态产品，建立差异化路径模式。本文总结分析了生态产业化、生态权属交易、生态补偿、生态金融化等常见的生态产品价值实现路径，以期为水生态产品价值实现机制的建立健全以及实践应用提供参考。

13 水生态产品价值实现路径

改革开放 40 余年来，我国经济发展取得了举世瞩目的成就，但是长期粗放式的发展造成了资源环境的过度损耗和破坏，水资源作为不可或缺的生产生活生态要素更是首当其冲。在保障经济社会发展进程中，水的价值没有得到应有的体现。生态系统与生物多样性经济学（The Economics of Ecosystems and Biodiversity，TEEB）创始人帕万·苏赫德夫曾在一次采访中表示，"我们使用自然是因为它有价值，我们失去它则是因为它是免费的"，并呼吁"为自然的真正价值定价"。秉持"生态优先、绿色发展"的理念，推动实现水生态产品价值，就是要将水的有形价值和无形价值以具象化方式呈现出来，唤起社会重视，共同参与水资源开发利用节约和保护，更好地保障经济社会高质量发展。

自 2021 年中共中央办公厅、国务院办公厅印发《关于建立健全生态产品价值实现机制的意见》以来，关于水生态产品价值的研究也在不断加快。水生态产品是具有中国特色的概念，其内涵与国外提倡的水生态系统服务接近。借鉴国外经验，国内学者大多将水生态产品划分为物质供给类产品、调节服务类产品和文化服务类产品。习近平总书记强调，要积极探索推广绿水青山转化为金山银山的路径，选择具备条件的地区开展生态产品价值实现机制试点，探索政府主导、企业和社会各界参与、市场化运作、可持续的生态产品价值实现路径。推动实现水生态产品价值，应基于流域或区域对水生态产品类型及经济属性进行识别，建立针对不同水生态产品的差异化路径模式。从各地实践来看，生态产品价值实现路径一般包括生态产业化、生态权属交易、生态补偿、生态金融化等，对于水生态产品价值实现具有一定的参考意义。

13.1 生态产业化

具有私人物品及俱乐部物品性质的水生态产品，可以直接进入市场交易。消费者对绿色有机农业产品、渔业产品及包装饮用水、水生态旅游、康养服务等水生态产品本身直接进行消费。其实现路径主要包括特许经营和生态标签等。

1. 特许经营

水生态产品特许经营是对水生态资源的管理和利用，通过将水生态资源的所有权和经营权分离，为水生态资源的市场化提供条件。作为将私人资本引入公共领域的一种手段，特许经营涉及的利益主体众多，主要包括国家、当地政府、保护地管理机构、各层级经营者以及当地居民等，不同的主体在特许经营机制中担任的角色和责任也不尽相同。

水生态产品特许经营模式通过社会资本参与项目的投资、建设和运营后，可以减轻各地政府投资的资金压力，同时还能建立公平公正的竞争秩序促进同业竞争，有效提高水生态资源开发利用的建设运营水平，适度降低建设运营成本，有效引入市场竞争机制。

生态旅游、康养服务等文化服务类水生态产品，最适合采取特许经营模式。社会资本在获得特许经营权后，通过水资源开发和水生态环境整治，建设康养休闲设施、水利风景区等，依托清洁水源、优质水景观，打造康养休闲产业和水生态旅游产业，通过康养服务收入、门票收入及餐饮、纪念品销售等配套经营设施收入实现水生态产品价值。

2. 生态标签

生态标签作为生态产品认证机制，是政府部门或独立机构依据一定的生态环境标准，对自愿申请的生产者进行严格的检查、检测和综合评定等认证环节，并向其颁发特定生态标识的过程。获得者可将生态标识印制在商品包装上，向消费者表明该产品与同类产品相比，在生产、使用、处理等整个过程或其中某个过程，符合特定的生态环境要求，具有一定的生态价值，通过市场因素中的消费者驱动，促使生产者采用较高的环境标准，引导企业自觉调整产品结构，最终实现生态产品和物质性产品的"捆绑式"供给和经营。

生态农业产品、渔业产品等水生态产品，其市场交易机制已经比较成熟。在此基础上，给这类产品打上"生态标签"将会更加凸显其优质属性，可以将由此产生的溢价纳入产品定价中，通过消费者更高的支付意愿来进行价值转化。在国家绿色产品认证的基础上，获得生态标签的水生态产品通过市场化交易获得一定的产品附加价值，是民众对于生产此类水生态产品的区域生态系统服务价值的认可。水生态产品打上生态标签进行市场交易，是实现水生态产品价值的重要机制之一，重点是要保证信息透明公开和政府监管到位。

13.2 生态权属交易

生态权属交易，是指先明晰水生态产权、规定水生态产权交易权等，然后通过许可证、配额或其他形式进行水生态产品的权利转让，从而实现或提升水生态产品价值。具体来说，是在界定污染排放、资源开发等权益的基础上，在产权人和受益人之间直接进行市场化交易，主要包括取水权、排污权、湿地开发权等。这一方式主要适用于具有公共物品属性的水生态产品，对于"两手发力"激发经济社会发展活力具有重要现实意义。

水生态产品的不可分割性，使得水生态产品的取水权、用能权、排污权等只能在虚拟市场交易。按照水权交易的有关要求，开展水权确权登记，探索多种形式的水权流转，不仅能够提高人们对"水资源有价"的认识，使人们重视水资源保护与可持续利用，还可以利用市场机制优化配置水资源，缓解水资源供需矛盾，保障国家水安全。

排污权交易，是指在满足总量控制的前提下，政府、排污单位及其他符合条件的主体对其拥有的排污权进行交易流转的行为。2007年以来，国务院有关部门组织浙江、江苏、天津、内蒙古等11个省（自治区、直辖市）开展排污权有偿使用和交易试点，取得了一定进展。2014年，国务院印发的《关于进一步推进排污权有偿使用和交易试点工作的指导意见》提出，到2017年年底基本建立排污权有偿使用和交易制度。目前，江苏、湖南等多省份已将企业新增的排污权纳入了交易系统。浙江省作为全国首批排污权交易试点省份，通过构建完善制度体系、建立统一交易平台、创新交易管理机制，积极推进排污权有偿使用和交易试点工作，试点开展以来累计排污权有偿使用和交易金额161亿元（占全国一半左右）。排污权从无偿分配到有偿使用再到交易，不仅可以倒逼排污单位树立节约使用排污指标的意识，也能带来基于生态价值的收入。

13.3 生态补偿

生态保护补偿制度作为生态文明制度的重要组成部分，是落实生态保护权责、调动各方参与生态保护积极性、推进生态文明建设的重要手段。2008年修订的《水污染防治法》中首次以法律形式提出了"水环境生态保护补偿机制"。水生态补偿，是指从社会公共利益和区域可持续发展出发，由各级政府主导，积极引导社会各方参与，以水生态保护成本为主要依据，对保护区的水生态产品生产者进行相应的劳动价值和机会成本补偿。

根据2021年中共中央办公厅、国务院办公厅印发的《关于深化生态保护补偿制度改革的意见》，生态保护补偿要坚持与财政能力相匹配、与推进基本公共服务均等化相衔接，按照生态空间功能，实施纵横结合的综合补偿制度，促进生态受益区与保护区之间的利益共享。

2024年4月6日国务院公布的《生态保护补偿条例》规定，生态保护补偿是指通过财政纵向补偿、地区间横向补偿、市场机制补偿等机制，对按照规定或者约定开展生态保护的单位和个人予以补偿的激励性制度安排。这更加明确了"保护者得到补偿"的基本原则，从而把生态保护补偿与生态环境损害赔偿区别开来。从内容来

161

看，在规范财政纵向补偿方面，该条例明确了八大领域的分类补偿，即森林、草原、湿地、荒漠、海洋、水流、耕地和水生陆生生物资源。在完善地区间横向补偿方面，该条例指出国家鼓励、指导、推动生态受益地区与生态保护地区人民政府通过协商等方式建立生态保护补偿机制；地区间横向生态保护补偿针对江河流域上下游、左右岸、干支流所在区域，重要生态环境要素所在区域以及其他生态功能重要区域，重大引调水工程水源地以及沿线保护区等区域开展。在推进市场机制补偿方面，该条例提出国家充分发挥市场机制在生态保护补偿中的作用，推进生态保护补偿市场化发展，拓展生态产品价值实现模式；鼓励企业、公益组织等社会力量以及地方人民政府按照市场规则，通过购买生态产品和服务等方式开展生态保护补偿。该条例的出台，为良好生态环境的供给方得到合理的、足额的补偿提供了法律依据。

1. 纵向补偿

纵向补偿是指上一级政府对下一级政府开展生态保护修复所给予的补偿。对南水北调水源地等生态功能重要性突出地区，应在重点生态功能区转移支付测算中通过提高转移支付系数、加计生态环保支出等方式加大支持力度，推动其基本公共服务保障能力居于同等财力水平地区前列。可根据生态效益外溢性、生态功能重要性、生态环境敏感性和脆弱性等特点，在重点生态功能区转移支付中实施差异化补偿。同时，需结合中央财力状况逐步增加重点生态功能区转移支付规模，中央预算内投资也会对重点生态功能区基础设施和基本公共服务设施建设予以倾斜，各省级政府也应加大生态保护补偿资金投入力度。重点生态功能区转移支付已经成为财力困难地区财政收入的重要来源，对提升区域基本公共服务保障能力，激励地方加大水生态环境保护投入发挥了重要作用。

2. 横向补偿

横向补偿方面，政策鼓励地方加快重点流域跨省上下游横向生态保护补偿机制建设，推动建立长江、黄河全流域横向生态保护补偿机制，支持沿线省（自治区、直辖市）在干流及重要支流自主建立省际和省内横向生态保护补偿机制。鼓励地方探索包括水在内的生态环境要素横向生态保护补偿方式，通过对口协作、产业转移、人才培训、共建园区、购买生态产品和服务等方式，促进受益区与保护区良性互动。例如，2016年粤桂九洲江流域纳入全国首批跨省生态保护补偿试点，目前广西已在玉林市、桂林市、南宁市、百色市辖区内16个县级行政区，九洲江、漓江、右江等3个流域（河段）建成了跨省、跨市（县、区）流域上下游横向生态保护补偿机制。截至2023年12月，广东省人民政府和广西壮族自治区人民政府先后签订并顺利完成了3轮粤桂九洲江流域上下游横向生态补偿，累计投入中央、省级生态保护补偿资金28.97亿元，支持玉林市实施污染防治、生态保护修复、禽畜粪污资源化利用等334个项目。浙江省丽水市自2018年正式开始实行上下游横向生态补偿机制，截至2023年12月，丽水市上下游横向生态补偿共给付生态资金1.75亿元，提升了公共产品的价值转换能力，推动水生态水环境质量持续改善。

13.4　生态金融化

生态金融化是金融部门促进生态产品供给的一系列政策、制度安排及实践，在投融资决策中考虑潜在的生态环境影响，将与生态环境条件相关的潜在回报、风险和成本都融入日常业务中，在金融经营活动中注重对生态环境的保护与治理，加强对社会经济资源的引导和配置，引导资金从高污染、高能耗的产业流向有利于生态保护及环境污染治理的产业，促进生态产品的可持续供给以及社会的可持续发展。典型的有生态债券、生态信托基金、生态权质押贷款和生态保险等。

1. 生态债券

生态债券是指债券发行所筹集的资金用于生态保护修复相关项目的债券，与传统债券相比，生态债券最大的不同在于"生态"二字，生态债券要求所筹集的资金一般投向可再生能源开发与利用、水处理、低碳交通、节能建筑、土地利用以及气候变化适应性基础设施建设等生态产品供给领域。就债券评级而言，需要在发行体信用评级和债券信用评级基础上，证明发行体是"生态"的，即项目主体要具有生态效益。

2. 生态信托基金

生态信托基金是解决自然资本代际分配问题的重要路径。在部分决策中已经引入贴现值将代际分配问题转化为配置问题，但对于消耗的资源、占用的生态空间来说，可以将配额销售收入、自然资源资产政府收入（所有权收入、监管权收入等）、生态环境损害赔偿资金等汇入信托资金池，建立基金并规范运作、监管及考核，利用基金激励生态产品生产和生态友好生活方式，将自然资本收益转化为生态环境持续改善的动力。

3. 生态权质押贷款

生态权质押贷款是以生态产品及其价值的抵押为前提，为生态产品所有者发放贷款的一种形式,能够为生态产品所有者扩大生产经营规模提供资金支持。如一些地方探索开展的"取水贷""水源贷""水权贷"等既解决了企业转型升级所需的资金问题,也有效推动了当地水生态的保护和修复。

4. 生态保险

生态保险是通过保险的金融手段,为生态产品的生产或对生态产品造成损害的情况进行金融保障,降低生态产品供给者或生态产品潜在损害者的金融风险。

受发展环境、发展阶段、监管水平等因素的限制和影响,我国现阶段关于水生态产品类别及其经济价值的识别尚处于起步阶段,市场化水生态产品价值实现机制的建立健全以及实践应用仍处于初级阶段。但是,随着全面建设社会主义现代化国家新进程的加快推进,在以高质量发展为主题的大背景下,在"双碳"目标的牵引下,未来5~10年推动实现水生态产品价值的理论研究和实践探索将进入一个新的发展阶段。

14
水生态产品价值实现的关键制度

【编者导读】

  各地贯彻落实党中央、国务院关于生态产品价值实现的要求,开展水生态产品价值实现探索,积累了一些有益经验。但总体来说,水生态产品价值实现仍处于起步和探索阶段。本文基于有关政策文件要求和地方实践情况,总结分析水生态产品价值实现关键制度的改革方向,以期为进一步建立健全水生态产品价值实现机制提供参考。

14 水生态产品价值实现的关键制度

党的十八大以来，党中央明确将生态效益纳入经济社会发展评价体系。生态产品及其价值作为生态效益的直接体现，得到了社会各界越来越多的关注。习近平总书记指出，我们要积极回应人民群众所想、所盼、所急，大力推进生态文明建设，提供更多优质生态产品，不断满足人民群众日益增长的优美生态环境需要。近年来，各地贯彻落实党中央、国务院关于生态产品价值实现的要求，纷纷开展水生态产品价值实现探索。例如，2012年浙江与安徽两省签署"对赌协议"，以水质作为考核标准，开启了地区间横向生态补偿的先河，可视为水生态产品价值实现的最初尝试。2024年9月，浙江省开化县和德清县分别就开化县下淤村马金溪部分水域和滩地开发游船、露营等项目，以及德清县洛舍漾部分水域开发垂钓中心等项目的经营权进行了市场转化，开创了水利风景区暨幸福河湖生态产品价值交易的先河。此外，水土保持领域在生态产品价值转化方面走在了前列，继2023年12月福建省长汀县完成首单小流域综合治理水土保持碳汇交易之后，江西省上犹县、宁夏回族自治区彭阳县、陕西省延安市宝塔区、广西壮族自治区灵川县也纷纷开展了水土保持碳汇交易。浙江省安吉县和江苏省宜兴市则依托小流域综合治理，将小流域生态旅游资源开发经营权转让给社会资本，实现了企业有利润、村民能共富、治理可持续的多赢目标。

习近平总书记强调，水治理是政府的主要职责，首先要做好的是通过改革创新，建立健全一系列制度。尽管上述地方实践取得了许多有益经验，但总体来看，水生态产品价值实现仍处于起步和探索阶段，价值核算与结果应用、产品确权、转化模式、收益分配与使用等方面仍需进一步明晰。本文总结分析探索水生态产品价值实现关键制度的改革方向，以期为进一步建立健全水生态产品价值实现机制提供参考。

14.1 建立水生态产品价值核算体系

水生态产品价值核算是将水生态产品隐性价值显性化的重要手段，也是水生态产品价值实现的基础。2022年3月，国家发展改革委、国家统计局联合印发《生态产品总值核算规范（试行）》，浙江、山东、北京等省（自治区、直辖市）以及广东深圳、浙江湖州等城市也印发了生态产品总值核算或评估有关技术规范，浙江省湖州市吴兴区发布了《水利工程生态产品价值核算技术规范》，为建立水生态产品价值核算体系提供了借鉴。

目前，各地对水生态产品价值的核算主要依据生态产品价值核算有关技术规范，尚未形成一套能够广泛达成共识的水生态产品价值核算体系。一方面，水生态产品的概念和内涵在理论层面仍处于研究阶段，包括利用水库、调水工程形成的水域景观等在内的广义水生态产品的划定范围和标准仍需要深入研究。另一方面，水生态产品构成极为复杂，体现在经济、社会、生态、文化等多个方面，包含了森林、草地、农田、湿地、城市等多个领域，并且具有一定的地域性特点,导致水生态产品功能量和价值量测算较为困难。

为了科学系统地对水生态产品价值进行核算,需要进行以下工作:

(1)确定水生态产品价值转化范畴。可根据实践需要,对天然水生态系统、水利工程、水治理与保护措施等形成的水生态产品进行分类,为价值核算奠定基础。

(2)加快制定水生态产品价值核算规范。在总结各地生态产品总值和水生态产品价值核算实践经验的基础上,可考虑根据水生态系统类型、水工程类型等,分类建立价值核算指标体系,明确具体算法、数据来源和统计口径等。有条件的地区,可根据本地区经济社会发展情况,制定统一的价值量核算标准,即一定时期内本地区各类水生态产品单价,以便于核算。

(3)拓展水生态产品价值核算结果应用范围。探索将水生态产品价值核算结果纳入地方生态系统生产总值(Gross Ecosystem Product,GEP)考核体系,并纳入各省(自治区、直辖市)党委和政府高质量发展综合绩效评价。以水生态产品价值核算结果为基础,科学评估拟交易的水生态产品价值,作为生态资源权益交易的参考价。同时,推动核算结果在社会资本经营开发融资、生态保护补偿、生态环境损害赔偿、价格评估等其他方面的应用。

14.2 完善水生态产品产权制度

2021年4月,中共中央办公厅、国务院办公厅印发的《关于建立健全生态产品价值实现机制的意见》(以下简称《意见》)明确提出要"健全自然资源确权登记制度规范，有序推进统一确权登记，清晰界定自然资源资产产权主体，划清所有权和使用权边界"。完善的水生态产品产权制度，是将生态资源转化为可经营生产要素、开展市场化交易以及实施生态补偿的重要前提。

基于水生态产品本身的复杂性，有关物质产品或无形的服务在权属管理方面分属不同领域，水生态产品的产权制度体系仍不够清晰。一方面，水生态产品基于生态自身的系统性，具有相对复杂的生态空间结构和多重服务功能，不同类别水生态产品之间相互依存和交叉重叠。另一方面，广义水生态产品的形成依附于自然生态系统和人工系统，在权属管理上，水治理措施形成的资产与天然生态系统形成的生态产品在产权管理实践中经常不一致。此外，水生态产品空间范围认定，以及包括所有权、使用权、经营权等不同类别产权边界划分和确权尚未出台明确的管理办法，在实践中存在缺少法规政策依据的问题。

为在实践中顺利推动水生态产品价值实现，要进一步明确水生态产品产权内涵，针对水资源、水域、岸线、水工程以及基于水生态系统、水利工程产生的农林牧副渔等产品，明晰所有权外的其他派生权利，如使用权、经营权、收益权、处置权等。依法确定河湖管理范围内包括水利工程基础设施产权、水利工程地权和水利工程水权等在内的水利工程产权。借鉴土地、矿产、海域等自然资源产权体系，推动水生态系统内包括水资源、水域、岸线等自然资源的分类分层设权，明晰各类权利归属，推进确权登记。建立健全水生态产品产权转化制度，完善使用权、经营权等的出让、转让、出租、抵押、作价出资（入股）等权能，规范产权转化程序，为推进水生态产品价值实现奠定产权制度基础。

14.3 健全水生态产品经营开发制度

水生态产品价值实现路径可以分为市场机制和非市场机制两类。从各地实践来看，市场机制包括水生态产业化、水生态权属交易、地区间横向生态补偿、水生态金融化等；非市场机制主要针对纯公益性的调节服务类产品，如气候调节、洪水调蓄等，主要依靠政府财政补偿实现。在市场机制中，水生态产品经营开发，特别是文化服务类水生态产品经营权转让是最为普遍的形式之一。

文化服务类产品的经营开发通常是由产权主体向市场主体转让一段时期内的水生态产品经营权，但水生态产品经营开发制度仍存在不完善之处。地方上，浙江丽水、广东鹤山、江西宜黄等地逐渐开始探索河道经营权等水生态产品相关权利确权与转让，但尚未形成可供全国推广的成熟制度。水生态产品开发经营市场不成熟，供需双方在产品流动方向、数量方面尚未实现精准对接，企业和其他社会主体难以及时获取信息，参与不足，经营开发路径单一，产业化的水生态产品开发路径尚未形成。

为规范水生态产品经营开发，需要进一步探索完善相关管理制度。水生态产品价值实现的基础是天然水生态系统或投资实施的水利项目形成的水生态产品，可参考《基础设施和公用事业特许经营管理办法》对公共事业特许经营管理的规定，借鉴《中华人民共和国海域使用管理法》中的海域使用权管理办法，建立水生态产品经营权管理制度，由各级水行政主管部门按照管理权限承担相关开发经营项目管理职责，涉及其他领域管理权限的，同时征求有关部门意见。进一步明确水生态产品价值转化项目经营管理办法，包括不同类型可供开发经营的水生态产品内容，鼓励社会资本参与水生态治理与保护并取得水生态产品开发经营权。

14.4　健全水生态产品收益分配制度

水生态产品收益分配制度是保障水生态产品价值持续转化的基础。《意见》指出，加快完善政府主导、企业和社会各界参与、市场化运作、可持续的生态产品价值实现路径。这意味着不仅需要实现"绿水青山"向"金山银山"的转化，更重要的是需要"金山银山"对"绿水青山"的反哺，保持"绿水青山"的可持续发展，要营造出企业有利润、老百姓有好处、水生态保护工作有投入的良好氛围。

从实践来看，许多地方在实际意义上已经成功实现了水生态产品价值转化。如有些地区通过水库生态养鱼提高了生态特色渔业产品附加值；有些地区通过水土保持措施以及农田水利建设提高了农业林业产量，为农民增产增收；有些地区通过河道水生态环境治理，促进周边生态旅游、康养等文旅产业发展。然而，从激励角度来看，水生态产品价值转化收益反哺机制仍需进一步的政策支持。除浙江、江苏、安徽等省份明确以生态产品价值转化模式落地的项目将部分收益或者前期投入用于水治理外，绝大多数地方极少将收益真正反哺到水生态保护工作，水生态产品价值转化收益继续推动水生态保护工作的良性自我运行机制仍不健全。同时，根据现行的财税政策，依托国有资源资产获取的收入需要全部纳入政府预算管理，以政府为主体开展的水生态产品价值转化收入也需要纳入政府预算管理，以水生态保护与治理为主、与水生态产品价值转化密切相关的转移支付资金分配机制有待完善。

因此，需要进一步完善水生态产品收益分配机制，注重收益反哺，在水生态产品价值转化项目设计阶段，明确水生态产品价值转化部分收益或前期投资用于水生态治理，以及流域内村庄基础设施改善和村民创收共富等。对于纳入政府预算管理的收入，要推动建立与水生态产品价值供给与转化挂钩的资金分配机制。立足水生态相关生产要素价值，因地制宜推进经营权有偿取得，为市场化交易创造前提。发挥价格杠杆作用，按照"准许成本加合理收益"方法，区分经营者类别和性质，推动差别化定价。运用价格杠杆鼓励和引导社会资本参与水生态保护与治理工作，为扩大市场化融资规模创造条件，盘活存量资产。

建立健全水生态产品价值实现机制是水利领域落实全面深化改革任务的重要举措，必须深刻认识实现水生态产品价值的重要意义，科学把握推动水生态产品价值实现需要坚持的原则性问题，建立健全水生态产品价值实现关键制度，加强部门协同，强化金融支持，营造出全社会参与的良好氛围，真正将"绿水青山"转化为"金山银山"。

实践探索篇

专题1 水利投融资

1 浙江定海以"水利+"融合促共富的改革之路

【编者导读】

　　舟山市定海区跳出水利谋水利，在浙江省水利厅的资金支持和技术指导下，坚持先立后破、破立并举，以水利工程建设为引领，充分融入人文历史、生态旅游、运动设施等元素，探索集成审批方式，打通水利项目与产业发展联动的政策瓶颈，构建"水利+"融合发展新模式。通过市场化运作，不断放大水利工程的经济效益、社会效益和生态效益，不仅缓解了工程建设运维经费，也有效促进了共富发展；既发挥了水利工程兴利除害的传统作用，又凸显了水利对经济社会发展的支撑和引领作用，在水利工程谋划、推进、管理、运营等全环节打造了"治水要良治"的生动样板。

学习践行新时代治水思路——两手发力

习近平总书记在浙江工作期间提出,既要把防洪工程建成城市的安全屏障,也要让它成为城市的靓丽风景线。浙江省舟山市定海区三面环山、一面临海,强降雨期间环绕城区的五座山一齐来水,量大流急,上游水库滞蓄能力和下游河道行洪能力不足,每遇汛期城区一片汪洋,每逢台汛海水倒灌又形成"关门淹",区内群众长期饱受内涝之苦。2019年10月,第18号台风"米娜"袭击舟山,定海主城区严重积水,直接经济损失超11亿元。这次台风促使定海区委区政府下定决心谋划建设集防洪、供水、生态、文旅等功能于一体的五山水利工程(图1),以系统治水为牵引,坚持党委领导、政府负责、部门协同、全社会共同参与,以五山水利工程为依托,打造连通五山的东海云廊,探索走出了一条"水利+"融合促共富之路。

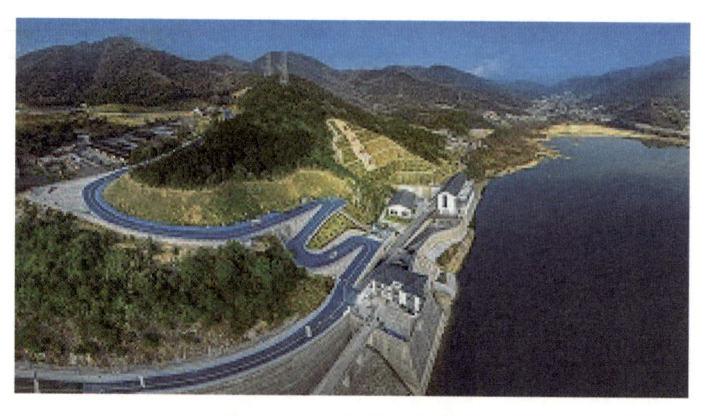

图1 五山水利工程实景

1 浙江定海以"水利+"融合促共富的改革之路

1.1 坚持问题导向，系统推进五山水利工程

为系统解决定海"山区来水大、中间蓄水差、下游排水慢、城区管网老化"等水问题，定海区委区政府以及水利等部门坚持系统观念，一体化推进"上拦、西调、中提升、内循环"四大工程，用互连互通、互调互济的系统手段破解水旱问题，全面提升定海区水安全保障能力，为支撑和引领定海区经济社会发展奠定基础。

1.1.1 "上拦"——源头控水

针对上游山区来水量大的问题，以城区外围东山、长岗山、擂鼓山、海山、竹山五座山体为主框架，沿森林防火带建设了18.3km截洪沟，沿线串联3.8km大口径箱涵，拦截上游70%山丘来水直接排海或导入城区上游水库，大幅减少进城洪水总量。尤其是长岗山段建设的一条总长3.8km、最大口径5m×4m的大型箱涵，可以蓄水3万m^3，将洪水"储蓄"起来，堪比一座小型的"流动水库"，既化水"患"为水"利"，实现雨洪资源的利用，又尊重自然，维护了生态系统的原有平衡。

1.1.2 "西调"——联库调水

针对水库拦蓄能力不足问题，定海新建总长2.6km的两条分洪隧洞，配套建设城北水库提升泵站，统筹调度城区上游红卫、城北和虹桥三座水库，实现库库连通、联网联调；在台风来临前，将引入城北水库、红卫水库的山丘来水，科学调蓄分洪进入虹桥水库，实现了城北和红卫水库库容战略清空的同时，不费寸土新增可用水

资源量530万m^3，可满足城区群众三个月用水量，同时解决了防洪排涝、水资源短缺两大难题，变水患为水利。

1.1.3 "中提升"——强力排水

针对中间蓄水差、下游排水慢等问题和城区河道拓宽难的客观实际，定海引入国内先进的顶管技术，将泵站前移至城区中间，在主干道或者绿化带下8～10m新建3座共32m^3/s的强排泵站，并配套建设地下压力涵管3.8km，增强城区排海流量，保证不受外海潮位影响24h排洪，城区涝水得以快排入海，河道应急排涝能力较原先提升80%以上。

1.1.4 "内循环"——实现地下畅水

针对城区管网老化等问题，依托城市主要道路，重新铺设总长30km大断面箱涵与管道相结合的综合管廊，把污水管、雨水管、高压线、弱电线等各类管线重新梳理布局，推进排水泵站、排水涵管和水电气等城市综合管廊统一规划、集中布设；配套推进老旧小区地下管网改造扩容，在河道旁绿化带下铺设大口径涵管为主的排水网络41.1km，完成地下管网改造75.5km，促进雨水收集、输送、排放高效衔接。

1.1.5 "数字孪生"——智慧防洪

聚焦台风智防应用，归集水库、河道、易涝点等水情监测信息，集成地质灾害、危旧房、避灾场所等涉灾基础数据，实现风险研判、预测预警、风险预演、指挥调度、应急联动闭环管控，智慧防洪，精准防控。

"上拦、西调、中提升、内循环"四大工程,融合山、海、河、库、管网各要素,综合运用挡、蓄、排、导、联、抽等工程手段,创新了滨海复杂地形条件、建筑密集环境下地下排水工程建设方式,实现了治水效果的最优化。2022年9月应急投用期间,经受住了新中国成立以来登陆舟山最强台风"梅花"的实战考验。面对特重等级风雨影响强度,原本预计大面积受淹的城区仅出现十余处小面积积水点,且多数在半小时内排空,直接经济损失不到台风"米娜"的1%,获得广大人民群众点赞。

1.2 坚持党政主导,强化党委政府统筹

五山水利工程作为大型融合类工程,涉及条线多、工程难度大、建设周期长,需要上下协同、左右联动,才能一张蓝图干到底。定海区委区政府立足全局,统筹谋划,确保工程推进的系统性、整体性、协同性。

1.2.1 注重一盘棋统筹

为统筹谋划好五山水利工程,在项目建议书编制之前,定海区成立了区委书记亲自挂帅的五山水利工程建设领导小组,下设指挥部,由区政府分管水利工作的领导担任总指挥,水利、自然资源和规划、交通、文旅、城管等相关职能部门"一把手"任副总指挥,根据工程分工设立6个大组,抽调精干人员集体办公。健全的组织体系为五山水利工程的顺利推进提供了根本保障。

1.2.2 注重全局性谋划

按照区委区政府的统一部署，将五山水利工程设计与城市和山海景观风貌融为一体，在"三区三线"❶划定过程中，围绕在建的"东海云廊"主线工程，分析沿线自然资源价值及开发条件，将五山水利工程沿线可利用的超20处低丘缓坡空间纳入城镇开发边界。在国土空间总体规划中明确，为实现定海打造古今交融的魅力港城的规划目标，将以五山水利工程为依托的"东海云廊"作为重要载体，有机串联"城市、山体、海岸、海湾、海岛"，切实提升城市风貌，科学优化城市格局。

1.2.3 注重整体性推进

为确保项目如期推进，区委主要领导倾注心血、亲力亲为，一线指导五山水利工程项目进展，牵头会商难点堵点。相关部门步调一致，实行"日汇总、周调度、月通报"工作机制，按照"一个标准、一个规范、一个导则、一个指南"❷工作体系高效运转，变层级多、部门多为多跨协同、扁平管理，充分发挥集中力量办大事的制度优势。

1.3 坚持部门协同，推动政策同向发力

五山水利工程集防洪、供水、生态、文旅等功能于一体，实现

---

❶ "三区三线"是根据城镇空间、农业空间、生态空间三种类型的空间，分别对应划定的城镇开发边界、永久基本农田保护红线、生态保护红线三条控制线。"三区三线"是国土空间用途管制的重要内容，也是国土空间规划的核心框架。

❷ 工程建设由水利部门牵头，按照水利防洪标准、规范、导则、指南等相关要求，开展截洪沟、地下排水管网等建设。

1 浙江定海以"水利+"融合促共富的改革之路

了水利工程效益的延展，得益于治水思路和模式的转变。

1.3.1　充分发挥水利引领作用

定海城区群众长期以来苦于城市内涝困扰，根治水患是定海全局性重大任务、最大民生。定海区委区政府始终牢记初心，急群众之所急，想群众之所想，通过五山水利工程实现山丘来水有效拦截可达 70%、河道应急排涝能力提升 80%。同时，以五山水利工程项目为核心，水利与自然资源和规划、交通、文旅、环保、林业、城管等部门通力协作，在五山水利工程谋划之初就将定海中心片区五山生态旅游带建设方案纳入，探索"水利+"多跨融合建设模式，为五山水利工程效益延展奠定了坚实基础。

1.3.2　探索创新集成审批

建立"容缺服务+并联审批"机制。针对涉及多部门、多层级的审批事项，召开联席会议专题协调，让各部门深度了解项目、筛选审批环节、告知需审批事项。根据项目特点，率先审批主体工程，在部分材料暂时不全的情况下，通过"告知承诺"方式先行办理，同步开展生态绿道等配套项目立项，水利、自然资源和规划、环保等行业审批联合踏勘、联审联批，确保配套工程与主体工程同步审批；其他沿线零星工程以"打补丁"方式完成独立备案。建立审批专员服务制度，从审批到监管全过程服务。比如将 9 条消防道路的审批运行事项由串联改为并联，部门审批从"接力跑"变为"同时跑"。

1.3.3 探索跨部门联合建设模式

在建设过程中,定海区改变以往部门各自为政的"九龙治水"模式,凝聚工作合力,在水利部门的牵头下,以水利防洪标准为指导,一体推进五山水利工程建设,避免了标准不统一对防洪效果产生的不良影响。在此基础上,各部门发挥自身优势,根据人民群众对城市景观、设施、文化等方面的现实需求,对工程进行就地改造提升。如水利部门在"中提升"泵站建设中,为了不影响城市风貌,特意选择在两棵间距较大的行道树之间放置水泵,并用玻璃钢覆盖顶部,便于检修的同时也能向市民群众科普水利知识;市政部门将"中提升"工程施工现场就地改造成"口袋公园",供周边群众散步歇脚;文旅部门利用项目施工腾出的宝贵空间,结合定海古城历史文化在工程沿线打造"状元阁"等文化地标,完善足球公园、体育馆、图书馆等功能设施……各部门互相配合、精诚合作,不断丰富五山水利工程功能内涵,使之成为"水利+"融合样板工程。

1.4 坚持"两手发力",发挥市场机制作用

五山水利工程在设计之初依托"上拦"工程施工便道,将开挖截洪沟时的临时便道打造成全长 25km 的城市空中绿道——东海云廊,由定海旅游公司管理,依托市场机制综合运用多种模式积极吸引社会资本参与旅游产业开发,定海旅游公司所得收入提取一定比例反哺五山水利工程运行管理,实现五山水利工程和东海云廊共同维修养护。

1 浙江定海以"水利+"融合促共富的改革之路

1.4.1 收益分成

定海以收益分成为基础，成功吸引多家轻食餐饮商家入驻，包括云廊里·音乐餐吧、云廊跨境店、如你所院、纸飞机咖啡、时饮咖啡馆、云叁小屋以及凤鸣轩等7家各具特色的品牌，为游客提供多样化的餐饮选择，满足不同消费者的需求。该类业态租金不固定，依据收益分成制收取，同时承租人的日常营业收入流水直接汇入定海旅游公司进行管理。云廊部分区域还向公众免费开放摊位，允许公众临时售卖土特产等，颇受群众欢迎。

1.4.2 联合运营

定海引入并投放165辆设计新颖、操作简便的电动代步车，这些代步车穿梭于云廊之间，大大地增强了区域的可达性和游览的便捷性，让游客在轻松愉悦的氛围中享受"漫步云端"的乐趣。该类业态由运营方负责设备投入、系统运维、现场管理，东海云廊公司负责停车位选址，同时业态的日常营业收入流水直接汇入定海旅游公司进行管理，按照一定比例支付给经营方。

1.4.3 运营权让渡

在上述工作的基础上，精心策划并引入多项潮玩娱乐和休闲运动业态，如云廊巴士、七彩云滑、极速滑草、丛林穿越探险乐园、体育馆、足球公园等，这些业态不仅丰富了云廊的娱乐体验，也成了吸引年轻人和家庭游客的重要亮点。该类业态由第三方全权运营与管理，旨在借助第三方在相关领域内的丰富经验和专业能力，确保业态高效有序运行，同时优化资源配置，有效降低运营成本，提升服务质量和用户体验。

市场化运作模式让东海云廊成为深受当地人喜欢的打卡点。游客在享受云中漫步的同时，也有机会更多了解水利工程的重要作用。

1.5 坚持人民至上，实现共建共治共享

习近平总书记曾指出，让老百姓过上好日子是我们一切工作的出发点和落脚点。定海区委区政府以及水利等有关方在推进五山水利工程建设进程中，始终坚持一切为了人民，一切依靠人民，努力增进民生福祉。

1.5.1 坚持问需于民、问计于民

坚持用真心换民心。在工程建设过程中，建立了公众参与机制，广泛收集群众意见，回应群众关切，确保决策过程的透明度和公正性；针对道路管网改造、低洼点位提升等事项，邀请群众现场参观，并加挂工程进度牌，明确告知工程建设起止时间；将台风复盘、云廊业态发展等事项纳入人大"民生面对面"议题，邀请广大群众共同参与讨论，确保民生工程真正为民纾困。在宣传方面，从细微处入手，做好工程的宣传，让人走在东海云廊上也能感受到脚下五山水利工程带来的惠益。比如，发挥截洪沟箱涵多种功能，汛时导流山洪入海，守护人民生命财产安全；非汛期部分开放截洪沟箱涵（图2），游客可以随意进入，实地了解水利工程的作用。在云廊边放置玻璃钢夹砂管（图3），就地改造为休闲驿站，既供百姓休憩，又起到了良好的宣传作用。处处为民才能真心换民心，工程建

设获得了当地群众的理解与支持。工程建设中协调1027座坟墓顺利搬迁，3年多的施工期中没有发生一起投诉。

图2　截洪沟箱涵　　　　　　　图3　玻璃钢夹砂管

1.5.2　坚持以水兴业、产业富民

定海区委区政府打破传统思维惯性，坚持全区一盘棋，在全力提升水安全保障能力的同时，积极探索五山水利工程"颜值变价值"有效路径。在设计之初，依托"上拦"工程施工便道打造东海云廊，沿线布局共享服务、慢行系统、运动健身等便民设施。坚持赛事引流，成功举办国际顶级赛事世界定向排位赛、半程马拉松挑战赛、状元文化周等具有影响力的赛事活动百余场，实现以景引赛、以赛促游、以游促产。成功举办2024"一带一路"国家驻华使节自行车系列赛、2024世界定向排位赛等高端赛事，持续植入多元业态。开展云廊沿线义桥村等云廊强村富民改革试点，培育发展农耕体验、休闲康养旅游等新业态，增强村级集体经济造血功能，推动五山水利工程成为主客共享、全民创富的开放平台，努力走出"水

利+"共富新路子。自 2023 年 5 月开放以来，已吸引超 677 万人次游览体验，云廊周边 10 个村 2023 年村级集体经济总收入同比增长 31.34%，经营性收入同比增长 27.89%，均高于全区平均值 20% 以上，为群众带来了增收致富新路径。

（本案例得到了浙江省水利厅规划计划处处长许江南、浙江省水利发展规划研究中心正高级工程师陈筱飞以及舟山市定海区相关领导和专家的大力支持，在此表示衷心感谢！）

2 湖南运用政府投资基金支持水利基础设施建设

【编者导读】

　　湖南省水利发展投资基金作为全省唯一的水利基础设施类政府投资基金，自2015年设立以来，成功运用3亿元财政资金，撬动了近50亿元的水利建设投资，有效实现了政策目标，支撑了水利建设的发展。湖南省通过政府投资基金，引导社会资本投资于多个水利项目，提升了防洪、灌溉、水电等领域的建设水平，采用市场化管理，确保了基金的合规、高效运作，完成了部分项目的成功退出，实现了"募、投、管、退"全链条管理，为水利领域的政府投资基金运作提供了宝贵经验。

党的二十届三中全会提出，要更好发挥政府投资基金作用，发展耐心资本。政府投资基金属于私募投资基金，是通过财政出资设立或参股设立，吸引社会资本共同参与，采用股权投资等市场化方式，实现既定政策目标的资金。近年来，一些省、市探索运用政府投资基金，在引导社会资本参与水利基础设施建设方面发挥了一定的积极作用，但总体上还处于探索阶段。推动水利领域用好政府投资基金，加强财政与金融的配合，以政府投资有效带动社会投资，有利于丰富财政资金投入方式，有效拓宽水利基础设施建设资金渠道，持续激发民间投资活力，"两手发力"推动水利高质量发展。

2.1 湖南省水利发展投资基金情况

2015年，随着财政部《关于财政资金注资政府投资基金支持产业发展的指导意见》《政府投资基金暂行管理办法》等的出台，政府投资基金相关政策逐步完善。为创新水利投融资机制，充分发挥财政资金的引导放大效应，撬动各类社会资本共同推进水利事业健康发展，同时也为弥补湖南省水利发展投资有限公司（现并入湖南省港航水利集团，以下简称湖南水投）的资本金不足问题，湖南省财政厅与水利厅共同研究制定了《湖南省水利发展投资基金设立方案》，并报省政府批准，由湖南水投发起设立湖南省水利发展投资基金（以下简称水利基金）。基金总规模为 6.95 亿元，其中湖南省财政厅出资 3 亿元。基金存续期 10 年，包括 6 年投资期和 4 年退出期。湖南水投于 2016 年成立了基金管理公司，以"政府引导、社会参与、市场运作、专业管理"的思路，负责对基金的"募、投、管、退"进行全过程管理。

2.1.1 基金募集情况

水利基金设立以来，分别在子基金搭建、项目公司股权、项目贷款三个层面发挥了财政资金的带动效应。水利基金总募集金额为 6.95 亿元。其中，湖南省财政厅出资 3 亿元作为财政引导资金，来源为 2015—2017 年省级水利投入盘子中的存量资金，未新增财政支出；吸引社会资本 3.95 亿元，参与设立子基金投资标的企业股权；同时引导另一部分社会资本 4.14 亿元成立项目公司，并撬动项目贷款 38.14 亿元。

2.1.2 基金投资情况

水利基金累计投资设立 5 支项目基金，投向了湖南省内城市防洪、河湖连通、清洁能源、农村安全饮水等水利项目，较好地发挥了财政资金的引导放大作用。其中水利基金投资的衡阳耒水东岸城市防洪项目（图 1）将耒水河的防洪标准从 20 年一遇提升到 50 年一遇，改善了当地的水生态环境，提升了城市品位和沿河经济发展，该项目获得了湖南省优质工程奖；投资的澧县河湖连通生态水利工程（图 2）解决了澧阳平原 20 万亩农田灌溉、沿线居民生产生活用水需求，提升了澧县防洪排涝能力及生态补水能力，同时带动了城市品位提升和沿河土地升值，该项目被评为水利部河湖连通示范项目；在湘西及郴州投资的16万kW装机清洁能源项目，有效地支撑了当地的经济社会发展；投资的武冈、常宁城乡供水一体化项目有效保障了两地180万人的饮水安全及其巩固提升。

图1 衡阳耒水东岸城市防洪项目

图2 澧县河湖连通生态水利工程

2.1.3 基金管理情况

基金公司一直注重合规发展，搭建了专业管理团队，坚持用市场化方式对基金的"募、投、管、退"四个环节进行规范化管理。在投资对象选择方面，聚焦湖南省内符合国家产业政策、准公益且能确保资金安全回收的涉水项目，接受省水利厅的行业指导；在内部管理方面，严格遵守基金业协会以及湖南省财政厅、发改委、国资委、证监局检查督导，坚持只向专业的机构投资者募集资金；坚持投资、风控分组作业，合规人员参与项目全流程并发表独立意见，投资决策委员会实行票决制，所有投资项目同步上报集团"三重一大"决策，并报送省国资委审批或备案；自有资金和募集资金按要求严格分离，及时报送基金业协会备案，按时进行信息披露；坚持投中、投后跟踪分析管理。基金公司成立以来，接受过审计署特派办和湖南省审计厅、财政厅、国资委以及湖南水投安排的各项检查、审计，在规范运作方面得到了较好评价。

2.1.4 基金退出情况

水利基金作为湖南省唯一的水利基础设施类政府投资基金，自2015年设立以来，通过3亿元财政资金投入，拉动了近50亿元的水利投资建设，较好实现了基金设立之初的政策目标，进入了退出期。截至2024年11月底，在基金投资的项目中，已成功完成2个项目的退出和1支基金份额转让，主要退出方式为项目实控人回购基金份额，共计退出引导资金1.84亿元。其中2021年通过大股东回购方式先后完成了澧县及衡阳项目的退出。同时，为拓宽基金退出路径，港航水利集团谋划以水电、风电等基础设施为底层资产，推进基础设施不动产投资信托基金（REITs）的发行上市，拟通过政府投资基金与 REITs 平台的对接，形成盘活存量与新增投资的良性循环。

2.2 水利领域运用政府投资基金的机遇和挑战

本质上来说，政府投资基金属于私募投资基金的范畴，兼具政府引导和市场化运作的特点，适用于准公益性的水利项目。新形势下，水利领域要用好投资基金这一金融工具，机遇和挑战并存。

2.2.1 政府投资基金管理日趋规范，资金的募集渠道通畅

近年来，政府投资基金逐步进入规范化、理性化的发展阶段。国家发改委、财政部先后发布多部政策文件规范政府投资基金，特别强调不能新增政府隐性债务风险。中国人民银行 2018 年的"资管新规"❶及其实施细则对金融机构的资产管理业务❷提出了去刚性兑付、实行穿透核查、不得保本保收益等要求，规范了间接募资。2019 年六部门出台豁免政策❸，明确规定符合条件的政府投资基金接受资产管理产品及其他私募投资基金投资时，不视为一层资产管理产品，进一步畅通了金融资本投向政府投资基金的渠道。金融监管

---

❶ 《关于规范金融机构资产管理业务的指导意见》（银发〔2018〕106号），中国人民银行、银保监会、证监会、国家外汇管理局等四部门于 2018 年 4 月 27 日发布。

❷ 资产管理业务是指银行、信托、证券、基金、期货、保险资产管理机构、金融资产投资公司等金融机构接受投资者委托，对受托的投资者财产进行投资和管理的金融服务。

❸ 《关于进一步明确规范金融机构资产管理产品投资创业投资基金和政府出资产业投资基金有关事项的通知》（发改财金规〔2019〕1638号），国家发展改革委、中国人民银行、财政部、银保监会、证监会、国家外汇管理局等六部门于 2019 年 10 月 19 日发布。

2 湖南运用政府投资基金支持水利基础设施建设

总局先后印发多份监管政策文件,破除了与政府投资基金适配度较高的长期性保险资金开展股权投资的制度障碍。2023年7月发布的《私募投资基金监督管理条例》,进一步把投资基金业务活动纳入法治化、规范化轨道。

2.2.2 水利领域市场化程度不高,对投资人的吸引力不强

投资基金是市场化的投融资工具。在政府投资基金中,虽然政府出资着眼于既定的政策目标,不以盈利为目的,但为了吸引社会资本,也对投资收益率有一定要求。水利基础设施受限于建设周期长、达产达效慢、市场化程度低等诸多客观因素,投资收益率明显低于其他行业,特别是新兴产业,基金收益水平对各类投资人的吸引力不强。而有意参与水利投资基金的社会资本方大多是水利建设项目供应商和施工企业等,其看中的并不是基金本身的回报,而是希望通过投资基金建立联系、承揽水利项目,在缺乏适宜投资项目的情况下,一些企业的认缴资金较难实缴到位。

2.3 水利领域用好政府投资基金的建议

为推动水利领域用好政府投资基金,结合有关政策要求和水利高质量发展现实需求,提出以下建议。

2.3.1 加强宣传培训,提高各地认识

政府投资基金作为市场化的股权投资工具,能发挥财政资金的撬动作用,激发民间投资活力,有效拓宽水利基础设施投资资金来

源，降低企业负债率。各地水行政主管部门要采取多种方式加强政策解读、业务培训和案例宣传推广，推动相关方面充分认识政府投资基金的重要作用，深入理解新形势下相关政策法规、操作规则和管理要求，积极开展实践探索。

2.3.2 结合当地实际，分类指导推动

各地水利部门要深入开展调查研究，综合考虑当地水利高质量发展的实际需求和投融资环境，依法合规运用基金，严防资金闲置和各类风险。要充分用好已有政府投资基金，积极对接国家绿色发展基金、黄河流域生态保护和高质量发展基金以及其他国家级或区域性支持水利领域的政府投资基金，通过直投水利项目、联合设立子基金或对地方基金出资等方式，形成资金联动，合力支持水利高质量发展。如确需新设立水利专项政府投资基金，要商当地财政部门、发展改革部门，结合已有相关基金设立情况、财政承受能力以及水利相关规划和资金需求等，科学论证设立基金的必要性和可行性，合理确定基金规模、出资比例、时间安排、基金投向以及管理和退出机制等，提高基金管理水平。

2.3.3 推进市场化改革，提高收益水平

投资基金是一种市场化的投融资方式，要充分发挥其在水利领域的积极作用，从根本上来看，需要深化水利市场化改革，提高水利项目和行业收益水平。要深化水价改革，科学核定水利工程供水定价成本，合理确定盈利水平，动态调整水利工程供水价格。要大力培育和发展壮大水经济，健全完善水生态产品价值实现机制，鼓

励以水安全保障为导向的发展模式（WOD），延展水利产业链条，提高综合收益。要培育水利市场主体，做强做优做大水利企业，增强面向市场的融资能力和基金运作水平。鼓励股权转让、首次发行上市（IPO）、资产证券化以及REITs等股权融资方式，畅通基金退出渠道。

（本案例得到了湖南省水利厅规划计划处处长彭鹏飞、副处长麻林、四级主任科员王金辉，湖南省港航水利集团党委委员、副总经理侯智京，湖南省湘水水利发展私募基金管理有限公司副总经理陈阳等领导和专家的大力支持，在此表示衷心感谢！）

3

浙江丽水创新"取水贷"破解小农水融资困境

【编者导读】

　　浙江省丽水市深入践行"绿水青山就是金山银山"理念，坚持"两手发力"，通过"取水贷"改革，激活"取水权"无形资产价值，探索出了一条依托水生态产品价值实现破解水利投融资困局的改革创新之路。在水利投融资方面，丽水市以小水电"取水贷"为切入口，创新"传统抵押+取水权征信"融资模式，撬动金融资本进入小水电、供水等领域，为全国超过4万多座小水电的绿色改造和现代化提升，以及供水工程和灌区的改造升级提供了样板。在水生态产品价值实现方面，丽水市在深入挖掘并盘活水利工程和水资源的有形资产与无形资产价值方面做了改革探索，为地方盘活水利存量资产、助推形成存量资产和新增投资的良性循环提供了有益参考。

3 浙江丽水创新"取水贷"破解小农水融资困境

浙江省丽水市是"绿水青山就是金山银山"理念的重要萌发地和先行实践地，是全国首个生态产品价值实现机制试点城市。2021年以来，丽水市立足良好水生态资源，坚持"两手发力"，以破解小水电绿色改造和现代化提升融资困境为切入口，探索开展以"取水权"为质押物的"取水贷"改革，促进水利投融资改革和水生态产品价值实现，成功申请获批银行贷款101.8亿元，为推动全市水利高质量发展提供了重要保障。

3.1 改革动因：破解小水电绿色改造和现代化提升融资困境

丽水市境内水能资源理论蕴藏量396.36万kW，可开发常规水电资源327.83万kW，约占浙江全省可开发量的40%，2006年被水利部授予"中国水电第一市"称号。截至2022年12月底，全市共有水电站802座，总装机容量282.7万kW，其中小水电798座，总装机173.2万kW，大中型水电站4座，总装机109.5万kW。全市水电多年平均年发电量70亿kW·h，占全市电能消耗的54%以上，年均发电收益近40亿元，约占全市GDP的2.19%。在已投产水电站中，提供了1.5万个就业岗位。其中有486座小水电站参与扶贫惠农，占全市水电站总数的60%，解决了3854人的农村人口就业。

经过多年努力，丽水市小水电产业发展取得了显著成效。

基于大多数小水电站建设年代较早、行业管理欠规范、生态效益不突出等问题，丽水市于2021年在全国第一批开展小水电绿色改造和现代化提升，同时积极探索小水电生态价值转换路径，以期实现小水电生态价值和经济社会价值双提升。推进过程中面临的最大问题就是资金问题。2016年丽水市人民政府批复同意由市、县水利部门先行受理开展小水电企业不动产抵押登记，并以水电站进行抵押融资贷款，以满足小水电绿色改造转型发展融资需求。但是，由于现行小水电不动产抵押登记存在股权复杂、多头登记、程序烦琐等情况，大部分小水电站没有不动产权证书，难以确权，"企业不敢贷、银行不敢放"现象较为普遍。全市798座小水电站资产估值超400亿元，但2021年以前银行累计贷款与资产比不足11%，亟须创新抵质押办法，解决融资难题。

3.2 改革做法：盘活小水电"取水权"无形资产价值

丽水市798座小水电站中，民营电站606座，集体所有制电站78座。历史上这些水电站在促进乡村振兴、增加农民收入和解决农村就业方面发挥了重要的作用。丽水市水利等有关部门在分类整改过程中，并没有对小水电一刀切地采取拆停或者关闭措施，而是设身处地为其想办法、出政策。在水电站"有形"资产抵质押融资受限的情况下，丽水市通过盘活水资源"无形"资产价值，探索"取水贷"改革，创新"传统抵押+取水权征信"融资模式，破解小水电绿色改造和现代化提升资金制约瓶颈。

（1）银行授信。丽水市政府和水利局主动与金融机构对接，探讨以水电站取水许可证的发放和取水情况为依据，由金融机构根据全市的发电、供水收益以及衍生效益等，对相关企业和协会进行评估后提供书面授信。具体做法是，对水电企业，采用近3～5年年均发电收益放大10倍评估价值打7折授信，按全市水电年均发电收益近40亿元计算，授信额度约280亿元。通过授信，相关水电企业以及协会可以事先知晓银行的贷款政策和额度，更便利地推进双方合作。

（2）发放贷款。分两步走：首先，符合条件的取水权人（借款人）以取水许可证获得的取水权作为质押物，在授信额度内向金融机构（贷款人）提出申请，金融机构对取水权人的相关收益进行评估放贷。水电站项目以近3～5年年均发电收益为依据，按照10年的周期评估其价值。对于水电站项目，银行按照80%的比例核算放贷额，理论可发电量和发电收入根据水电站"取水权"核定的年取水量换算。其次，发放贷款前，双方当事人应向当地水行政主管部门办理取水权抵质押备案，并同时通过中国人民银行征信中心的"动产融资统一登记公示系统"进行登记公示。

（3）试点先行。丽水市结合各县（市、区）水电发展实际及融资需求，确定水力资源丰富、水电站数量多的莲都、青田、景宁3县（区）作为"取水贷"试点，率先开展取水权质押贷款。2023年3月，丽水正式推出以取水权许可证作为质押品的"取水贷"金融产品，莲都、青田、景宁3县（区）5家水电企业获得农商银行、浙商银行发放的"取水贷"4485万元。截至2024年11月，丽水市水电站以"取水贷"方式实际融资28亿元。

（4）数字赋能。丽水市开发上线"浙丽取水贷"审批查询登记平台（图1），集成"取水许可查询""取水贷备案信息""贷款放贷登记"功能模块，提供申报、评估、放贷等一站式服务，政府、金融机构、企业可在平台一键查询、申请、办理业务，打通用水企业融资绿色通道。目前，企业办理"取水贷"业务可在10个工作日内完成。

图1 浙丽取水贷平台界面

水电企业通过"取水贷"获得的贷款在生产管理、设施维护、设备升级和绿色转型等方面进行现代化改造、智能化升级，起到了降本增效的作用。例如，青田县方山乡奇艺水电站办理"取水贷"600万元完成绿色水电智能化改造，年运营收入可增加40%，预计3年内回收改造成本。同时，通过"取水贷"，推动水电企业的延伸产业发展。例如，2023年12月15日，丽水正阳水电发展有限公司将开潭电站（图2）取水权质押给浙江丽水莲都农村商业银行股份有限公司等 6 家银行贷款 4.5 亿元，贷款用于企业延伸产业——冰雪大世界娱乐产业，建设南明湖冰雪大世界。

图 2　浙江开潭电站

3.3　改革升级：以"取水贷"改革激活"水市场"

丽水市以小水电领域"取水贷"成功经验为示范，将"取水贷"范围扩大至农村饮水安全提升、灌区现代化改造、山塘水库整治等，借款人获得取水权抵质押贷款，优先用于水资源节约保护、开发利用及水经济产业项目，为激活水市场发挥了重要作用。

（1）聚焦农村饮水安全提升，实施联合"取水贷"。针对丽水全市单村水站改造数量多、分布散、成本高等问题，探索以县（区）

为单位，以县（区）水务投资有限公司等为融资平台，统筹单村农村饮水安全巩固提升项目，以水费为现金流，联合开展"取水贷"申请获得改造提升资金，解决当前单村农村饮水安全巩固提升资金融资难题。2023年9月，遂昌县成为浙江全省唯一的单村水站改造提升试点县，通过县水务投资有限公司申请获得"取水贷"，新建70km管网，改造提升188个单村水站、41个散户供水点，受益人口达5.98万人。

（2）聚焦灌区现代化改造，实施灌区"取水贷"。丽水市围绕灌区续建配套和现代化改造，探索开展灌区"取水权"试点，综合评估灌区许可年取水量、生态系统生产总值等数据，以灌区"取水证"为质押凭证，将贷款资金用于灌区综合提升项目。松阳县以县水利发展有限责任公司为融资平台，运用江南灌区"取水权"成功申请丽水市首笔灌区现代化改造项目贷款3000万元，用于江南干渠、谢村干渠等14.26km渠道改造，以及21处水情监测点信息化建设。

（3）聚焦水库除险加固，实施供水"取水贷"。丽水市将"取水贷"延伸至水库除险加固和设备更新。云和县的雾溪水库是一座以供水、防洪为主的水库，是云和县城唯一的供水水源，担负着县城及周边农村近10万人口的供水重任。经过多年运营，水库溢洪道狭窄、供水管网陈旧、设备落后导致产能低下等问题日渐凸显，急需资金进行除险加固。云和县以县农旅投资运营有限公司为融资平台，通过申请获得"取水贷"，获批4.8亿元贷款。目前雾溪水库设备已实现更新升级，供水管网系统也得到全面优化，用水效率得到了极大提升。

（4）聚焦山塘水库资源，推动"用水权收储"。丽水市启动病险山塘整治行动，确认用水权归属，对用水权实行统一收储登记，集中评估山塘水库库容、水质等生态发展指标，为后续山塘水库引水、文旅等开发建设预留资金储备绿色通道。例如，莲都区研究出台山塘收储管理办法和取水许可管理办法，整合域内155座山塘水库以及周边漂流水资源，以"用水权"收益为依据，估算水资源资产价值3亿元，预计可融资近亿元。

统计显示，截至2024年11月底，包括中国建设银行、中国农业银行、中国工商银行在内的银行积极参与开展"取水贷"，丽水全市"取水贷"累计完成授信347.8亿元，实际发放融资115.8亿元，为丽水市人民政府及水行政主管部门解决水利行业融资难瓶颈发挥了重要作用。

3.4 改革亮点：促进有为政府和有效市场的有机结合

丽水市"取水贷"的改革探索，从小水电绿色改造到农村饮水工程安全提升、水库除险加固、灌区改造等，从点到面的推广和升级，是坚持"两手发力"的生动实践。

（1）更好地发挥政府的政策引导作用。一是出思路。水利资产既包括水电站不动产等"有形"资产，还包括"取水权"等无形资产，在水电站水利工程"有形"资产抵质押融资有限的情况下，丽水市积极转思路、想出路，在活用"取水权"上下功夫，盘活水资源"无形"资产价值，拓宽水生态产品价值转换路径，以创新实施"取水贷"破解水利改革发展融资困境。二是出政策。面对丽水市小水电绿色改造和现代化提升、农村饮水安全提升、灌区现代化改造等的融资困境，丽水市水利部门联合银行探索先行在小水电领域出台"取水贷"政策，并延伸至其他领域，为其发展提供政策保障，这是更好发挥政府作用的生动体现。

（2）充分发挥市场调节经济功能。一是实现银行贷款项目经济效益、社会效益的最优化。按照"取水贷"政策要求，在银行授信额度内，相关单位必须根据银行的价值评估结果才能申请获得相应的贷款。也就是说，评估价值越高，申请获得贷款越多，银行贷款也将更多向价值高的领域集中，其综合效用也将更大。同时，银行作为第三方科学做出的价值评估结果，也有利于水利部门对小水电、灌区改造、农村饮水工程管理做出更加科学的判断和引导，出台政策也将更有针对性。二是丽水市小水电通过"取水贷"获得贷款进行改造，进一步提升了标准化、智能化和现代化水平，有利于提升其经营管理效能，为全国超过 4 万座的小水电站落实水利部等部委联合出台的《关于进一步做好小水电分类整改工作的意见》（水电〔2021〕397 号）等政策文件要求，提供了经验参考。统计显示，全国农村小水电 2018—2022 年的年均发电量约 2380 亿 kW·h。如果按照 0.5 元/（kW·h）的价格计算，采用发电收益放大 10 倍评估价值打 7 折授信，可授信 8330 亿元，可以为小水电绿色改造和现代化提升提供一个投融资渠道。三是丽水市的"取水贷"实行企业自贷自还，不仅不增加地方政府债务，还有利于企业投资工程运维。通过引进金融资本注入水利行业，有利于引导民间资本进入相关领域，为更好地落实《关于规范实施政府和社会资本合作新机制的指导意见》（国办函〔2023〕115 号）的相关要求提供了有益借鉴。

3 浙江丽水创新"取水贷"破解小农水融资困境

丽水市深入践行"绿水青山就是金山银山"理念，坚持"两手发力"，通过"取水贷"改革，激活"取水权"无形资产价值，探索走出了一条依托水生态产品价值实现破解水利投融资困局的改革创新之路。对于全国来说，有两方面经验值得借鉴：一是水利投融资方面，丽水市以小水电"取水贷"为切入口，创新"传统抵押＋取水权征信"融资模式，撬动金融资本进入小水电、供水等领域，为全国超过4万多座小水电的绿色改造和现代化提升，以及供水工程和灌区的改造升级提供了样板；二是水生态产品价值实现方面，丽水市在深入挖掘并盘活水利工程和水资源的有形资产与无形资产价值方面做了改革探索，为地方盘活水利存量资产，助推形成存量资产和新增投资的良性循环提供了有益参考。

（本案例得到了丽水市水利局原副局长卓观园，农村水利水电管理中心主任吴刚、原副主任毛瑞翔等领导和专家的大力支持，在此表示衷心感谢！）

4

浙江绍兴汤浦水库发行全国首单水利 REITs

【编者导读】

以基础设施不动产投资信托基金（REITs）方式盘活水利存量资产，是深化水利投融资改革的重要举措。浙江绍兴汤浦水库 REITs 项目攻坚克难，于 2024 年 11 月在深交所发行上市，成为全国水利 REITs 第一单。本文基于汤浦水库 REITs 项目推进经验，总结发行水利领域基础设施 REITs 面临的机遇和挑战，以汤浦水库 REITs 项目的有效做法为基础，分析水利领域推进 REITs 应该关注的四大重点，并提出谋划改革思路举措、提升资产管理水平、建立 REITs 梯次培育制度三个建议。

4 浙江绍兴汤浦水库发行全国首单水利 REITs

国家"十四五"规划纲要提出"拓展投资空间，推动基础设施领域不动产投资信托基金（REITs）健康发展"的工作部署。本文以浙江省绍兴市汤浦水库推进 REITs 改革为例，深入分析推进水利 REITs 改革面临的形势、存在的问题和经验做法，为加快构建水利基础设施存量资产和新增投资的良性循环提供借鉴。

4.1 推进水利基础设施公募 REITs 的有关背景

基础设施公募 REITs 是推动存量资产盘活、助力地方财政转型的重要工具。自 2020 年 4 月公募 REITs 在基础设施领域拉开序幕以来，国家相继发布多份政策文件完善政策框架体系，形成了"首发＋扩募"双轮驱动的发展格局，从试点阶段稳步迈入常态化发行阶段。截至 2024 年 11 月底，共 51 只 REITs 产品发行上市，涉及收费公路、产业园区、仓储物流、清洁能源、保障性租赁住房等领域，合计发行规模 1464 亿元。

国家部委和浙江省委、省政府相继出台多项支持政策，引导水利领域加快推动 REITs 试点。

（1）资金方面。国家发展改革委设立专项资金，给予试点项目中央预算内资金支持。浙江省杭州市对发行成功的企业给予一次性

300万元奖励；绍兴市设立存量资产盘活专项基金，支持申报全过程工作。

（2）申报方面。国家发展改革委全面推动项目常态化发行，明确审核要点，提高推荐效率；证监会、证券交易所采用并联审核方式，所有问题由证券交易所汇总、一次性反馈，压缩审核时间。

（3）扩募方面。合理简化新购入项目申报要求，不动产评估净值根据项目实际情况合理确定，不再参照10亿元的最低门槛标准。

（4）激励方面。水利部对回收资金拟投入建设的项目给予重点支持，并在督查激励方面予以倾斜。浙江省发展改革委在投资"赛马"激励❶中新增REITs发行，并设置较高的赋分权重。

4.2 REITs发行为水利领域带来的机遇和挑战

4.2.1 浙江省水利投融资从增量发展向存量挖潜转变

（1）增量发展空间逐步收窄。《浙江水网建设规划》谋定全省"三纵两横十枢"的水网格局，谋划505项重大水利项目，总投资达1.38万亿元，资金需求巨大。但新时期以来，政府经常性支出和资本性支出大幅增加，而财政收入随着经济增速下行而放缓。以最能代表"土地财政"的政府性基金收入为例，2023年同比下降了16.9%，客观上造成政府性融资能力下降。在此新形势下，需要继续寻找新的资金来源，在不增加政府债务情况下化解资金需求压力，

---

❶ 浙江省投资"赛马"激励机制由浙江省委省政府建立，主要从投资增速、投资结构优化、重大项目推进三方面进行考核，获此激励者其符合条件的省重大产业项目土地指标将得到优先保障。

尤其是弥补项目资本金缺口。

（2）存量资产空间潜力巨大。浙江省通过近10年的高强度投入，水利领域沉淀固定资产超3000亿元。经摸排，水利工程供水、发电等年收益超100亿元，还有不少盘活资产的潜力。同时可剥离相当规模的工程运行维养资金支出，将有力支撑全省水利高质量发展，切实减轻地方财政支出压力。

4.2.2　REITs助力水利领域融资转型面临的挑战

（1）思想认知不足，融资和资产管理理念有待突破。水利属传统行业，长期以来建立了"发展靠融资、融资靠举债"的惯性思维，对REITs等新融资工具的认知不足，单纯将REITs与传统贷款业务进行融资成本、流程审批等方面进行比较，没有充分认识到REITs可以补充资本金、面向群众直接融资、增强资本市场服务实体经济融资的优势。

（2）发行门槛较高，短期内成熟合适项目较少。资产规模方面，首期资产发行规模达到10亿元以上，且具有2倍以上的扩募能力；资产运营方面，要求稳定运营3年以上，同时经营收益权类资产项目要求内部收益率原则上不低于5%。对资产质量整体要求较高，以县域的平台为主体推进REITs难度大，审核中特别关注项目投资手续完备性，短期内符合条件的资产较少。

（3）资产估值偏低，难以体现水资源综合价值。水利领域资产的权属和管理较为分散，分布在水利部门、事业单位或国有企业，单个主体掌握的资产规模有限，难以匹配发行要求。资产估值对水利工程收益部分进行评估，远低于新建项目投资，也低于原始权益人预期，难以体现水利项目综合效益。供水具有一定垄断性，短期内用水需求饱和，水价调整面临较多制约，现金流增长空间有限。

（4）发行周期较长，资产权益人盘活积极性不足。与其他融资方式相比，REITs规范性强、前期审核环节多（图1），导致整体发行周期长，通常需要一年半以上，难以匹配当前水利领域抢抓"适度超前开展基础设施投资"的机遇期，存在"远水解不了近渴"问题，融资的时间成本较高，降低了资产权益人申报的积极性。

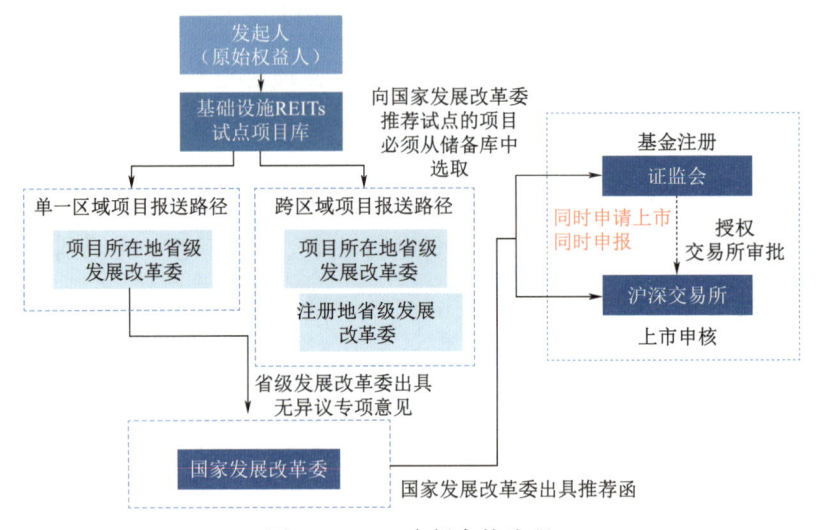

图1 REITs申报审核流程

4.3 汤浦水库REITs改革的实践探索

4.3.1 汤浦水库基本情况

汤浦水库是一座以供水为主，兼顾防洪、灌溉的大（2）型水库，总库容2.35亿 m^3，总投资9.45亿元。汤浦水库是绍兴市的主要水源，担负着绍兴市越城区、柯桥区、上虞区及宁波市下辖慈溪市部分区域供水的任务,覆盖人口近300余万人,年供水量3亿 m^3,收益较为稳定。

汤浦水库REITs项目推进过程中先后突破了不动产权证办理、水价改革、授权经营、部分合规性手续办理等重大制约瓶颈,编制完成了"一书三报告"[1]。按收益法评估资产估值规模约15.8亿元,原始权益人拟认购基金份额不低于51%,募集资金主要用于镜岭水库工程资本金。

4.3.2 加快推动水利领域REITs的有效做法

将汤浦水库REITs作为全面深化改革"牵一发动全身"的突破口,以点带面撬动多项改革,形成制度性理论性成果,带动体制机制创新,提升行业精细化管理水平。

(1)建立水利跨部门协调机制。建立"领导领衔+专班统筹+单位专责"工作机制,成立常务副市长领衔、12个部门参与的工作专班(图2),对照申报全链条要求和汤浦水库基础条件,梳理出10大类34项具体任务,逐项研究具体实现路径,落实责任单位。对需要跨部门协同、工作难度较大的事项,提请常务副市长召开协调会解决,先后完成权证办理、水价改革、授权经营、投资者保护措施等重大事项。该项协调机制对攻坚跨部门、跨领域事项成效显著,后续将拓展用于重大水利项目推进。

(2)规范水利工程权证办理。由于汤浦水库建成时间早,库区大坝和房屋没有产权证,申报之初资产不具备发行转让性。绍兴市

---

[1] "一书三报告"分别为律师事务所对基金出具的法律意见书、基础设施项目评估报告、财务及审计报告、专项计划尽职调查报告。

专题研究水库投资合规手续补办路径，与自然资源、生态环境等部门形成共识，补充开展土地、房屋测绘等基础工作，协调土地划拨或出让、权属争议、测绘成果等，补办建设工程规划许可证等10余项合规函证，登记办理2.21万亩土地及27万 m² 房屋建筑物的不动产权证（图3）。当地完善相关权证补办经验和路径，印发了规范性文件《水利工程不动产权登记工作指导意见》，指导推动200余座水库完成不动产登记，被自然资源部、水利部纳入全国试点。

图2　绍兴市政府主要领导牵头协调攻坚重大难题

图3　绍兴汤浦水库不动产权证

（3）合理调整工程原水价格。汤浦水库由于建成时间早，设立的原水价格明显低于"准许成本+合理收益"价格，以及周边区域水利工程原水供应价格，不能充分反映优质原水的价值。当地政府根据水库成本监审成果，在充分听取社会意见后，基于"完善主要由市场供求关系决定要素价格机制"的要求，依法依规将原水价格从 0.66 元 /m³ 提高到 0.86 元 /m³，同时通过多水源联动稳定终端水价，避免对用水户造成压力。该原水价格调整方式和路径，是浙江省水利工程水价机制形成的一次成功探索，将指导后续研究出台省级水利工程供水价格管理的规范性文件。

（4）探索推动水务一体化。REITs 发行的核心要义是能够持续稳定地创造价值，保障认购者的权益，对项目持续扩募能力提出了较高要求。但由于绍兴原水集团成立时间短，存量扩募的资产储备不足，绍兴市出台涉水资产 REITs 平台构建方案，明确绍兴原水 REITs 为市级唯一平台，择优将全市符合条件的涉水资产分步纳入扩募范围。目前，绍兴原水集团资产从成立时的 30 亿元增长到 203 亿元，实现了对原水、供水、污水等环节的全链条贯通，为绍兴原水 REITs 扩募盘活创造了发展空间，也为后续原水集团转型开展水利项目投建运营打下了坚实的基础。

（5）建立专业的人才队伍。水利基础设施 REITs 具有水利行业和公募 REITs 专业特点，政策性强、推进制约因素多，因此省、市两级把绍兴原水 REITs 项目作为锻炼提升干部专业能力的主要赛道，配足人员力量，在第三方机构的专业指导下，全过程参与申报工作，及时了解审核要点，研究针对性答复。通过多次咨询和技术把关，培养了一批既熟悉水利行业特点，又熟悉公募 REITs 发行，还擅长与相关部门机构沟通对接的复合型专家人才。同时，将国家部委审核关注的重点进行总结，指导后续水利项目谋划，全面提升行业管理水平和行业谋划能力。如在规划阶段，更加关注水资源供需测算合理性和规划项目可行性；在前期阶段，更加关注资产的形成和效益的提升；在建设阶段，更加关注管理水平，注重程序完备、资料完整等。

4.4 水利部门推进 REITs 关注的重点

基础设施公募 REITs 以企业为原始权益人，关注的重点在于实现资产的保值增值。而水利部门在开展行业指导和申报审核时，要注重统筹工程公益性功能和经营性权益。通过"摸石头过河"以及政策理论学习，目前已形成四方面的共识和具体措施。

4.4.1 开展公募 REITs 不会涉及水利资产控制转移

公募 REITs "公募基金 +ABS" [1] 的交易结构，要求"基金通过基础设施资产支持证券持有基础设施项目公司全部股权"和"基金通过资产支持证券和项目公司等载体取得基础设施项目完全所有权或经营权利"，使得基础设施控制权存在转移的可能。水利工程不同于高速公路或者仓储园区等设施，本身要确保公益属性发挥，不能完全根据市场定价。因此在推进 REITs 中要确保运营公司具

---

[1] ABS（Asset-Backed Securities），即资产支持证券，将底层资产的收益权转化为标准化证券。公募基金通过持有 ABS 间接持有项目公司股权，收益通过 ABS 和公募基金逐层分配给投资者。

有水利工程的专业化管理能力；原始权益人建议回购持有REITs超50%的份额，确保在持有人大会表决重大决策事项时能够起到主导作用。

4.4.2 开展公募REITs不会造成国有资产流失

收益法计算的估值与完全成本法计算的价值存在较大差距，往往会带来"是不是造成国有资产流失"的疑问。为做实评估价格，在前期阶段，应当由具有专业资质的第三方开展法律意见书、资产评估报告、审计报告、现金流测算报告编制；在询价阶段，可以设置询价区间下限，避免过低报价，原始权益人根据询价结果决定最终定价，确保符合相关国资转让要求；在运营阶段，采用特许经营模式，设置资产价值归零期限，确保到期后资产能够回归政府掌握。

4.4.3 开展公募REITs不会对水利企业的经营产生影响

由于水利企业往往资产规模不大，开展REITs的底层资产可能是水利企业唯一的核心优质资产，资产上市后是否会造成水利企业"空壳运营"，是推进REITs关注的重点。水利企业可按照《企业会计准则第33号——合并财务报表》，回购持有公募REITs份额超过50%，并执行并表处理。这样不影响原始权益人报表业绩和信用评级，不会对日常经营产生影响，且能享受项目溢价的红利。

4.4.4 开展公募REITs不会制约工程公益属性发挥

水利工程在日常防洪兴利调度中，存在预泄、预排、超蓄、回补不足等情况，会对REITs未来的收益产生不利影响。应当以公益性功能发挥为基础，在资产估值上考虑历史经营效益，并预留未来因防洪等造成经营减损的成本支出；在招募说明书和基金合同中，对防洪效益发挥进行风险披露；在基金管理人与项目公司签订的委托运营管理协议中，编制相关预案，确保工程公益性功能发挥。

（本案例得到了浙江省水利厅规划计划处处长许江南，浙江省水利发展规划研究中心高级工程师王挺，银华基金 REITs 基金经理、汤浦水库执行董事、总经理许梁等领导和专家的大力支持，在此表示衷心感谢！）

5 新疆大石峡水利枢纽工程募投建管一体化运作

【编者导读】

吸引更多社会资本参与水利工程建设运营，是水利投融资改革的重要方向和任务之一。新疆大石峡水利枢纽工程作为国家确定的172项节水供水重大水利工程，通过政府与社会资本合作（PPP）方式，采取募投建管一体化运作（DBFOT）模式，吸引央企牵头的社会资本联合体参与，承担工程全生命周期的投融资、设计、施工、运维等责任，为落实工程建设资金、提高工程质量和建设效率、促进工程长效运行提供了有力保障。

党的二十届三中全会提出，要建立政府投资支持基础性、公益性、长远性重大项目建设长效机制，健全政府投资有效带动社会投资体制机制，完善激发社会资本投资活力和促进投资落地机制。水利部部长李国英强调，要鼓励和吸引更多社会资本通过募投建管一体化方式，参与水利基础设施建设。新疆大石峡水利枢纽工程（以下简称大石峡工程）是重大水利工程募投建管一体化运作的典型代表，其做法经验具有复制推广价值。

5.1 基本情况

大石峡工程是国家确定的172项节水供水重大水利工程之一，位于新疆维吾尔自治区阿克苏地区温宿县与乌什县交界处，是阿克苏河一级支流库玛拉克河上的龙头控制性工程。工程坝址位于大石峡峡谷出口处，距阿克苏市约100km。工程实施后，在保证阿克苏河多年平均年下泄塔里木河34.2亿m^3水量的前提下，多年平均年灌溉供水量30.35亿m^3，年发电量18.93亿kW·h，可有效提升流域和区域防洪标准，保障群众生命财产安全，综合效益显著。工程主要由混凝土面板砂砾石坝(最大坝高247m)、开敞式岸边溢洪道、泄洪排沙洞、排沙放空洞、发电引水系统和生态放水设施等组成。

水库总库容 11.74 亿 m^3，电站装机容量 750MW。工程总投资 89.97 亿元，总工期 102 个月。工程可行性研究和初步设计分别于 2017 年 12 月、2019 年 2 月获得批复，2019 年 11 月全面开工建设。大石峡工程施工现场如图 1 所示。

(a) 混凝土面板浇筑

(b) 发电厂房

图 1 大石峡工程施工现场

5.2 主要做法

5.2.1 引入社会资本一体化运作

大石峡工程采用政府与社会资本合作（Public-Private Partnership，PPP）模式，由塔里木河流域管理局作为实施机构，组建新疆大石峡水利枢纽建设管理有限公司作为政府方出资代表，引入葛洲坝联合体（中国葛洲坝集团股份有限公司、中国葛洲坝集团机电建设有限公司、中国葛洲坝集团第三工程有限公司、深圳浩泽基础建设投资合伙企业、中国葛洲坝集团水务运营有限公司）作为社会资本方，双方共同成立项目公司——新疆葛洲坝大石峡水利枢纽开发有限公司。工程采取"设计—建设—融资—运营—移交（DBFOT）"的运作方式，由项目公司负责工程设计、投融资、建设和运营。

5.2.2 优化设计提高项目吸引力

大石峡工程以水力发电上网售电为主要收入来源，为提高对社会资本方的吸引力，优化设计了以下合作条款。

（1）政府方采取让利措施。项目公司中政府方占股49%，考虑到项目总体收益率较低，政府方不参与分红，将项目的经营收益全部让利于社会资本方。

（2）设置了较长的特许经营期限。结合重大水利工程建设周期和运行特点，特许经营期限设置为48.5年，其中运营期40年，可以确保项目能够持续稳定运行、社会资本获得长期稳定的投资收益，在减轻政府债务压力、提高社会资本投资收益率的同时，有利于地方政府和社会资本方建立持续稳定的合作关系。

5.2.3 充分发挥社会资本优势

（1）社会资本方优化了项目筹融资结构。大石峡工程 89.97 亿元的总投资中，资本金 50.61 亿元，其中中央补助资金 30.37 亿元，自治区补助资金 0.95 亿元，社会资本方出资 19.29 亿元。资本金以外的 39.36 亿元资金，由项目公司通过质押本项目预期收益权，采取银行贷款、资产证券化、项目收益债券等多种形式融资解决，政府不为项目公司提供工程建设融资担保。

（2）社会资本方提升了项目建管水平。葛洲坝联合体自承担大石峡工程建设任务以来，工程进展顺利，组织协调有力，项目管理能力突出。同时，葛洲坝联合体发挥了大兵团联合作战的模式优势，抽调专业技术强、能打硬仗的人员和队伍到大石峡工程建设第一线，提升了工程建设效率和管理水平。

5.2.4 强化政府监督检查责任

针对工程特点，在发挥社会资本优势的同时，实施机构通过制定完善建设运营监管制度、引入专业监督机构等措施，加大项目监管力度，严格落实水利部门行业监管职责，提高政府监管效能。塔里木河流域大石峡水利枢纽工程建设管理中心作为塔里木河流域管理局下属单位在工地现场履行 PPP 项目实施机构职能，发挥政府方监督作用，通过日常工地检查和季度绩效考核，掌握工程进度、质量控制、安全生产和资金使用等方面情况，及时向上级部门反馈工程建设过程中遇到的问题和困难，对发现的问题及时要求项目公司进行整改，确保工程总体受控。同时加强与阿克苏地区及相关各县的联系，为工程建设营造良好的外部环境，推动有效市场和有为政府更好结合，确保工程质量和效益发挥。

5.2.5 广泛合作强化科技支撑

大石峡工程联合国内顶尖院校和科研单位开展了系列科学研究，解决了特高面板堆石坝的物料设计与安全性标准、大坝变形控制和变形协调控制综合措施、大坝结构设计、抗震技术、混凝土抗冲磨及高水头高流速结构设计等关键技术难题，既保障了设计和施工要求，也为水利行业突破现有技术限制提供了实践。特别是在数字孪生工程建设方面，基于BIM（Building Information Modeling）+GIS（Geographic Information System）、区块链、大数据、云计算、人工智能等现代化信息化技术，以"全面感知、可靠传递、智能处理、高效协同、便捷应用"为目标，构建了"1平台+5精细化智能管控系统+8管理业务模块+9管理中心"为架构的智慧建设管理云平台，全面提升数字化和信息化水平。

5.3 经验启示

5.3.1 规范引入社会资本，构建良性合作关系

大石峡工程通过PPP模式引入社会资本，缓解了资本金筹资压力，减轻了地方财政负担，优化了融资结构，拓宽了投融资渠道。新疆维吾尔自治区已将大石峡工程募投建管一体化模式经验高效应用于另两项水利枢纽工程，三项工程共为当地政府节省超100亿元资金投入。在PPP新机制实施的形势下，各地以特许经营方式引入社会资本参与使用者付费的水利项目时，要严格防范地方政府债务

风险,在符合不做任何保底保收益承诺、执行普适性相关补贴政策等要求的前提下,大力吸引各类社会资本特别是民营企业参与水利工程建设运营,构建政府与社会资本利益共享、风险共担的良性合作关系。

5.3.2 实行全生命周期管理,提高工程管理水平

大石峡工程募投建管一体化的运作模式,扩展和延伸了传统水利项目建设的业务链条,向前端扩展到设计开发和投融资环节,向后端延伸到运营维护环节,实现项目全生命周期管理,有利于最大程度整合相关资源,提高资金使用效率;有利于优化设计,合理安排建设任务,有效降低成本;有利于减少项目招投标环节,提高工作效率,加快建设进度。募投建管一体化模式适用于新建或改扩建、具有一定供水或发电收益的水利工程。在实施过程中,应择优选取专业性强、抗风险能力和社会责任感兼备的企业作为社会资本方,参与项目设计、投融资、建设和运行管理全过程,提高工程建设运行管理水平。

5.3.3 凝聚政研企社多方合力,提升项目运作质效

大石峡工程在前期工作推进中组建工作专班,开展多次专题研究,主动对接国家和地方发展改革、财政、水利等部门,多方征求意见,广泛开展市场调研;在项目实施过程中不仅注重部门协同、政企协同,还积极与科研机构合作,通过联合开展科学研究,解决了关键技术难题,提升了项目的技术水平和创新能力。政研企社的多方协同、通力合作,在前期工作、投资融资、工程建设和运营管

理的各个环节都不可或缺，有助于实现各种资源的最优配置和利用，为工程项目提供更全面、更高效、更智能的运作方式，提升项目的整体质量和效率。

（本案例得到了塔里木河流域大石峡水利枢纽工程建设管理中心党委副书记、主任何伟，新疆葛洲坝大石峡水利枢纽开发有限公司党支部书记、董事长宋晓建，塔里木河流域大石峡水利枢纽工程建设管理中心干部辛启伟等领导和专家的大力支持，在此表示衷心感谢！）

6
浙江上虞探索水城融合发展新路径

【编者导读】

曹娥江"一江两岸"工程积极践行"两手发力",坚持融合共享发展理念,通过创新水利投融资模式,探索出了水城相融高质量发展新路径。在项目谋划方面,从规划前期就坚持水城融合发展理念,系统谋划河道生态治理修复和两岸产业经济发展,推进工程项目总体规划与区域经济发展规划衔接,共享岸线资源和水域发展多种产业业态,把"一江两岸"打造成具有防洪、生态、休闲、旅游、文化等综合功能的生命线、风景线、幸福线;在项目实施方面,先行先试,加强政策创新,水利项目与相关产业项目打捆综合开发,在合法合规前提下探索不同类别项目集成审批形式,一体谋划推进项目实施,有效解决了不同项目审批程序不同、土地保障难度大等问题;在投融资方面,项目充分利用城区水利的区位和资源优势,向资源要资产、向资产要收益,统筹河道砂石资源、岸线资源、水旅资源等,吸引社会资本投入,同时建立了外溢效益回收反哺机制,形成工程建设投入、回收、运维资金有效保障的良性循环。

习近平总书记多次强调，要深化投融资体制改革。水利部部长李国英在2024年全国水利工作会议上明确，要创新拓展水利投融资机制，鼓励和吸引更多社会资本通过募投建管一体化方式，参与水利基础设施建设，构建多元化、多层次、多渠道的水利投融资体系。浙江省绍兴市上虞区统筹高质量发展和高水平保护，坚持政府和市场"两只手"协同发力，审时度势、谋划实施曹娥江"一江两岸"工程，积极拓宽投融资渠道，发展涉水产业经济，建立工程效益反哺机制，推进水利建设与城市建设融为一体，将"一江两岸"打造成功能融合、人水和谐的高品质"城市阳台"，走出了一条水安全保障和区域产业经济联动发展的新路子。

6.1 坚持滨水空间开放共享，系统谋划推进水城融合发展

曹娥江穿上虞城区而过，境内全长54.04km，流域面积649km^2，承担着防洪排涝、水资源保障和交通运输等重要使命，是上虞的母亲河。曹娥江给沿岸百姓带来福祉的同时，其桀骜不驯的性格也时常酿成祸患。

上虞区委、区政府高度重视曹娥江治理工作，早在2003年便按照水城融合发展理念，系统推进"曹娥江城防工程"建设，在提

高曹娥江堤防防洪标准的同时，东岸建成十八里亲水型绿色文化长廊，西岸建成十二里亲水型绿色运动长廊，一江两岸，一动一静，相互呼应，工程建成后入选国家水利风景区。2014年起，在城防工程基础上，上虞启动"一江两岸"提升改造工程，并将工程作为上虞"一江两岸"城市开发建设的重要组成部分。根据项目总体规划，按照结构上不可分割、功能上相互交融、空间上紧凑集约原则，在确保防洪功能不减弱的基础上，在项目前期设计阶段就系统考虑岸线亲水、开放、融合等功能，共享岸线资源5.6km、水域面积4.9km^2。沿线发展水旅、文创、地产等多种产业业态，发挥项目综合效益，在提升曹娥江水安全保障能力、充分展示上虞城市核心滨水景观带的同时，一体化促进江城活力两岸互动。项目总体规划由上虞区发展改革局按照集成审批形式统一批复，由上虞区水利建设集团有限公司（以下简称上虞水利集团）负责实施，所涉建设用地按公园绿地由上虞区自然资源和规划局审批。从水岸共治到长效管理再到绿色融合发展，曹娥江沿江城防标准提高至100年一遇，成功抵御了"烟花""梅花""杜苏芮""贝碧嘉""康妮"等台风的侵袭，高质量保障了全区群众生命财产安全；沿江滨江观光、水陆运动、休闲娱乐、文化创意、商务会展等诸多元素互动融合，打造成集健身、休闲、观赏为一体的立体滨水空间，成功举办了2次马拉松活动、2次特色咖啡节，吸引了42家企业总部、774家新文创企业落户曹娥江畔，每年吸引人流量600万人次，成为两岸百姓的"生命线"和"幸福线"。曹娥江"一江两岸"实景如图1所示。

图 1 曹娥江"一江两岸"实景

6.2 充分发挥市场机制，募投建管一体推进项目实施管理

曹娥江"一江两岸"工程项目规划范围西起上虞五甲渡大桥，东至赵家大桥，北依江东路，南临滨江路，全长约 5.6km，总建设面积约 180 万 m^2（其中生态修复面积约 134.77 万 m^2），总投资约 10.7 亿元（其中上虞区级财政资金保障 2.68 亿元，项目受益方上虞经济开发区配套 2.68 亿元，其余由项目公司通过市场化融资保障）。工程采取 EPC+F 模式，由上虞水利集团总体负责项目的投资、融资、建设与运营，从顶层设计入手，打通了从投融资、建设管理到运营维护整条产业链，实现了对项目全生命周期的掌控。

6.2.1 做活水经济，吸引社会资本投入

为克服工程建设资金依赖财政保障的难题，项目实施以市场化

思维，系统谋划项目前期，充分挖掘水生态资源价值，做活水经济。工程在委托第三方编制"一江两岸"商业规划方案的基础上，引入设计综合实力强的上海市政工程设计研究总院牵头，在项目设计中做足做实收益性内容，配套建设儿童公园、音乐广场以及5座游艇码头等，谋划举办曹娥江国际马拉松等重要赛事，开展娥江夜市、露营节、草坪音乐节等特色活动，吸引社会资本2.42亿元投资水利建设。

6.2.2 推进资产有偿使用，提升工程综合效益

之前，政府、社会团体等单位使用水利资产时均为无偿使用，曹娥江"一江两岸"工程沿江共建设39处合计4万m^2配套用房，区水利局通过资产摸排，将本级及下属事业单位资产划拨给上虞水利集团运营管理，这部分配套用房位于国家级水利风景区，具有稀缺性、独占性，有非常高的市场价值［目前市场价500元/（$m^2 \cdot a$）］。一些用房长期处于闲置状态，既实现不了资产的增值，也存在无人用、无人管导致的不同程度损毁的情况。推行有偿使用后，在确保必要的防汛物资储备基础上，与社会资本开展文旅商融合业态经营，项目每年获得净收益超过1000万元，也解决了管理用房无人维护、没钱维护的现实问题。

6.2.3 盘活存量资产，提升运维资金保障能力

以市场化思维盘活水利存量资产资源，做强做大投资平台，提升工程建设管理和资金保障能力。

（1）上虞区水利局推进编制上虞区河道疏浚采砂规划，结合河

道疏浚进行河砂开采，砂石资产被评估为10亿元，经上虞区人民政府同意注入上虞水利集团。

（2）上虞水利集团以堤塘废弃后复垦利用为手段，将堤塘资产转为土地指标，将土地指标转化为资产收益，已累计实施堤塘复垦项目2个，实现收入近7000万元。

（3）区委区政府以特许经营权授予的方式，给予上虞水利集团全区限额以下水利项目、等效替代水域代建权，累计签订代建项目金额超8亿元，年均增加营收1.2亿元以上。集团所获收益统筹用于水利项目建设运行管理。

6.2.4 统筹多方优势，确保工程安全运行

工程建成后，充分发挥企业经营管理、水利单位专业技术等多方面优势，强化工程运行管理，合力推进工程安全运行。上虞水利集团统筹负责工程堤防巡查、照明亮化、设备维修、卫生保洁、景区保安等日常工作，通过提升商业运营能力，为工程运维提供资金保障。同时依托水利局专业技术人才和水利企业专业施工队伍设备优势，组建专业工程抢险队伍，采取数字化手段对堤防沉降、渗流、水位进行实时观测，完善抢险预案并加强预案演练，提升水利工程应急抢险能力。

6.3 建立良性回哺机制，促进水安全保障和产业经济协同发展

曹娥江"一江两岸"工程充分运用市场化机制，通过将公益属性较强的河道生态治理修复项目与经营性较好的关联产业统筹谋划

实施，建立外溢效益回报机制，在保障河湖安澜无虞的同时，促进区域产业经济高质量发展。

6.3.1 安排专项收益资金用于工程管护

"一江两岸"工程充分利用曹娥江优质水域岸线空间资源和配套用房的稀缺价值，由上虞水利集团统一负责引入水旅融合等高端服务业合作经营，实现年净收益超1000万元，后续还将引入曹娥江夜游等高端经营项目，打造浙江省"城市夜经济坐标"，预计年净收益超2000万元。项目于2022年完工，2023年起上虞水利集团每年安排800万元收益资金用于工程管护，管护资金列入集团年度预算。

6.3.2 衔接片区规划争取外来补助

通过将曹娥江"一江两岸"工程总体规划与上虞经济开发区规划衔接，根据片区规划打造重要节点，区域水生态环境得到综合提升，吸引了邵逸夫医院上虞院区、浙江建设职业技术学院、超40家企业总部、超700家新文创产业企业纷纷落户"一江两岸"，带动了周边土地增值。上虞区人民政府按照"谁受益谁付费"原则，通过区政府会议纪要形式明确项目受益国企（上虞经济开发区集团公司）一次性补助2.68亿元用于"一江两岸"工程建设管理。近年来，企业总部争相集聚"一江两岸"，已建成34幢总部楼宇（图2），在省级经济开发区政策加持下，"一江两岸"将再崛起一个千亿级产业大平台。曹娥江"一江两岸"工程通过不断打磨两岸生态景观，不仅勾画出美丽的城市核心风貌区，也大大拓展了城市发展的物理空间，形成了江城一体、产城融合发展新模式。

图2　曹娥江"一江两岸"企业总部楼宇

（本案例得到了浙江省水利厅规划计划处处长许江南、浙江省水利发展规划研究中心高级工程师王挺等领导和专家的大力支持，在此表示衷心感谢！）

专题 2　水　价　改　革

7 广东珠三角水资源配置工程供水价格改革

【编者导读】

　　价格机制是市场机制的核心。《水利工程水价管理办法》《水利工程定价成本监审办法》的出台，明确了水利工程供水价格制定实行"准许成本加合理收益"的方法。广东珠三角水资源配置工程是按照新一轮水利工程供水价格改革要求，成功完成定价的新建重大引调水工程。本文通过梳理工程基本情况，分析总结其在项目公司组建、建设资金筹措、用水指标调整、水价形成机制建立等方面的有益做法，提炼可推广可复制的经验启示，为类似工程水价制定和相关机制改革提供参考。

7 广东珠三角水资源配置工程供水价格改革

党的二十届三中全会提出，要完善主要由市场供求关系决定要素价格机制，推进水、能源、交通等领域价格改革。水利工程特别是新建重大引调水工程水价制定是一项复杂的系统性工程。广东高度重视珠江三角洲水资源配置工程（以下简称珠三角工程）水价工作，超前谋划，加强与各方沟通交流，按照《水利工程水价管理办法》《水利工程定价成本监审办法》，推动珠三角工程水价定价顺利完成。珠三角工程展览馆、水文化公园实景如图 1 所示。

图 1 珠三角工程展览馆、水文化公园

7.1 基本情况

珠三角工程是国务院批准的《珠江流域综合规划（2012—2030年）》提出的重要水资源配置工程，是国务院要求加快建设的全国172项节水供水重大水利工程之一，是党中央、国务院确定并纳入《粤港澳大湾区发展规划纲要》、"十四五"规划纲要的国家重大水利工程，旨在从西江水系向珠三角东部地区引水，解决广州、深圳、东莞等地的生活生产缺水问题，并为香港等地提供应急备用水源，为粤港澳大湾区高质量发展提供战略支撑。珠三角工程由一条干线、两条分干线、一条支线、三座泵站和四座调蓄水库组成，全长113.2km。工程供水范围涉及广州南沙、东莞、深圳三地，总供水量17.08亿 m^3，其中，广州市南沙区5.31亿 m^3、东莞市3.30亿 m^3、深圳市8.47亿 m^3。工程静态总投资为339亿元，2019年7月主体工程开工建设，于2024年1月底建成通水。珠三角工程鲤鱼洲泵站和高新沙泵站分别如图2和图3所示。

图 2 珠三角工程鲤鱼洲泵站

图 3　珠三角工程高新沙泵站

7.2　主要做法

7.2.1　组建股权多元化的项目公司

工程建设管理坚持政府主导。依据政府指定，由广东粤海控股集团有限公司旗下广东粤海水务股份有限公司（以下简称粤海水务）与广州、深圳、东莞三市共同组建广东粤海珠三角供水有限公司（以下简称珠三角供水公司），负责珠三角工程的融资、建设、运营及维护。根据广东省人民政府对珠三角工程项目公司的股权划分部署，粤海控股（粤海水务）占股 34%，深圳市（深圳市环境水务集团有限公司）占股 32.73%，广州市（广州南沙工化投资有限公司）占股 20.52%，东莞市（东莞市水务集团供水有限公司）占股 12.75%。2018 年 8 月，珠三角供水公司与受水区三市人民政府签订供水协议，协议约定工程建成即按设计供水量计价收费。

7.2.2 多渠道筹集工程建设资金

为落实工程建设资金，中央财政定额补助 34.17 亿元，省级财政补助 6.67 亿元，项目公司各股东出资 156.08 亿元；项目贷款 157.07 亿元，其中贷款本金 142.57 亿元（部分通过省政府发行珠三角工程专项债券筹集），建设期融资利息 14.5 亿元。广东省于 2018 年成功发行全国首支水资源专项债，发行额 10 亿元，期限为 10 年，年利率为 3.96%；工程累计发行省本级地方政府专项债券 111 亿元。债券资金全部用于支持珠三角工程建设，以项目水费收入作为债务偿还来源，项目周期内的现金流收入稳定充裕，能够完全覆盖还本付息需要，信用评级为最高等级 AAA 级。

7.2.3 调整用水总量指标

在工程可行性研究阶段，经论证，根据工程任务及规模提出的取用水方案基本可行，项目用水指标符合国家及地方用水定额标准，但是项目新增取用水量超出当时广东省人民政府批准的用水总量控制指标，其中广州市南沙区、深圳市和东莞市 2030 年用水总量分别超出控制指标 0.5 亿 m^3、2.54 亿 m^3 和 0.41 亿 m^3。广东省人民政府办公厅根据工程取用水情况，以《关于珠江三角洲水资源配置工程用水总量控制指标的复函》（粤办函〔2017〕228 号）落实广州南沙区、深圳市和东莞市 2030 年用水总量指标，满足用水总量控制管理要求。

7.2.4 制定明确的政府让利措施

为确保珠三角工程的公益性以及水价可控可调节，工程投资中的中央补助和省级补助以补助项目资本金方式安排，不占股不分红；股东出资由粤海公司及广州、深圳、东莞三市人民政府按股比出资，三市政府出资占股不分红。工程运营形成的收益主要用于弥补粤海方投资成本和平抑原水水价，即预计年度可分配利润优先用于弥补粤海方累计投资成本，弥补后仍有剩余的，剩余部分的10%归粤海方享有，剩余部分的90%折算为水费向三市返还，冲减三市当年水费，从而降低平均水价。

7.2.5 建立合理的水价形成机制

广东省人民政府和珠三角供水公司高度重视工程水价工作，提前2年6个月即启动水价工作，明确水价工作总体思路。工程在规划建设阶段即对水价相关工作进行专题讨论和部署，明确工程建设管理模式、资金筹措及收益分配等水价制定的相关边界条件，为水价方案制定和顺利获批奠定了坚实基础。2018年8月，珠三角供水公司与受水区三市政府签订了供水协议。省发展改革委于2023年12月核定珠三角工程的综合供水价格为1.3元/m^3（不含税，不含水资源费）。

7.3 经验启示

7.3.1 建立完善的工程管理体制

水利工程特别是跨流域跨区域引调水工程投资规模大、建设周期长，利益相关主体较多，顺畅的工程建设运行管理体制是保障工程效益充分发挥的基础。由政府直接或授权下属单位统一组织工程实施，可以综合考虑和协调国家、地区和部门利益，避免短期行为。珠三角工程属于省内跨市和省属水利工程，工程建设管理坚持政府主导，由政府指定的粤海水务与受水区三市共同组建珠三角供水公司，负责珠三角工程的融资、建设、运营及维护。因此，可以借鉴珠三角工程的建管体制，由政府授权具有相应能力的公司作为项目法人，受水区政府参股，联合组建项目公司，落实工程建设资金，负责工程的建设和运行管理。

7.3.2 积极探索创新筹融资机制

珠三角工程的实践表明，市场机制在水利工程建设运行中发挥着重要作用，应积极鼓励和大力吸引社会投资，多元化、多渠道筹措工程建设资金，调动各方积极性参与工程的建设和运营，实现水资源合理配置，提高水资源利用效率。各地可借鉴珠三角工程的经验，充分发挥专项债券对扩大水利有效投资的重要作用，并用足用好地方政府专项债券可作水利工程项目资本金的政策，将水利工程列入专项债券的优先支持范围，提高地方政府专项债券用于工程建设的额度和用作项目资本金的比例。此外，探索采取项目打捆、组合开发等方式，把本项目与收益好的项目整合起来，提高项目整体收益；探索水生态产品价值实现机制，大力推进水利与旅游、康养、土地开发等产业融合，统筹涉水产业开发收益与水利工程建设投融资，全面提升水利工程综合效益。

7.3.3 超前谋划工程水价工作

水利工程特别是新建重大调水工程的水价制定，因涉及多方切身利益，是一项复杂的系统性工程。珠三角工程规划建设阶段，广东省委省政府主要领导多次就工程水价相关工作进行专题讨论和重点部署，推动工程建设运营主体与受水区三市供水协议的签订，明确珠三角工程建设管理模式、资金筹措及收益分配等水价制定的相关边界条件，为水价方案研究编制和顺利获批奠定了坚实基础。其他类似工程可参考珠三角工程经验，提前谋划、启动水价工作，明确水价工作总体思路，在推进水价工作中，积极向国家有关部委、省政府及相关部门请示汇报，加强与受水区政府、国家高端智库、行业专家等的沟通交流，争取各方对工程水价工作的支持，推进水价工作稳步向前。

7.3.4 建立合理的水价机制

建立健全激励约束并重、与水利投融资体制机制改革相适应的水价形成和动态调整机制，增强水利项目自身造血功能，是工程良性运行的重要前提和保障。长期以来，水利工程供水价格与价值严重背离，与成本严重倒挂。现行平均供水价格仅达到平均供水成本的一半左右，大部分水利工程水费收入无法弥补供水成本，严重影响水利工程良性运行，导致管理单位财务亏损，影响后续供水经营。水利工程水价机制可参考珠三角工程经验，遵循"准许成本加合理收益"原则进行水价核算，因地制宜明确政府出资占股分红情况。为减轻受水区经济负担，可采取政府补助资金不占股不分红、受水区政府出资占股不分红，工程收益主要用于弥补项目公司投资成本和平抑口门水价，弥补后的剩余部分折算为水费向受水区各市返还的方式，以合理降低水价。同时，随着供水成本、费用的变化及时调整供水价格，避免执行水价与相应经济指标增长长期脱节，更好地发挥价格杠杆配置资源作用，促进水资源节约，保障工程良性运行。

（本案例得到了广东粤海珠三角供水有限公司、广东省水利厅等单位领导和专家的大力支持，在此表示衷心感谢！）

8
江西宜黄破解南方山区农业水价综合改革难题

【编者导读】

　　农业水价综合改革是促进水资源节约集约利用、吸引社会资本参与现代化灌区建设、实现农田水利工程良性运行的关键举措，也是深化资源性产品价格改革的重要内容。江西省宜黄县通过探索双层治理模式、科学核定维养成本、完善财政奖补方式、"两只手"协同发力、健全用水管理和监督考核机制等措施，有力破解了农业水费征收、农田水利设施管护、农田水利资金投入等一系列难题，回答了农田水利主体"管什么"、农田水利水费"怎么收"、农田水利维养"谁来管"等问题，改变了传统灌溉模式和结构，实现了农田水利有钱管、管得好的目标，助力实现节水增效，为南方山区农业改革工作的推进提供了样本和参考。

深化水价形成机制改革是推进"两手发力"、助力水利高质量发展的四项改革任务之一。近年来，我国农业水价综合改革工作稳步推进，截至2022年年底，累计实施农业水价综合改革的面积已达7.7亿亩，成效显著，但仍存在改革进展不平衡的问题。南方山区多为中小型灌区，水资源丰沛，普遍存在节水意识不强、工程管护主体缺失、维养经费不足等问题，迫切需要通过农业水价综合改革来促进水资源节约，保障农田水利工程良性运行。2023年2月底，水利部发展研究中心赴江西省首批农业水价综合改革整体推进县——宜黄县开展专题调研，总结其典型做法经验，希望能够为类似地区推进农业水价综合改革、有效解决农田水利"最后一公里"问题提供参考。

8.1 基本情况

宜黄县地处江西省中部偏东、抚州市南部，是南方典型山区县，是经济欠发达的革命老区县。境内峰峦层叠，水系发达，有宜水、黄水、曹水、梨水等4条水系，水资源丰富，多年平均年径流量20.2亿m^3。县域面积1944km^2，山地面积约占80%，人口20.1万人，是国家级杂交水稻种子生产基地。耕地面积35万亩，其中有效灌溉面积27.15万亩，自流灌溉面积占95.3%。截至2022年年底已建成高标准农田22万亩（图1），占有效灌溉面积的81%；高效节水设施农田7000余亩。

图 1　高标准农田建设成果

宜黄县是典型的小微灌区县，最大灌区面积仅3000亩，无大中型灌区，农田灌溉以"五小工程"❶为主，点多、面广、线长；"五小"水源约1397处，灌溉渠道约4983条，总长2032.9km，灌区蓄引提能力不足，农田抗旱能力较低。如2013年因高温干旱导致全县农作物受灾面积8.1万余亩，经济损失5300余万元。农业水价改革前，灌区工程多以村组自治管护为主，运行维养主要靠群众投工投劳；农业税全面取消后，运营维养主要依靠各级财政应急维修，年投入日常维养资金不足200万元，"两工"❷难落实、经费难筹集、

---

❶ "五小工程"指小水渠、小陂坝、小泵站、小山塘、小水库。
❷ "两工"指农民劳动积累工、义务工。

管护主体缺失、"以建代管"等问题逐渐凸显，灌溉用水无序粗放低效。

8.2 主要做法

2019年以来，宜黄县结合南方丰水山区和小微灌区实际，探索以县域为单元、以灌区为主体、以创新为动力，不断完善工程运行管护、水价形成、奖补和收缴、用水管理"四大机制"的改革路径，化解农业灌溉用水与农田水利工程运行管理缺失的矛盾，推动农业用水方式由粗放向节约集约转变。

8.2.1 创新运行管护机制，探索双层治理模式

针对以往农田水利工程管护责任主体不清的现实，宜黄县因地制宜创新"双层治理、管养分离"模式，建立了"宜黄县农田水利工程骨干台账"，将全县农田水利工程分为骨干工程和田间工程，旨在既发挥政府监督职责，又充分调动村组自管自养积极性；明确县人民政府为全县农田水利设施管理的责任主体，乡镇人民政府为辖区灌区管理的责任主体，构建了全域覆盖的田间工程维养体系。骨干工程的维养任务通过市场方式运作，由县人民政府与县水利投资建设有限公司（简称县水投）签订骨干工程（灌区水源和骨干渠道）专业化维养协议，县水投组建了127人的专业队伍，按照标准化、规范化、信息化的物业维养要求开展日常养护、年度冬修和应急维修。田间工程的运行、管护和维养主体均落实到所在农村集体经济组织或新型农业经营主体，实行自治管理，建立专人管水制度，自

主做好田间地头渠系与骨干工程的连接。

8.2.2 科学核定维养成本，健全农业水价形成机制

按照"财政能承受、农民能接受"和"一县一价"的原则，2020年12月宜黄县聘请专业机构开展农田水利工程维养运行成本测算。县发展改革委组织召开水价调价听证会进行农业水价成本监审，邀请农民代表、人大代表、政协委员等参会并充分听取社会各界人士的意见和建议。经统筹考虑供水成本、水资源稀缺程度、用户承受能力，核定与县社会经济水平相匹配的合理水价：全县灌区终端水价为供水29元/亩，其中水源工程和骨干渠道运行水价15元/亩（0.036元/m^3），田间工程运行水价14元/亩（灌溉用水定额为420m^3/亩，0.023元/m^3）；鱼塘用水水价为每年18.4元/亩（用水定额为800m^3/亩，0.023元/m^3）。据估算，水价成本约占水稻产值的2%，未加重农民负担。发挥价格机制对水资源配置的调节作用，对于超定额用水实行累进加价，每超定额50m^3/亩及以内，在相应类别定额水价基础上加收0.02元/m^3。

8.2.3 完善财政奖补方式，建立水费收缴机制

为了破解南方丰水地区节水观念淡薄、灌溉用水水费收缴率低等难题，宜黄县在江西省水利厅专家团队和技术支撑单位的指导帮助下，耗时4个月走遍县域田间地头，摸清工程现状、灌溉面积、取水方式、种植结构等改革底数。发动县乡村三级干部入户宣传派发《改革兴利 水美宜黄——致全县农民朋友的一封信》，明确"改革助农惠民、改革不增负担"的初衷，全方位宣传改革内容、转变

农民用水理念，提高缴费意识。田间工程维养中，由农民用水户按 7 元 / 亩标准缴纳水费（应收 190.05 万元），剩余 7 元 / 亩水费享受县财政等额奖补，两笔资金返还至村组田间工程维养专项资金账户，并在农业"三资"平台❶依法公开公示收支情况接受监管，确保资金全部用于田间工程维养。

8.2.4 "两只手"协同发力，拓宽资金来源渠道

（1）充分发挥政府资金的引导作用。宜黄县财政将骨干工程日常养护资金（15 元 / 亩）和水费等额奖补资金（7 元 / 亩）纳入县级财政预算，中央、省级中小型水库、山塘维养等专项补助经费纳入县级财政预算总额，整合相关涉农资金，积极争取上级水毁项目资金用于骨干工程年度冬修及日常应急抢修等。

（2）探索实施农业水价综合改革融资贷款对全县农田水利工程进行覆盖性大修。宜黄县人民政府将灌区水源工程和骨干渠道等水利设施资产进行整合并委托县水投进行管理，县水投与国有商业银行对接，以灌溉水费、土地流转差价、中小型水库水域面积出租等作为资产收益进行政策性融资贷款。2021 年在中国农业银行宜黄支行融资贷款 1.4 亿元，2022 年在江西银行融资贷款 2 亿元，是江西省首单农业综合水价改革贷款，统筹用于水利工程建设县级配套、农田水利工程维养和农田灌溉能力提升。

（3）由县水投为骨干渠道购买自然灾害损毁保险。一旦水利工程因自然灾害造成损毁时，由保险公司负责理赔，提高了应急抢修

---

❶ 农业"三资"平台指农业系统资金、资产、资源全国统一监管平台。

效率。

8.2.5 健全用水管理机制，统筹推进农业节水

全面开展农业供用水管理，制定农业供水计划，健全村级用水台账，逐步实现农业用水总量控制和定额管理，设施农田由新型农业经营主体负责，非设施农田由放水员专人负责。2022年10月，宜黄县人民政府印发《宜黄县农业用水计量设施建设方案》，加大管灌、喷灌、滴灌等节水设施建设，推进供水计量设施建设1594处，包括在线计量、"标准断面+量水标尺"计量和量水标尺等方式，由县农业水价综合改革信息平台进行供水计量监控。2022年年底，县政府批复《宜黄县农业灌溉初始水权确权登记用水量分配方案》，确定农业水权到村，推行农业水权转让试点，农业水权可与工业用水指标进行交换。推进环绕宜水、黄水的12个小型灌片连片设计，建设10.32万亩的现代化中型灌区，已于2024年11月开工建设。

8.2.6 完善监督考核体系，构建长效考核机制

宜黄县相关责任单位分别成立专班并建立联合推动、督查、考核验收机制。宜黄县委全面深化改革委员会（以下简称深改委）将农业水价综合改革列入重点工作，定期调度推动，并将其纳入县对乡镇高质量发展重要考核内容，对改革措施落实较好的乡镇，优先安排农田水利相关建设项目。县政府明确当年养护经费总额的1%作为管理奖励，对农田水利工程设施维养成效显著的维养主体给予奖励，充分调动改革积极性。县政府研究印发了对县水投的半年和

年度考核制度、乡镇对县水投的日常考核制度、群众和媒体对骨干渠道和田间工程维养成效的监督制度,根据考核结果支付维养经费,形成县、乡镇、用水户、社会各界参与监督的格局。

8.3 破解的关键问题和主要成效

2021年至2023年,宜黄县农业水价综合改革从试点到整县推进,从制度架构、设计到全面铺开,破解了南方山区农业水价改革一系列难题,改变了"靠天吃饭"的现状,初步实现了农田水利工程养护从"没人管、没钱养"向"有人管、有钱管和管得好"转变,巩固拓展了水利扶贫成果同乡村振兴水利保障的有效衔接。

8.3.1 破解了农业水费征收难题,提高了改革积极性

宜黄县坚持高位推进农业水价综合改革工作,印发《关于全面落实农业水价综合改革的决定》,通过公开信宣传和实地调研,宣传工程管护、所收水费进入村组田间工程维养账户等做法,争取到了社会各界和农业用水户对改革的理解和支持;通过足额落实水费等额补贴,促进了用水户缴费的积极性,弥补了基层维养资金缺口,确保水费政策落地生根。引导农民树立节水观念、增强节水意识、提高有偿用水意识和节约用水的自觉性。自2021年水费收缴启动以来,2021年、2022年农民用水户水费收缴率均达到99.5%,2022年收取水费189.1万元。

8.3.2 破解了农田水利设施管护难题，规范了用水秩序

通过构建维养体系、维养经费精准补贴、水利工程投保等措施，加强了农田水利设施的维修和管护。由于水渠通达，流水顺畅、水库放水有序，有效克服了过去串灌漫灌、争水抢水、熬夜等水等现象。各村、组加强了对田间工程的巡查，自主做好了田间地头渠系与骨干工程的连接，提高了水资源利用率，河道和田间的蛙类、鱼类、鸟类等数量明显增加。同时，落实保险公司对全县水利工程开展保险业务，进一步提高了管护成效。据统计，改革后全县水渠平均使用寿命延长20%，年度维修量减少18%。例如，改革前里阴村每年花费约3万元清理沟渠，主水渠破损也无法得到及时维修，改革后全村2500余亩灌溉用地缴纳1.7万余元水费，就能保证灌溉用水无忧。

8.3.3 破解了农田水利资金投入难题，稳定了资金渠道

通过建立财政补贴一点、融资贷款一点、农户缴纳一点的多元筹资机制，缓解了政府投资压力，稳定了农田水利设施维修养护资金规模，为农业水价综合改革和长效机制建立注入源头活水。2022年，宜黄县人民政府统筹安排农田水利工程维修养护配套资金991万元、水费精准补贴资金187万元、节水设施改造和建设奖补资金78万元，共计安排1256万元；县水投用于日常维养资金380万元，用于工程维修资金590万元，新建及维修提水泵站52座，新建及维修陂坝21座，维修渠道105处，在7—11月旱情严重的情况下，送61台潜水泵到受旱村组，有效保障了4万亩干旱农田灌溉。2023年，统筹农业水价综合改革融资贷款2.2亿元用于现代化中型节水灌区建设，全面提高了灌区灌溉能力。

8.3.4 改变传统灌溉模式和结构，加强了节水增效

通过试点项目，将 1.2 万亩灌溉用地的传统沟渠输水、大水漫灌变为管道输水、精准滴灌，推广水肥一体化等节水技术，提高了水肥利用率，有效减少了水资源损耗以及面源污染的产生。农田灌溉水有效利用系数从改革前的 0.488 提高到了 2021 年的 0.528，2020 年农业用水节约水量约 408 万 m^3，亩均节水约 $15m^3$。结合水资源和灌溉条件，在尊重农民意愿的前提下，有效调整了农业种植结构，大力发展竹荪菇、虎奶菇等食用菌和蔬菜种植，全县蔬菜和食用菌种植面积从改革前的不到 7 万亩增长至 2021 年的 7.48 万亩，与种植水稻相比亩均产值增加 3029 元，亩均用水减少 $200\sim235m^3$；土地流转费用由改革前的 100~200 元 / 亩增至 400~600 元 / 亩。凤冈镇大鹿村大力发展耗水少、经济效益高的作物种植，2022 年以"村公司 + 合作社"模式种植竹荪菇 160 亩、连体大棚蔬菜 240 亩，实现村集体经济收入超 60 万元。

图 2　小河村集中连片经济作物高效节水建设基地

8.4 启示和建议

农业水价综合改革是一项涉及供水、用水、管水环节，资源、价格、产权领域，工程、技术、政策措施，政府、社会、经济、农民等方方面面的复杂系统工程，是一项长期任务。宜黄县农业水价综合改革的做法，破解了南方丰水地区农业灌溉长期存在的"重建轻管、以建代管"的难题，拓宽了改革思路。

8.4.1 创新运管机制，落实农田水利主体"管什么"

按照保障粮食安全、服务高标准农田、建立长效管护机制的要求做好顶层设计，针对丰水地区山区特点，将灌区骨干工程和田间工程分类，明确县级、乡镇级、村组和新型农业经营主体三级管护责任，构建骨干工程专业公司维养和田间工程自治管理的双层管理模式，明确管护主体和管护范围，扭转农田水利管护权责不清、边界交叉的局面，推广实施"专业化、物业化、市场化"维养。为切实提高山区农业灌溉水平和农田抗旱能力，建议对小型灌区进行连片打包优化，推动建设水源充足、渠道顺畅、管理方便的现代化中型灌区，打造农业水价综合改革升级版。

8.4.2 坚持因地制宜，解决农田水利水费"怎么收"

在全面核查摸清改革底数、完善农田水利配套工程和供水计量设施体系建设等工作基础上，按照"一县一价"或"一灌区一价"的原则，以农业水价成本核算为基础，以财政奖补为动力，以水费保障田间工程维养费用为突破口，充分考虑南方山区灌区水源特点、供水成本、农民用水户承受能力等情况，确定科学合理的农业水价形成机制，有计划、分步骤推进水费收缴。按作物类型和灌溉方式等核定亩均用水量，实施农业水价动态调整，推动计量设施完善的灌片由"按亩收费"向"精准计量"转变，完善灌区分类分档水价形成机制，合理制定阶梯和加价幅度，进一步发挥水价在水资源配置中的调节作用。

8.4.3　采取市场化运作，明确农田水利维养"谁来管"

坚持"管养分离"，集中管护资金，提高资金能效，并推行"行政化指导、市场化运作"模式，通过政府购买服务，委托专业企业开展骨干工程统一维修养护，组建专业队伍开展渠道清淤、砍杂和保洁等日常养护，实现农田水利骨干工程"日常有人护、应急有人修"物业化维养。可结合水利基层服务体系，投融资及水利工程产权、水权、河权等制度，水生态产品价值实现机制等一系列改革，充分管好用好水资源，推动资源变资产、资产变资金，充分发挥农业水价综合改革的效益。

8.4.4　稳定资金来源，实现农田水利"有钱管"

按照总体不增加农民种粮负担的原则，结合南方山区实际，建立分类精准的政策供给体系，推动农业灌溉水源工程和农田水利骨干工程维修养护费用获取财政资金支持，足额落实维修养护精准补贴资金。通过纳入财政预算、整合涉农资金，实施水费收缴和开展融资贷款、节水奖励等多种途径，建立长效稳定的资金来源渠道。探索建立精准补贴转移支付机制，积极争取中央和省级层面对改革任务完成较好地区的精准补贴政策，充分用好政策性金融工具，通过购买服务、特许经营、股权合作等方式，鼓励和引导社会资本参与现代化灌区建设和运营。

8.4.5 严格监督考核，保障农田水利"管得好"

建立农田水利智慧管理体系和维修养护考核机制，制定维修养护标准，将资金支付与考核结果挂钩，保障工程管护成效。探索构建集服务维养管护、水费收缴、资金管理、考核评价、监控统计等多功能于一体的农业水价综合改革信息化管理平台，推动灌区智慧化升级。建立长效考核机制，将持续深化农业水价综合改革成果纳入中央、省、市深改委考核及粮食安全省长责任制考核、乡村振兴实绩考核等多项重要考核，通过细化考核指标，建立考核成效与中央、省级相关涉农资金分配挂钩机制，充分调动基层干部改革的主动性、积极性。同时发动群众监督，通过智慧监管与严格考核，落实改革成效，使群众真正得到实惠，方能持久维护发展好农业水价综合改革成果。

（本案例得到了江西省抚州市宜黄县委副书记、县长陈小青，宜黄县水利局原党委书记、局长黄子建等领导的大力支持，在此表示衷心感谢！）

9

云南新平依施河灌区农业水价综合改革

【编者导读】

　　推进农业水价综合改革，促进农业节水和农业可持续发展，是坚持习近平总书记"节水优先、空间均衡、系统治理、两手发力"治水思路的必然要求，既是现实之需，更是长远发展之要。云南省新平县新化乡结合山区农业乡镇和小型灌区实际，通过统一一个声音定标准、明确一个主题抓管护、建立一套机制管运行、推行一张卡片降损耗、实施一批项目促改革等"五个一"措施，实现了灌区工程良性运行和水资源节约集约利用，促进了农业增产增收，提高了群众参事议事积极性，丰富和发展了农业水价综合改革工作经验。

9 云南新平依施河灌区农业水价综合改革

农业水价综合改革事关农业节水和农业可持续发展。近年来，我国农业水价综合改革从局部试点向面上整体推进，取得显著成效，但是仍然存在改革进展不平衡、一些耕地零散分布、地区改革推进难度大等问题。南方山区农业乡镇多为小型灌区，财政收入单一、基础薄弱，水利基础设施条件差、用水效率低、用水矛盾突出，亟待通过农业水价综合改革解决农业发展用水问题。云南省新平彝族傣族自治县新化乡实施"合作社＋村集体经济＋用水户"合作模式，探索形成符合山区农业乡镇的自治农业用水模式，可供其他同类型地区参考借鉴。

9.1 基本情况

新化乡隶属玉溪市新平彝族傣族自治县，位于新平县境正北，绿汁江南岸，全乡面积490km²。地形为连绵起伏的山地，海拔在680～2555m之间，立体气候较为明显，坝区炎热，半山区温暖，高山区冷凉，年平均气温18.3℃，年平均降雨量752.8mm，属十年九旱的山区乡。全乡有依施河和曼干河两条河流，全长分别约50km和60km。全乡以农业为主，主产烤烟、粮食和蔬菜，用水需求量大，水资源短缺问题十分突出。

依施河流域地形为 U 形河谷，居 6 个村（社区）57 个村民小组，3583 户 12675 余人。依施河灌区现有小（1）型水库 3 座、小（2）型水库 6 座、小坝塘 55 座，总兴利库容 612.56 万 m^3，灌溉总面积 3.80 万亩。农业水价综合改革前，灌区内的农田水利基础设施由于无专业组织进行管理，缺乏工程管护机制和维养经费，有人用、无人管、无钱修的问题十分突出，农业用水分配不均，群众争水、偷水、抢水矛盾时有存在，水资源浪费严重。

9.2 主要做法

2021 年以来，新化乡结合山区农业乡镇和小型灌区的实际，充分发挥基层党组织的战斗堡垒作用，坚持利民为本、自我管理的改革原则，试点先行，探索农业用水自治，稳步推进农业水价综合改革。目前试点取得了显著成效。

9.2.1 统一一个声音定标准

新化乡通过党总支牵头，各村组分别三次召开村民"一事一议"会议，第一次大力宣传水价改革工作，第二次对比展示改革前后的用水成本，第三次达成水价共识。水价由 0.93 元 /m^3 确定为 0.5 元 /m^3，对超定额的农业生产用水实行累进加价（累进加价基数为 0.93 元 /m^3，超定额部分不予优惠），超定额用水 10%（含）以内部分加价 20%，10%～30%（含）部分加价 50%，30%～50%（含）部分加价 100%，50% 以上部分加价 200%。在精准合理计算改革区域内灌溉用水定额的基础上，对粮食作物、经济作物、养殖作物等不同用水类型实施不同的水价，以水价为杠杆，规范用水秩序，转变群众的节水意识和用水习惯，促进水资源节约集约利用。

9.2.2 明确一个主体抓管护

针对农田水利基础设施重建轻管的问题，新平县人民政府把已经建成的水库（坝塘）、管道、水池等水利设施运营管理权移交新化乡人民政府，委托甸末村委会运行维护，以用水群众为社员成立合作社，以"自我管理，自我服务"为原则，制定合作社章程、财务管理和运行监督等制度。合作社聘请管理人员10人，承担依施河灌区现有水利设施的维修管理、灌溉用水调配、水费收缴、用水矛盾纠纷调解等。由村组集体将水利设施使用权、经营权以资产使用服务作价入股合作社，按股分红，实施"合作社+村集体经济+用水户"的合作模式，助力村集体经济自我"造血"。2023年，甸末村集体实现增收达21.5万元。

9.2.3 建立一套机制管运行

新化乡坚持"先建机制，后建工程"，把灌区建设运维与推进农业水价综合改革统筹起来，先后建立运行管护、累进加价、节水奖励等11项管理制度，逐步形成稳定的灌溉增效、节水有利的农业水价政策体系。按照总体上不增加农民负担的原则，整合各级财政补助、超定额累进加价水费收入等资金用于精准补贴和节水奖励，由农业合作社进行核算，待上级审核通过后按年度发放到受奖用水户。随着改革的稳步推进，农田水利管护工作成效显著，成功探索出农田水利设施"有人管、有钱管、管得好、可持续"的山区农业用水自治模式。

9.2.4 推行一张卡片降损耗

新化乡打破沟渠灌溉跑冒滴漏严重、前端浪费末端无水等落后用水模式，充分利用智能信息化设备，通过安装智能计量水表（图1），基于核定水量通过 IC 卡充值缴纳水费，先充后用，根据地块分布情况，实行"一表多卡、一卡多表"刷卡取水，既实现了按方计量收费，又能精准管水和高效用水。村组干部成立党员先锋岗，包片包线巡查供水管网设施，包户包表联系住家周边用水群众，截至 2023 年 10 月，共安装智能水表 975 套，已办卡 830 户，收缴水费 26.37 万元，由合作社统一管理支配。原来离水源较远的耕地灌溉用水全靠拉水、抽水，用水成本高达 30 元 /m^3，改革后灌区实现精准供水，用水户可就近刷卡取水，不仅减轻了村级组织管理压力，降低了管网漏损率，还显著降低了农业用水成本，使老百姓从改革中得到了真正的实惠。

图 1　智能计量水表

9.2.5 实施一批项目促改革

为有效推进农业水价综合改革工作,新化乡积极争取实施了一批项目,包括依施河灌区续建配套与节水改造项目和大西水库提水项目,以灌区建设为契机,以财政投资为基础,撬动社会资本参与农业水价综合改革。新平县水利局通过特许经营方式吸引社会资本方——新平县水务产业投资开发有限公司实施新平县全域水网一期工程,通过项目范围内的城镇供水、农业灌溉用水及存量水厂供水收取水费获得收益。一期工程新建项目包含依施河灌区续建配套与节水改造项目,该项目总投资 9818.23 万元(其中中央预算内投资 1697 万元,社会资本方利用特许经营项目预期收益质押贷款筹集资金 8121.23 万元)用于灌区项目建设,缓解了政府出资压力,完善了灌区提水系统,切实补齐了水源连通及清淤扩容等基础设施短板,确保农业水价综合改革工作顺利推进。

9.3 主要成效

试点改革以来,新化乡以党建引领为核心,以群众自治自管为抓手,引导群众民主决策,改变了农业生产发展"靠天吃饭"的现状,成功探索出适宜山区农业乡镇的自治农业用水模式,助推农业规模化、产业化发展,为实现乡村振兴筑牢水利保障。

9.3.1 改变了灌溉用水方式,促进了水资源节约集约利用

通过试点改革,实现了从不收费向适当收费的转变,不仅降低了群众用水成本,群众节水护水意识也得到提升,扭转了过去争水

抢水、大水漫灌的用水方式，推动了水资源节约集约利用，用水量显著下降。同时，利用水费结余资金实施末级管网节水改造工程，缩短了用水周期，使得农业用水更加精准高效，提高了水资源利用率。统计结果显示，改革实施的6000亩农田灌溉用水可控制在96万 m^3 左右，节约用水约31.5万 m^3，灌溉水有效利用系数由0.54提高到了0.75，灌溉水利用率提高了30%。水资源节约集约利用能力的提升弥补了灌区灌溉用水的不足，有效抵御了旱情对农业生产的影响，减少农业因旱经济作物损失383.5万元、粮食损失26.92万kg。

9.3.2 解决了农田水利设施管护难题，保障了工程良性运行

通过印发《新化乡依施河灌区农业水价综合改革试点项目管理制度（试行）》，明确了灌区水利工程设施管理、用水管理、安全管理以及信息化管理的主体和标准。随着改革工作的顺利推进，工程管理主体加强了工程的后续管护，确保了灌区水利基础设施畅通完好、灌区工程安全运行、水量调配有序，试点区域内水利设施的维修、养护和管理得到了有效保障，设施完好率有了明显提高。改革后试点区农田水利设施骨干工程完好率由改革前的60%逐步提升至90%以上，支斗渠（管）工程完好率由40%提升至70%以上。

9.3.3 改变了当地农业种植条件，促进了农业增产增收

改革后，有限的水资源得到合理分配，试点区群众从种植传统粮食作物转而种植高附加值的经济作物（图2、图3），土地复

9　云南新平依施河灌区农业水价综合改革

种指数和出产率显著提升,生产成本明显降低,农民收入持续稳定增加,群众真正得到了实惠。以蔬菜种植为例,农业生产亩均用水成本由原来的1145元降至340元,试点区6000亩耕地,用水成本共节约483万元,户均节约4979元,在同等投入下生产效率提高了15%。伴随着农业水价综合改革的不断推进,农业用水得到有效保障,为推动灌区农业产业结构调整奠定了水利基础,以蔬菜为主导的产业逐步向规模化、产业化方向发展。2022年试点先行区蔬菜种植面积增加3250亩,产值7640万元,土地流转费用由改革前的450元/亩增至2000元/亩;吸纳市场主体13户,引入社会资本投资1.3亿元,带动农村富余劳动力就业500余人。

图2　蔬菜大棚

图3 丰收的番茄

9.3.4 促进了干部工作方式转变，提高了群众参事议事积极性

在改革过程中，村组干部主动改变传统观念，深入田间地头核实面积，主动上门服务联系群众，梳理汇总群众意见建议，党群联动参与推进改革，实现了农村水利设施党群共管共治的良好局面。改革后，群众切实获得了农业水价综合改革的红利，对水的商品属性的认识和水费缴纳的意愿增强。农村基层党组织的引领力和凝聚力得到提升，真正做到了说话有人听、办事有人跟。试点区实现了以水养水，群众自管自治，并延伸建立"村民共商共议"执行机制，充分调动群众参事议事的积极性，拓展村（居）民小组议事内容，对用水节水、设施管理中出现的新问题及时协商，有效化解了灌溉水事纠纷，提高了群众的幸福感和满意度，促进了农村和谐发展。

9.4 启示和建议

新化乡积极探索，走出了一条符合当地实际的改革之路。尽管试点改革阶段还面临着执行水价低于成本水价、供水管网及计量设施覆盖率低、奖补政策实施未达预期等问题，但其相关做法和经验拓展了改革思路，对于类似地区开展农业水价综合改革具有参考借鉴价值。

9.4.1 激发群众参与积极性，筑牢改革的群众基础

农业水价综合改革过程中，新化乡党委、乡人民政府密切联系群众，通过上门讲解、"一事一议"等方式广泛宣传，掌握群众诉求，从群众的需求出发，引导群众民主决策，让人民群众全过程参与民主协商、民主决策、民主管理和民主监督，确保改革措施被全乡群众知晓并得到大多数群众的理解和支持。推进农业水价综合改革，应将充分的政策宣传引导作为改革推进的前置基础，确保群众了解农业水价综合改革"是什么""改什么""怎么改""有何意义"，并通过水利基础设施管护、用水管理、水费收缴和使用监督等途径，鼓励和引导群众参与到改革中来，把农业水价综合改革作为民心工程来抓，为深入推进改革营造良好的舆论氛围。

9.4.2 健全软硬件设施，为计量收费创造条件

农业水价综合改革把原来的"按亩水费"转变为"精准计量"，需要以高效优质的工程设施和服务到位的管护措施提高供水保证率和供水服务水平。新化乡加强供水管网设施建设，明确农田水利工

程的管养主体和管护标准，在供水渠道节点安装智能化供水计量设施，协助用水户 IC 卡定额充值缴纳水费、刷卡取水扣费，有力地促进灌区实现了"量水到口，配水到户，核算到亩，按方收费"。在改革过程中，需大力推进农田水利基础设施建设，将管网延伸至田间地头，解决农田灌溉"最后一公里"问题，配套建设适宜的计量设施，创新工程运行管护机制，发展智能化灌溉控制系统和"互联网+节水灌溉"等新型用水管理模式，为实现精准计量收费奠定基础。

9.4.3　同步推动农业生产方式转变，增强改革内生动力

农业水价改革不仅是价格的改革，也是农业生产观念和方式的变革。新化乡通过农业水价综合改革，确保了试点区灌溉水源充足、渠系通畅，改变了粗放的用水方式，农业生产成本降低，农业生产效率显著提高，为蔬菜的规模化、集约化种植创造了条件，农民用水方便了、收入提高了，水价适当提高也是能够接受的。推动农业水价综合改革的同时，要同步推进传统农业生产方式的转变，促进农民增产增收，让群众真正享受到改革带来的福利，为深化改革提供持久动力。

9.4.4　健全财政精准补贴机制，多渠道筹措奖补资金

为了总体上不增加农民负担，农业水价综合改革需要辅以财政补贴等措施。针对资金落实困难的问题，在发挥好中央财政资金作用的同时，要多渠道筹集精准补贴及节水奖补资金。一方面，通过纳入地方财政预算、整合涉农奖补资金，开展水费收缴、节水奖励、用水权交易等多种方式，建立长效稳定的资金来源渠道；另一方面，

积极盘活水利存量资产，推动区域优势资源的整合利用，吸引社会资本以多种形式参与农业水价综合改革，探索社会资本超额收益返还政府用于节水奖补，拓展资金筹集渠道。

（本案例得到了玉溪市水利局局长王建宏、新平县新化乡党委书记杨博、新化乡副乡长黄学斌等领导的大力支持，在此表示衷心感谢！）

专题3 用水权改革

10
宁夏坚持"四水四定"推动经济社会高质量发展

【编者导读】

　　坚持"四水四定",强化水资源刚性约束,既是缓解我国水资源供需矛盾、保障水安全的必然选择,也是推动高质量发展、建设美丽中国的客观要求。宁夏回族自治区位于黄河流域上游,干旱半干旱区域占全区总面积的75%以上,是全国水资源最为匮乏的地区之一。近年来,宁夏落实以水定城、以水定地、以水定人、以水定产,坚持水资源刚性约束,全面实施深度节水控水行动,为探索以水资源节约集约利用推动经济社会高质量发展提供了参考。

学习践行新时代治水思路——两手发力

2014年3月14日,习近平总书记在保障水安全重要讲话中提出"节水优先、空间均衡、系统治理、两手发力"治水思路,要求必须树立人口经济与资源环境相均衡的原则,加强需求管理,把水资源、水生态、水环境承载能力作为刚性约束。2019年9月18日,习近平总书记在黄河流域生态保护和高质量发展座谈会上进一步强调,要坚持以水定城、以水定地、以水定人、以水定产。"四水四定"是贯彻落实习近平总书记"节水优先、空间均衡、系统治理、两手发力"治水思路的重要路径之一。为建设黄河流域生态保护和高质量发展先行区,宁夏回族自治区在全国率先印发了"四水四定"实施方案,坚持水资源刚性约束,全面实施深度节水控水行动,探索以水资源节约集约利用推动经济社会高质量发展的创新之路。

10.1 改革背景

宁夏全境位于黄河流域上游,干旱半干旱区域占全区总面积的75%以上。全区多年平均降水量289mm,不足全国平均值的1/2,年均水面蒸发量1218mm,是降水量的4.2倍。当地多年平均水资源可利用量仅1.5亿 m^3,是全国水资源最为匮乏的地区之一。根据黄河"八七分水方案",宁夏每年分得 40 亿 m³ 耗水量指标。至此,宁夏可耗用水资源量为 41.5 亿 m³,可取用水资源量为 74.82 亿 m³。

从用水现状来看,2020 年,全区取水总量为 70.2 亿 m³,已逼近 2025 年 74.82 亿 m³ 控制红线;农业用水占比仍高达 83.5%,远高于 62.1% 的全国平均水平,也高于 66.9% 的黄河流域平均水平;万元 GDP 用水量 179.1m³,是全国平均水平的 3.13 倍;耕地实际灌溉亩均用水量 643m³,是全国平均水平的 1.81 倍,是黄河流域平均水平的 2.21 倍;农田灌溉水有效利用系数 0.551,低于全国 0.565 的平均水平。

从未来需求看,宁夏具有丰富的能源、煤炭、土地资源,不仅是西北地区重要的能源发展战略基地,也是国家生态安全的重要战略保障。习近平总书记考察宁夏时特别强调,宁夏是西北地区重要的生态安全屏障,要大力加强绿色屏障建设。按照产业结构和用水效率现状预测,2025 年宁夏仅农业和生态需水就将达到 84.75 亿 m³,远超用水总量控制红线。

水资源供需矛盾突出长久以来都是阻碍宁夏经济社会发展的瓶颈。为此,宁夏探索实施了水权改革,深挖农业节水潜力,已经显现出一定成效。然而,由于底子薄,长期以来用水意识和用水模式转换慢,宁夏水资源开发利用水平仍然相对落后,不足以支撑未来经济社会高质量发展需要。转变治水思路,坚持"四水四定",把水资源作为最大的刚性约束,是习近平总书记为黄河流域生态保护和高质量发展指出的全新发展道路,成为宁夏水资源管理改革的必然选择。

10.2 改革实践

为在全区层面全面推进"四水四定"改革，宁夏编制出台了《宁夏回族自治区"四水四定"实施方案》，明确了经济社会发展边界，提出一系列约束性指标。同时，选取吴忠市盐池县、利通区作为落实"四水四定"方案县级试点。

10.2.1 建立跨部门协作机制，强化"四水四定"顶层设计组织保障

意识到"四水四定"方案是宁夏未来生态保护和经济社会高质量发展的顶层设计蓝图，而不仅仅是水资源管理方面的顶层设计方案，宁夏打破了以往涉水管理方案主要由水利部门牵头编写的惯例，由自治区发展改革委牵头，水利、自然资源、住房和城乡建设、农业农村、林草以及宁东管委会等有关部门和单位参加，组建"四水四定"跨部门团队，下设"以水定人定城""以水定产""以水定地"三个专题小组，先开展综合研究，后出台政策文件。每个专题小组内均有发展改革、水利以及相关行业部门人员，分别代表了经济社会发展需求方与水资源供给方。编制测算的每个环节和每项结论，都要经过小组内各方参与人员的一致认可，从组织机制层面保障实现水资源刚性约束目标与经济社会发展多目标之间的平衡。

10.2.2 转变顶层设计方案编制思路，实现从"按需分配"转向"以水定需"

编制测算"四水四定"方案的过程也是各部门各行业对"水资源刚性约束"重新统一认识的过程。经过反复测算，各部门最终达

成共识，认为此次方案编制必须打破"按需分配"传统，从水资源总量控制目标出发，坚持"以水定需"，首先通过多目标平衡确定各行业、各县（区）用水控制总量，再倒推各行业、各地区发展控制边界，倒逼产业结构调整和绿色转型升级，提高用水效率，扩大经济发展空间。通过"精打细算"，促进各行业部门对宁夏水资源短缺的客观现实有了更为深刻的认识，坚定了"四水四定"的改革决心，对本行业发展转型升级有了更为迫切的需求。

10.2.3 细化经济社会发展管控指标，划定经济社会发展边界

为推动"四水四定"目标落地，宁夏先后印发《宁夏"十四五"用水权管控指标方案》和《宁夏回族自治区"四水四定"实施方案》，一方面确定了取水和耗水总量控制目标，划定城镇开发边界、人均绿地面积、农业灌溉面积等经济发展规模控制目标，划定经济社会发展边界；另一方面提出农业高效节水灌溉率、灌溉水利用系数、工业万元 GDP 和万元工业增加值用水量、再生水利用率、城市节水器具普及率、城镇供水管网漏损率、海绵城市建设比例等一系列用水效率目标，推动产业结构绿色转型升级，确保在限制经济发展用水规模的同时，提高经济社会发展整体水平。

10.2.4 以用水权改革为引领，落实水资源刚性约束

为落实"四水四定"目标，宁夏以用水权改革作为突破口。

（1）利用确权划定"用水上限"，探索形成"总量控制、定额分配、适宜单元、管理到户"新模式；基于"以水定地"方案，逐村、逐户精准核定确权灌溉面积 1042.8 万亩，确权水量 41.6 亿 m^3；全面建立工业企业用水台账 3953 家，工业用水确权总量 4.8 亿 m^3。

（2）利用交易提升存量水资源效益，通过用水户间直接交易和地区间水权交易，解决新增用水需求。截至 2023 年 8 月 31 日，宁夏累计实现用水权交易 252 笔，交易水量 1.73 亿 m^3，成交金额超 9 亿元。同时，率先实行用水权有偿取得。按照规定，"十四五"期间农业用水暂免缴纳农业初始用水权有偿使用费，现有工业用水权分年度缴纳用水权使用费，新增工业用水全面实行有偿取得，原则上在用水权交易市场公开竞价购买，累计征缴工业用水权有偿使用费 2.84 亿元。

10.2.5 强化节水控水和再生水利用，拓展经济社会发展空间

在水资源总量约束下，为使"有限"的水资源能够创造出"无限"的发展空间，宁夏大力挖掘存量水利用效率。

（1）加强节水。宁夏农业用水占比 83% 以上，最具节水潜力，因此在盐池、利通等 11 个县（区）推进现代化灌区试点建设（图 1、图 2），通过创新投入机制、强化水利基础设施建设、加强计量监测、健全管理机制、适时调整水价、创新社会化服务模式等方式，减轻了政府水利基础设施建设财政投入负担，农户因产量增加实现了收入提升，灌区供水服务企业获得服务收入，农业用水效率提升为新增工业企业发展提供了用水指标，真正实现了政府、企业、农户多方共赢。例如，利通区实施现代化生态灌区建设以来，干渠及以下支斗渠砌护率达到 100%；新增高效节水灌溉面积 4.65 万亩，打造高标准农田 54 万亩；全面安装智能计量设备，灌区干渠直开口计量率达到 100%，用水量计量精准率达到 95% 以上；自流灌区、高效节水灌区亩均增收 500 元，农田灌溉水有效利用系数从 0.48 提

高到 0.547；灌区亩均水费从 60 元左右下降到 54 元左右，种植玉米亩均增收 500 元左右。

图 1　利通区大田蔬菜喷灌

图 2　盐池县德胜墩水库

（2）提升再生水循环利用水平，深度挖掘存量水利用潜力。例如盐池县谋划实施"统一规划、优化配置、覆盖城乡、循环通畅、稳定可靠"再生水综合利用系统工程，通过提标改造污水处理厂和再生水厂、构建人工生态输水通道、兴建中水调蓄水库和再生水利用管网配套工程等，最终形成供、给、排、治、用区域再生水闭环生态圈。截至2022年年底，城区生活污水和县城工业集中区污水处理率达到100%，为防护林绿化、城区绿化、公共卫生以及部分工业等提供再生水486.3万 m^3，再生水利用率达62%，每年可稳定节约新鲜水300万 m^3，年均实现经济效益约500万元。

10.3 经验启示

10.3.1 坚持政府牵头，做好经济社会发展顶层设计

"四水四定"不是单一的水利发展规划，而是一个地区综合性经济社会发展规划，出发点在水，落脚点在城、在人、在产、在地。贯彻落实好"四水四定"，水利部门需要算清楚"水账"，即本地区水资源承载能力有多大，可分配的水资源开发利用量有多少，也就是算清楚"有多少汤"；经济发展行业部门要根据分配的水量来确定各自的发展规模、发展速度、发展效率和发展模式，也就是明确可以"泡多少馍"。因此，必须由地方政府牵头，各行业部门共同参与，建立交互式工作机制，共同谋划"四水四定"顶层设计方案，才能真正将水资源刚性约束落实到经济社会发展各领域，并且与行业专项规划及行业政策形成精准衔接，共同推动经济社会沿着高质量发展方向前进。

10.3.2 坚持系统治理，集合各方智慧综合施策

"四水四定"是生态保护和高质量发展的内在要求，涉及经济社会发展各主体、各领域、各环节，不仅需要政府及有关部门合力推进，还需要各级政府上下联动，更需要充分发挥市场经济主体和社会公众力量；不仅需要抓住用水这一核心环节，还需要统筹考虑生态环境保护、水资源开发、产业发展、社会福利等经济社会发展全链条。在顶层设计时需要统筹考虑行业发展规划与"四水四定"方案之间的一致性，在出台配套政策时需要统筹考虑不同行业部门政策间的有机衔接，做到"规划目标不冲突、政策措施不打架"，强化水资源对国土空间开发保护、生产力布局、国家重大战略实施的支撑作用，最终实现生态效益、经济效益、社会效益相互促进的良性循环。

10.3.3 坚持节水优先，大力推动水资源节约集约利用

高质量发展要求深入转变发展方式，以效率变革、动力变革促进质量变革。"四水四定"的目标不是限制经济社会发展，而是以水资源承载能力为底线，倒逼经济社会由粗放型发展转向集约型发展，从低水平发展转向高质量发展。坚持"四水四定"，必须因地制宜，抓住本地区用水矛盾和节水潜力最突出行业，充分利用科技创新和制度创新，提高单方水利用效率，发展非常规水源，深度挖掘存量水利用潜力，以有限的水资源创造更大的经济社会高质量发展空间，实现资源约束与经济持续发展的辩证统一。

10.3.4 坚持"两手发力"，形成政府市场两方面合力

贯彻落实"四水四定"，不仅需要政府采取必要的强制性措施和

有效的激励性措施，更需要在政府引导下，各有关市场主体从主观意识到内生动力都能积极参与"四水四定"改革。在更好发挥政府作用方面，需要进一步完善包括水资源论证、用水定额管理、取用水信用评价及严重失信主体管理、水资源监控等用水管控制度，从外部加强用水监督管理。在充分发挥市场机制方面，需要进一步深化用水权改革、完善水价形成机制、创新水利投融资机制等，激励用水户或市场主体从内部形成节约用水和产业绿色转型升级的动力，从而推动经济社会实现高质量发展。

（本案例得到了宁夏回族自治区水利厅水资源处副处长陈丹、节约用水与城乡供水处三级调研员景清华、灌溉排水服务中心副主任王彦兵等领导和专家的大力支持，在此表示衷心感谢！）

11
山西灵石探索再生水水权交易

【编者导读】

推进用水权交易改革，是发挥市场机制作用促进水资源优化配置和节约集约安全利用的重要手段，也是强化水资源刚性约束的重要举措。山西省灵石县为破解贫水地区资源大县"无水可用"的发展困局，以改革为笔，大胆尝试、大胆实践，探索开展再生水水权有偿出让，创新实践再生水水权交易，实现了经济、社会、生态效益共赢，蹚出了一条可推广、可复制的再生水水权交易"灵石路径"。

学习践行新时代治水思路——两手发力

山西省晋中市灵石县地处黄土高原，煤长水短、水源匮乏。作为全省重要的能源化工基地，如何破解"无水可用"的发展困局，保障地方经济社会发展，成为灵石县亟待解决的一个难题。自2021年以来，灵石县锚定再生水"全收集、全处理、全利用、全交易"目标，以再生水水权交易这把钥匙，打破了制约经济社会发展的"水瓶颈"，每年再生水水权交易量达741万 m^3，带动工业产值增加约190亿元，为推动经济社会高质量发展提供了有力的水安全保障。

11.1 找准改革切口，破解经济社会发展"水瓶颈"

灵石县位于山西省中部，山地和丘陵面积占90%以上，受河川径流和降水量时空分布、流域下垫面和上游开发利用的影响，常规水资源严重匮乏，全县人均水资源占有量仅为321.9m^3，低于山西省（381m^3）、晋中市（367m^3）人均水资源占有量，不到全国人均占有水平（2100m^3）的1/6。特别是近年来，在水资源刚性约束日趋严格的背景下，灵石县水资源供需矛盾日益突出。"十四五"期间，晋中市下达灵石县用水控制指标5780万 m^3，其中地表水3015万 m^3（汾河流域1330万 m^3，其余为外调水源），地下水2250万 m^3。从取用水情况看，全县地表水取水已经接近饱和，地下水取水量约 1812 万 m^3，而灵石县位于岩溶泉郭庄泉域保护区范围内，地下水无法用于新增生产，导致短期内可供生产用的常规水源缺口不断增大。据统计，全县 600 余户工业企业年用水量已超过 1600 万 m^3，年取水量缺口达 2000 万 m^3 以上，水资源瓶颈已严重制约了山西省煤炭大县和重要能源化工基地灵石县的经济发展。

为切实解决全县工业企业用水难题，灵石县人民政府立足于本地无可利用常规水源、外调水尚未到位的实际，积极谋出路想思路，瞄准了以再生水为代表的非常规水资源。灵石县拥有 2 座城市污水处理厂和 10 座城镇污水处理厂，日处理能力 3.16 万 m^3，年稳定生产再生水 1026.6 万 m^3，这些再生水除了少量用于城镇绿化和城市洒水以外，80% 以上直接排入附近河流。结合全县 12 家污水处理厂再生水水量较大且供水稳定的实际情况，灵石县人民政府以用水权改革为牵引，将加大再生水利用作为破题的重要抓手，牢牢把握山西省推进"五水综改"、理顺水治理体制机制的改革窗口期❶，谋划将再生水纳入水资源统一配置之中，主动申请开展再生水水权改革交易试点。2021 年 7 月经晋中市水利部门批复同意，灵石县开启了全国再生水水权交易探索的先河。

11.2 规范改革举措，探明再生水水权交易路径

灵石县人民政府坚持"四水四定"，以黄河流域高质量转型发展

---

❶ 2021 年，山西省连续出台《中共山西省委办公厅山西省人民政府办公厅印发〈关于统筹推进"五水综改"的实施意见〉的通知》（晋办发〔2021〕30 号）和《山西省人民政府办公厅关于印发山西省"五水综改"总方案及子方案（2021—2025 年）的通知》（晋政办发〔2021〕100 号），统筹推进水源、水权、水利、水工、水务"五水综改"工作。

为目标，以严控区域用水总量为前提，在科学论证以市场机制盘活再生水资源的可行性的基础上，不断完善再生水水权交易机制，依托中国水权交易平台规范开展交易，推动了再生水从无偿取得、有偿使用向有偿取得、有偿使用转变。

11.2.1　明晰再生水水权出让机制

在晋中市委市政府和市级水利部门的大力支持下，灵石县大胆探索实现再生水的产权价值、经济价值、劳动价值和生态环境价值等。建立再生水水权制度，明确再生水水权归政府所有，由县级水利部门统一配置和管理；明确再生水水权交易证书可作为办理取水许可的审批依据；与省财政部门沟通，将再生水水权交易出让金作为政府非税收入收缴处理；主动沟通对接中国水权交易所，委托其编制了《晋中市灵石县再生水水权交易实施方案》（以下简称《方案》），并通过县政府常务会讨论批准实施。《方案》明确了由灵石县政府授权县水利局作为再生水使用权持有方，将再生水使用权交易给用水企业，企业缴纳出让金后取得完整用水权，出让金统筹用于再生水处理和回收利用。

11.2.2　规范再生水水权交易流程

为规范再生水使用权有偿出让流程，严格交易审查，晋中市委市政府委托中国水权交易所搭建了市、县两级水权交易系统。鉴于交易主体各方意向明确，为提升交易效率，管控交易风险，灵石县第一单再生水水权交易以协议转让的方式进行。2021年7月，作为再生水使用权受让方的山西宏源富康新能源有限公司等3家公司通过"灵石县水权交易系统"提交了为期 5 年的 720 万 m^3/a 的再生水水权交易申请，中国水权交易所联合灵石县水利部门对交易申请进行材料审查、风险防控审查、资金结算审查等全过程多级形式审核，审核通过后向交易双方颁发了交易鉴证书，首笔交易成交水量共 3600 万 m^3，交易单价为 0.35 元 /m^3，全国首例再生水水权交易在灵石县成功落地。在此基础上，灵石县又进行了两单再生水水权交易，解决了两家企业 21 万 m^3/a 的工业用水。

11.3 拓展改革思路，"两手发力"盘活再生水资源

再生水水权交易成功签约后，灵石县委县政府为进一步扩大改革给灵石经济社会带来的巨大红利，以企业为主导，加快完善再生水输配管网，挖掘非常规水资源利用潜力，充分发挥市场机制，激活用水权交易市场活力，"两手发力"进一步提升水资源节约集约安全保障水平。

11.3.1 配套完善再生水输配管网

为服务企业尽快投产达效，保障正常供水，灵石县委县政府授权灵石县保净污水处理有限公司集中运营管理再生水，并作为唯一的再生水销售企业，负责向受让企业供水。同时按照"供水管网全贯通、工业园区全覆盖"的要求建设供水管网，再生水管网工程由企业自筹资金建设完成，向中国农业发展银行申请贷款 1.83 亿元，建设完成后由企业独立运行。截至 2023 年 8 月，总投资 2.29 亿元，连接 12 座污水处理厂、覆盖 3 个工业园区、总里程 67.787km 的再

生水管网已基本建成，在购水企业项目建成前率先实现了供水保障，再生水成为稳定可靠的新水源，缓解了新上项目用水需求。交易完成后，全县每年再生水处理量超1000万m^3，已有741万m^3用于企业生产，其余部分将排入附近河道作为生态补水，再生水可利用空间逐渐缩小。为了进一步挖掘非常规水资源，灵石县人民政府锚定"全收集、全处理、全利用、全交易"目标，积极推进总投资2.1亿元两年三期的城市"雨污分流"建设工程和总投资1.6亿元、日处理能力1万m^3的两渡工业园污水处理厂（图1）建设，着力提升非常规水资源生产保障能力，扩大其利用规模。

图1 灵石县两渡产业园污水处理厂

11.3.2 激活用水权交易市场活力

为充分发挥市场机制在水资源配置中的决定作用，灵石县人民政府在有偿出让再生水水权的基础上，持续探索创新再生水水权交易模式，延伸改革链条。

（1）允许企业在购买的再生水指标有效期限内，通过技术改造或转型发展将结余指标转售给其他用水企业。中煤九鑫焦化有限责任公司已完成向灵石中煤化工有限责任公司转让 24 万 m^3/a 再生水水权的交易。

（2）积极争取上级支持，探索由政府有偿收储企业通过再生水替换的地下水指标或因节水改造节约的地下水指标，并交易给需要地下水的生产经营企业，提高水指标使用效率，最大限度激活水指标活力。

11.4 共享改革成果，实现企业、政府、社会共赢

11.4.1 助推工业企业降本增效

灵石县通过再生水水权交易，不但解决了区域内企业超指标用水和用水增量问题，还推动了企业内部污水处理的升级改造，推动企业节水增效。以第一批交易的企业为例，再生水以 2000m^3/d 供应量通过中水管道直达山西宏源富康新能源有限公司生产一线，这家年产能达 210 万 t 的焦化企业再也没有了用水的后顾之忧。为了更好地适应利用再生水的生产模式，该公司内部改扩建了再生水净化处理厂，引入了再生水循环利用系统（图 2），基本实现了零排放目标。同为第一批购买再生水的企业，中煤九鑫焦化有限责任公司过去长期使用地下水生产焦炭，新项目由于无水可用一度被搁置，现在 20km 的供水管网直通车间，以再生水代替地下水源后，关停了原有 8 口水井，淘汰落后产能并实施升级改造，每吨焦炭用水从

过去的 1.5t 减少到了现在的 1.13t，这家当地支柱企业重新焕发生机。经统计，第一次交易的三家企业通过技术升级改造、内部污水循环利用，与传统工艺相比每年可节约水资源超 360 万 m^3，按每吨污水处理成本 25 元计算，每年可节约成本约 7000 万元，实现了水资源节约集约利用的同时，显著提升了企业的经济效益。

图 2　宏源富康新能源有限责任公司利用再生水生产工艺

11.4.2　实现政府资金良性循环

在推动再生水水权交易前，灵石县每年需投入 3800 万元进行污水处理，处理后的再生水 80% 排入了附近河流。通过再生水水权有偿出让，撬动企业自筹资金 2.29 亿元投入再生水输配管网建设并负责管网运行管理，在不增加政府投入的前提下，充分挖潜了再生水利用潜力，切实弥补了每年 740 万 m^3 的工业用水缺口，解决了亟待上马的 5 个项目"无水可用"的困境，还带动增加工业产值约

190 亿元，实现利税 14.2 亿元。此外，政府通过再生水水权有偿出让，获得每年约 260 万元出让金，用于反哺污水处理和再生水回用管道建设补贴，形成政府资金投入运行良性机制。

11.4.3　向社会释放生态红利

随着再生水由原来的收集、处理、排放，到现在的全收集、全处理、全利用、全交易，灵石县加快了对居民生活污水的全链条全封闭处理，形成了生活污水处理利用良性循环，再生水的充分利用也进一步减少了汾河流域的淡水取用，预计每年节约淡水资源超过 1000 万 m^3，对县域内的水生态平衡起到了良好的恢复和保护作用，在缓解了水资源供需矛盾的同时，形成了污染治理、循环利用、生态保护有机结合的综合治理模式，水量丰、水质好、风光美的汾河持续泽润一方、利惠群众。

（本案例得到了山西省晋中市水利发展中心河湖长制事务服务部部长刘健，灵石县水利局局长李金虎、副局长贺瑞雄等领导和专家的大力支持，在此表示衷心感谢！）

专题 4　水生态产品价值实现

12
浙江安吉水土保持生态产品价值转化交易

【编者导读】

　　浙江省安吉县是"绿水青山就是金山银山"理念诞生地。2005年8月15日，习近平总书记在安吉县余村首次提出了"绿水青山就是金山银山"的科学论断。多年来，安吉县以此为引领，统筹推进山水林田湖草系统治理，积极探索"绿水青山就是金山银山"转化的路径。2024年3月20日，全国首单水土保持生态产品价值转化交易在浙江省安吉县落地签约，标志着水土保持生态产品价值转化实践实现零的突破，是建立健全水生态产品价值实现机制、推动水土保持高质量发展和建设美丽中国的生动实践。

学习践行新时代治水思路——两手发力

    2024年3月20日，全国首单水土保持生态产品价值转化交易在浙江省安吉县落地签约（图1），以3328万元价格转让石门坑生态清洁小流域河坞区块水土保持生态旅游资源6年经营权。这一交易，标志着水土保持生态产品价值转化实践实现零的突破，对坚持"两手发力"，进一步拓宽社会资本参与水土流失治理渠道，探索水土保持生态产品价值实现路径，促进乡村振兴具有重要示范意义。

图1　全国首单水土保持生态产品价值转化交易签约仪式

12.1 基本概况

安吉县石门坑小流域面积57km²，2012年以来累计投入水土保持资金4880万元，实施了竹林抚育、坡耕地整治、坡面水系治理、水生态修复、农村人居环境改善等综合治理措施，取得显著成效，呈现山青、水净、村美、宜居的良好生态环境。2023年，浙江省水利厅依据《生态清洁小流域建设技术规范》（SL/T 534—2023）评定其为生态清洁小流域，流域现状如图2所示。

图2　黄浦江源石门坑生态清洁小流域现状

此次交易的石门坑生态清洁小流域水土保持生态产品，以6年旅游资源经营权形式拍卖，出让方为安吉县水利投资发展有限公司和章村镇人民政府，受让方为浙江绿郡龙山源旅游发展有限公司。

交易收益全部用于水土保持和流域内村民共富创收，其中2428万元用于安吉县水土流失综合防治，600万元用于小流域内村庄基础设施改善提升，300万元用于村民分红，人均分红1600元。

12.2 主要经验做法

12.2.1 强化水土保持治理，为水土保持生态产品转化提供物质基础

自2012年以来，安吉县水利部门以小流域为实施单元，按照"集中连片、规模治理"的方式持续开展水土流失系统治理，先后实施了水土保持林建设、坡面截排水设施、封育治理、小流域整治、截污纳管、农村人居环境改善等综合治理项目，累计投资4880万元，取得了显著成效。县域内小流域水土保持率持续提升，2022年为94.22%，2023年达到97.67%，远高于浙江省平均水平。经过治理后的石门坑小流域生态环境得到明显提升，水源得到了涵养，水质明显改善，2023年被认定为生态清洁小流域。小流域内的中潭溪河道水质由Ⅱ类提升为Ⅰ类，河道水量充沛，两岸环境优美，为开展水土保持生态产品价值转化提供了物质基础。

12.2.2 开展水土保持生态产品价值核算，摸清水土保持生态产品价值底数

为摸清水土保持生态产品价值底数，浙江省水利厅组织力量初步探讨了水土保持生态产品价值内涵及核算指标体系，并根据国家及浙江省生态产品价值核算、水土保持综合效益计算等相关技术标准，按3类10项产品和服务，对安吉县水土保持生态产品价值进

行了核算。一方面可以从更为直观的经济价值角度掌握该地区水土保持生态产品价值规模，另一方面为谋划水土保持生态产品价值转化路径和项目奠定理论基础。经初步测算，安吉县通过多年来持续实施水土流失综合防治，38条小流域水土保持生态产品总价值约为33.2亿元，其中，石门坑生态清洁小流域水土保持生态产品价值为1.03亿元，其旅游康养服务价值约为每年800万元。

12.2.3　因地制宜谋划项目融合，创新水土保持生态产品价值转化路径

安吉县为推进水土保持生态产品转化，对区域内与小流域生态产品或生态环境相关的开发项目进行了调研，最终以石门坑生态清洁小流域为试点，从一系列文旅康养项目中选择了既符合当地资源环境特点，又能够充分体现水土保持工程成效的漂流项目进行融合，将石门坑生态清洁小流域治理后，由充沛的水量、清洁的水质以及优美的周边环境所形成的水土保持生态旅游价值，与基础设施建设相结合，最终以文旅项目经营权转让方式实现水土保持生态旅游服务价值。

12.2.4　建立价值转化反哺机制，提升水土保持生态产品供给内生动力

此次浙江水土保持生态产品转化与一般意义上的文旅项目开发最主要的区别，除依托水土保持治理项目获得生态系统价值提升外，更重要的是建立了水土保持生态产品价值转化反哺机制，真正实现了社会资本参与水土保持治理、水土保持为社会提供更多生态产品与服务的良性循环。该项目此次交易额为3328万元，安吉县水利投资发展有限公司、安吉县章村镇人民政府设立水土保持生态产品交易专项账户，交易资金专项用于水土保持功能巩固提升和流域内村民共富。

12.2.5　及时出台配套政策文件，为水土保持生态产品价值转化提供制度保障

为规范水土保持生态产品价值转化，浙江及时制定并出台了相关配套政策，为加快推动水土保持生态产品价值实现提供制度保障。2024年3月14日，浙江省水利厅印发了《关于公布水土保持生态产品价值转化第一批试点县名单的通知》，选取安吉、新昌、临安、海宁、乐清、磐安、衢江7个县（市、区）作为水土保持生态产品价值转化第一批试点县，要求因地制宜开展转化探索。3月18日，浙江省水利厅、发展改革委、财政厅、生态环境厅联合印发了《关于加快推进水土保持生态产品价值实现的意见》，明确提出2027年浙江水土保持产品价值实现目标，并从加强水土流失预防治理、推进共富小流域建设、开展水土保持生态产品摸底调查等方面提出13项重点任务，成为推动浙江省水土保持生态产品价值转化的重要支撑。

12.3　启示和建议

12.3.1　加快建立健全配套制度

对标《关于建立健全生态产品价值实现机制的意见》《关于加强新时代水土保持工作的意见》，加快出台配套政策，建立健全水土保持生态产品价值实现制度体系。加快出台国家层面推动水土保持生态产品价值实现的政策文件，规范水土保持生态产品价值转化流程，明确水土保持生态产品价值转化关键制度要求，为在全国层面推动水土保持生态产品价值实现提供政策依据。同时，从产权明晰、生态产品调查监测、价值评价、经营开发、生态补偿、交易制度、经费利用等方面完善水土保持生态产品价值实现的配套政策，强化生态产品价值实现的制度支撑。

12.3.2 强化项目跟踪评估和监督管理

开展水土保持生态产品价值转化需要强化全过程监督。在项目实施前，需要重点关注项目风险评估、经营主体信用等；项目转化过程中，需要明确相关利益主体的责权利，建立清晰明确的反哺机制；项目实施后，需要建立定期跟踪与评估机制，建立健全评价体系，对水土保持生态产品价值转换项目建设质量、合同执行情况、绩效、生产或经营安全、第三方影响等进行综合评价，根据评价结果，对相关主体进行适当激励和惩戒，并及时总结项目建设经验，为进一步完善水土保持生态产品机制转化制度建设提供依据。

12.3.3 建立水土保持生态产品核查和监测机制

摸清水土保持生态产品价值底数并及时掌握其动态变化是水土保持生态产品价值实现的基础。一方面要建立水土保持生态产品本底核查机制，摸清各类水土保持生态产品数量分布、质量等级、功能特点、权益归属、保护和开发利用等底数，形成水土保持生态产品清单；另一方面要建立水土保持生态产品动态监测机制，将新增水土保持项目与水土保持生态产品价值核算结合起来，及时跟踪掌握水土保持生态产品价值动态变化，定期更新水土保持生态产品清单。

12.3.4　进一步加强关键问题研究

目前，水土保持生态产品价值转化尚处于起步阶段，需要对水土保持生态产品内涵、分类体系、价值量核算、转换路径、权益归属、反哺机制等方面的重大问题和关键技术开展研究和攻关，进一步研究提出水土保持生态产品价值核算指标体系和模型方法，制定相关技术标准，为加快推动水土保持领域生态产品价值实现提供理论基础和技术支撑。

（本案例得到了浙江省农村水利水电与水土保持处副处长尹吉国，安吉县水利局党委书记、局长柳初晓等领导和专家的大力支持，在此表示衷心感谢！）

13
福建永春探索山区县乡村幸福河湖生态价值转化路径

【编者导读】

"水美乡村美，幸福活水来。"在水美乡村助力幸福河湖建设实践中，福建省永春县坚持"以景引资、合作反哺、产业驱动"的思路，努力打造底色足、本色好、成色亮的乡村河湖水系，夯实生态资源禀赋基础，推动建立以水资源开发利用保护为导向的区域综合发展模式，写好"水文章"，打好"生态牌"，支撑并推动形成富有永春特色的水生态产业体系，走出了一条具有永春特色的共建共管、多元融合、水美业兴、以水富民的幸福河湖建设之路。

学习践行新时代治水思路——两手发力

福建省永春县作为2022—2023年水系连通及水美乡村建设试点县、国家生态文明建设示范县、全国"绿水青山就是金山银山"实践创新基地，深入贯彻习近平生态文明思想，积极践行习近平总书记"节水优先、空间均衡、系统治理、两手发力"治水思路，以水美乡村建设为抓手，充分挖掘水系特色、村庄特色，投入资金4.49亿元，实施子项目38个，覆盖实施水系连通、清淤疏浚、水源涵养、景观提升、产业发展等措施，因地制宜探索山区县、乡、村幸福河湖生态价值转化路径，打造"以水兴业、兴水惠民"的"永春模式"，实现生态效益、经济效益、社会效益、文化效益的多元统一。

13.1 以景引资，擦亮幸福河湖底色

永春县坚持"两手发力"，以水系治理项目为抓手，探索创新投融资形式，打造政府、企业、金融机构多方参与的治理模式，为水美乡村及幸福河湖建设注入强劲动力。

13.1.1 以建聚资

永青县以治水为平台，由政府主导水美乡村项目建设，充分发

挥中央财政资金的撬动作用，吸引一般债券资金 0.2448 亿元，地方财政资金 1.5652 亿元，生态环境、住房和城乡建设、林业、农业等部门资金 1.48 亿元，做大项目盘子，全县统筹推动水系治理；同时，实行"以内带外"引资办法，由政府内部资金主导建设，再以项目建设为募集点，向民众、社会、企业各方力量多渠道筹集资金，打造"建设—募资—再建设"的资金良性循环模式，建立重大项目多方发力、多家参与、多向融资的良好格局。在桃溪沿岸花石村，政府以抵押贷款、PPP、政府发债等形式广泛募集社会资金开展水美项目建设，再以水系治理带动沿溪土地升值和开发利用，引导沿溪农民以土地入股、经营旅游业态，吸收民间资本投资，累计募集到社会资金 1.62 亿元，实现了财政资金"四两拨千斤"的效果，有力保障了项目建设。

13.1.2 借鸡孵蛋

在水美乡村建设过程中，积极借鉴 PPP、EPC、BOD 等建设模式，实行"增资扩股"引资办法，即将整体项目建后成果作为一个生态产品，先期组建国有桃溪水利发展有限责任公司负责水美乡村项目建设，再通过"定点招商、敲门招商"的方式，以入股、组建合股公司等模式吸引社会资本、国有大型企业等共同开发。之后再以水美乡村建设后的生态增值，提高整体生态产品价值，实现社会资本增资扩股，既发挥了专项资金和债券资金的撬动作用，又通过控股参股、注资融资等方式拓宽了社会资本方参与的渠道。桃溪水利发展有限责任公司组建后，成功与大型国企泉州水务集团组建合资公司，吸引资金 13.36 亿元投入到水系治理项目中。

13.1.3 筑巢引凤

推行"以项目招引项目"的引资办法,将水美乡村建后形成的景点、产业带纳入全域招商项目库,通过招引一批战略性、基础性、带动性强的项目,推行市场化经营、企业化运作,实现相互助力。在外山乡美塝溪,通过水美乡村建设对溪流实施全面治理提升,并与周边云河谷国家水利风景区、水氧馆等水生态景观节点串点连线,以高颜值、高品质体验为核心吸引力,对沿线可供开发的节点、土地、沿溪滩涂等进行评估,打包生成招商引资项目,由乡镇人民政府及所在村庄作为出包方,以出让或租借沿河部分景观节点或周边土地形式,出包给社会资本进行独立开发、独立经营,成功吸引晋江豪庭康养集团投资 1.5 亿元,在溪流上部打造了豪庭生态康养项目,提升了乡村水系治理内涵品味的同时,达到了"以景引资,以水生财"的效果。

13.2 合作反哺,永葆幸福河湖本色

永春县坚持共建共治共享,聚焦乡村水系治理后管护不到位的问题,积极探索科学合理的合作反哺机制,向市场借力、向社会借力,创新管护模式,持续维护水美成效。

13.2.1 市场合作反哺

充分发挥市场机制作用,探索以水生态产品产出效益为管护资本的模式,建立合作共管机制,形成可持续的工程项目建后模式,补齐乡村水利基础设施管护短板。在桃城镇南星村,通过实施水美

乡村项目，打造碧水绕村、岸绿景美的亲水景点，以建设后的基础性设施及生态环境入股以及沿河民宿租借等方式，成功招引南星谷乡村旅游有限公司承包运营，打造旅游网红点，每天游客最多可达2万人次，创收达上百万元；公司每年支付10万元承包费给村委会，用于水美乡村建后管护、村集体经济发展。在岵山镇铺下村，通过引水入田、入园，成功打造福建海峡花卉产业园，配套建设智能温室大棚4.5万 m^2，成功引进21家企业入驻，从中抽取部分土地租赁费用，用于水美乡村建设后的沿岸基础设施及环境管养，并根据发展需求进行妥善的提级改造，开创了水系治理共管共治的良好局面。

13.2.2 促进社会共治

习近平总书记亲自谋划、亲自部署、亲自推动在全国全面推行河湖长制，为维护河湖健康生命、实现河湖功能永续利用提供了制度保障。为落实党中央决策部署，永春县以河湖长制为抓手，在全国首创河长制电视云平台，将河流监控、水质情况等接入电视，让群众在家即可"一键点播"参与河流监管。全省首创"河长制110"指挥中心，开通微信随手拍及举报热线，组建24h在线的专业受理团队，对公众举报问题快速反映、精准派单、及时反馈，提高群众参与满意度、积极性。同时，因地制宜组建乡愁河长（图1）、老人河长（图2）、巾帼河长等民间河长队伍73支约5000人，不断充实社会参与力量，推动"全民共管"。同时，积极开展"小河长爱水护水"实践课堂活动（图3）。

学习践行新时代治水思路——两手发力

图1 泉州市"乡愁河长"启动仪式

图2 永春县蓬壶镇老人河长参与巡河护河

13 福建永春探索山区县乡村幸福河湖生态价值转化路径

图 3 永春县桃城中心小学"小河长爱水护水"实践课堂

13.2.3 借力使力共护

永春县按照"需求牵引、应用至上、数字赋能、提升能力"要求，加快构建具有预报、预警、预演、预案功能的数字孪生河湖，引入永春生态文明研究院、"绿家园"环境友好中心等社会组织，开展水环境治理、水生态修复、水生物多样性保护等方面的长期合作，为水环境质量管理提供专业的监测、研判服务；借力物联网、5G、三维建模等先进技术，构建三维高清"数字河流"，实现在线"一屏管水"，启用无人机自动巡航服务定期开展河道全覆盖巡查（图4），开发水质在线监测系统，定期对干支流、乡镇交界断面水质数据自动汇总分析，为水污染问题研判处理提供科学的数据支撑。同时，每年县财政统筹各级各部门资金584万元作为河道管护专项经费，聘请第三

305

方专业团队，对重点河段进行24h精细化保洁，进一步提升日常管护能力（图5），推动河湖管理走向专业化、智能化、现代化。

图4　借助无人机自动巡航服务开展河道巡查

图5　借助第三方专业保洁队伍对城区河面进行常态保洁

13.3 产业驱动，提增幸福河湖成色

永春县坚持以水兴业，以激活水产业为目标，做好水美乡村与乡村振兴结合文章，积极培育优质生态产品，探索发展优质水产业、水业态，实现生态资源增值，拓宽"绿水青山就是金山银山"转化路径，让河湖活起来、让乡村富起来。

13.3.1 以水带农促升级

永春县结合沿河乡村农田、果园、茶园等农业资源，通过改善河道水系及山塘生态系统，新建3.6km引水渠道、8座拦水坝、蓄水坝等，全面打通乡村干流沟渠，实现43座水库、4条主要河流、24条骨干支流、108条支渠及田间渠彼此相连、相互贯通，构建了"主流干流全网连通"的水系布局，打通流域屏障壁垒，疏通水系"气脉"（图6），促进乡村农业转型升级。在桃城镇上沙岭，通过实施水系连通工程，打通上下游水系补给功能，为当地引进的30多种国内外特色水果种植夯实了"水保障"基础，成功吸引生物科技企业入驻，加快农业企业升级扩产，让上沙村花果世界成为当地的农业支柱产业，年创收超200万元。

图6　湖洋镇金斗洋山塘疏通升级

13.3.2 水旅融合增收入

永春县在县域层面将水美乡村纳入全域旅游规划，充分挖掘"水文融合、水旅融合"的可行性，推出水研学、水游乐、水康养等精品旅游项目9个，打造"乡愁水浓、海丝水脉、生态水美"等精品旅游路线6条，形成长安村环湖生态圈（图7）、北溪桃花文化谷（图8）、埔头水上乐园、石鼓田园湿地公园等17个水美旅游点，累计覆盖10个乡村振兴示范村、15个脱贫村，先后带动了650余人就业，村集体经济年收入由2021年的4万余元提升至2022年的15万元以上。在东关镇外碧村，通过水系治理打造了碧溪风情、海丝古渡等特色水美节点（图9），开发了碧溪乐游、海丝寻梦等精品水研学旅游项目，累计接待研学团队近900个5万多人次，游客10余万人次，为乡村带来了旅游人气，形成了旅游爆点。2022年，全县涉水特色产业吸引游客超65万人次，带动投资消费2.3亿元，成为了新的县域经济增长点。河流变成了造福人民的活力水、幸福水。

图7　桃城镇长安村环湖生态圈

图8　岵山镇北溪桃花谷

图9　东关镇外碧村水美节点

"水美乡村美，幸福活水来。"在水美乡村助力幸福河湖建设实践中，永春县始终坚持"以景引资、合作反哺、产业驱动"的思路，努力打造底色足、本色好、成色亮的乡村河湖水系，夯实生态资源禀赋基础，推动建立以水安全保障为导向的综合发展模式（WOD），写好"水文章"，打好"生态牌"，支撑并推动形成富有永春特色的水生态产业体系，走出了一条具有永春特色的共建共管、多元融合、水美业兴、以水富民的幸福河湖建设之路。

（本案例得到了福建省永春县水利局副局长颜华南、四级主任科员郑舒婷、水政大队大队长刘伟鹏等领导和专家的大力支持，在此表示衷心感谢！）

14

浙江青山村运用"水基金"打通水生态产品价值实现市场化路径

【编者导读】

加快完善政府主导、企业和社会各界参与、市场化运作、可持续的生态产品价值实现路径,是建立健全生态产品价值实现机制的前进方向。位于浙江省杭州市余杭区黄湖镇的青山村,自2014年起依托龙坞水库水源地保护项目,运用市场化运作的"水基金"模式,探索出一条水生态产品价值实现的市场化路径。青山村通过政府、企业、公益组织、金融机构及新老村民的协同治理,不仅恢复了水库周边的生态环境,实现了水质从劣Ⅴ类到Ⅰ类的跃升,还推动了乡村产业的绿色转型,打造了"未来乡村"样板,实现了生态、经济与社会效益的有机统一。

14 浙江青山村运用"水基金"打通水生态产品价值实现市场化路径

走进浙江省杭州市余杭区黄湖镇青山村，就会听到"一滴水的故事"。自 2014 年起，青山村以龙坞水库水源地保护为契机，运用公益性质的"水基金"，吸引多方共同参与，用"一滴水"让无名山村活起来、火起来，打造了"未来乡村"样板，探索出一条水生态产品价值实现的市场化路径。

14.1 基本情况

青山村距离杭州市中心 42km，三面环山、气候宜人，森林覆盖率接近 80%。全村户籍人口 2600 余人，常住人口 1000 人左右。龙坞水库始建于 1971 年，是一个库容为 37.7 万 m^3 的小（2）型水库，为青山村和附近村庄共计 4000 余人提供饮用水源。早年间，村民主要依托周边丰富的毛竹资源发展毛竹种植和加工业，水库上游 2600 亩的汇水区内毛竹种植面积达 1600 亩。为增加产量和收入，使用了大量的化肥和除草剂，出现水库氮磷超标等问题，水库水质一度达到劣 V 类，严重影响饮水安全。

2014 年，在当地政府支持下，国际自然保护公益组织大自然保护协会，选取青山村龙坞水库作为在中国的第一个水源地保护项目，联合国内公益组织和金融机构运用"水基金"模式筹集项目资金，通过林权流转和自然恢复的方式解决了水源地面源污染问题。同时，通过谋划新业态、创建好环境，吸引了各类企业入驻、新老村民共同参与，构建了市场化的水生态产品价值实现机制，形成了水生态环境改善、水资源保护意识提高、产业蓬勃兴旺、文化特色独具的绿色发展模式。

14.2 具体做法

项目以龙坞水库水质提升为目标，以"水基金"为抓手，汇集政府、企业、公益组织、金融机构和当地村民各方力量，在生态、人才、文化、产业、组织等方面全面发力，多措并举。2018年，龙坞水库的水质提升到了国家Ⅰ类水质标准，成为杭州50km范围内水质最好的水源地之一。"一滴水"的生态产品价值一步步为小山村注入了活力，带来了人气，带来了财气。

14.2.1 联合组建善水基金

（1）建立善水基金。大自然保护协会联合阿里巴巴公益基金会、万向信托股份公司等合作伙伴，运用已在国际30多处成功实践的"水基金"模式，以万向信托大自然保护公益信托捐赠的33万元作为启动资金，组建善水基金信托，加上大自然保护协会的人员经费、阿里巴巴公益基金会提供的补助等，基金总规模约100万元。当地村民作为投资人，将林地承包经营权以财产权信托的方式委托给善水基金集中管理。其他机构、企业或公众个人也可以通过投资或者捐赠的形式参与信托。

14 浙江青山村运用"水基金"打通水生态产品价值实现市场化路径

（2）成立决策委员会。善水基金的决策委员会由上述委托人代表、大自然保护协会和受托人代表（万向信托）组成，各方对资金使用等重大决策拥有平等的投票权，同时大自然保护协会作为科学顾问拥有一票否决权。

（3）完善市场运作机制。善水基金建立了自我"造血"机制，成立了晴山公司，以青山自然学校作为对外运营平台，从事产业开发和市场运营，收益主要用于反哺基金，包括支付信托的日常运营费用、村民林地承包经营权的生态补偿金、信托基金分红和水源地日常保护等公益事业支出。2021年，基金又建立了外部"输血"机制，黄湖镇人民政府组织发起的"自然好邻居"计划以及余杭水务集团作为水源地治理的受益者，分别以生态产业经营和供水收入为来源，为基金注入生态补偿资金和捐赠资金，形成了上下游协作、"受益者付费"的市场机制。

善水基金运作机制如图1所示。

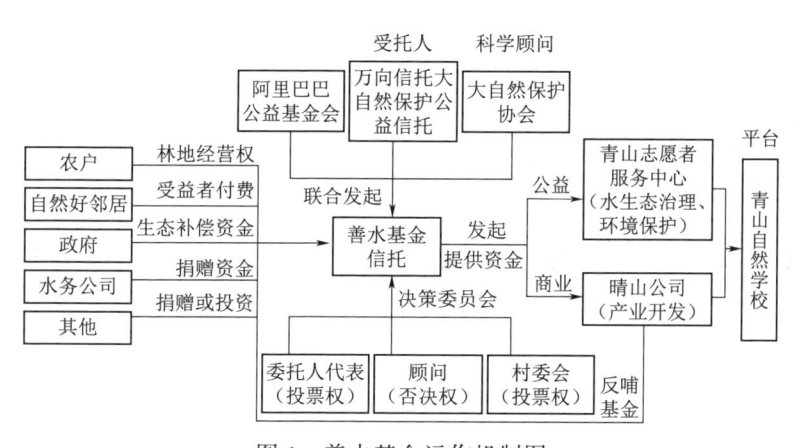

图1 善水基金运作机制图

313

14.2.2　治理保护生态环境

（1）采取基于自然的解决方案恢复水质。在当地政府和村集体的支持下，善水基金按规定流转了水源地汇水区内化肥和农药施用最为集中、对水质影响最大的43户村民的500亩毛竹林地，基本实现了对水库周边全部施肥林地的集中管理，不再使用杀虫剂、除草剂，每年定期组织志愿者和聘用村民对毛竹林进行人工除草和林下植被恢复，发挥竹林的水源涵养功能，有效控制了面源污染。治理后的龙坞水库清澈如许，如图2所示。

（2）宣传引导树立绿色生产生活理念。善水基金发起成立了青山志愿者服务中心，联合杭州等地企业开展环境宣传教育，邀请外部合作机构开展垃圾分类、厨余堆肥等活动，培养更为环保的生活方式。实行绿色积分制度，鼓励村民在经营中不使用一次性用品、不私搭乱建违章建筑等，推动形成尊重自然、保护自然的生产经营方式。

图2　治理后的龙坞水库

14 浙江青山村运用"水基金"打通水生态产品价值实现市场化路径

14.2.3 吸引人才填补"空心"

（1）科学团队开拓创新。大自然保护协会派员作为科学顾问和生态总监常驻青山村，深入了解当地的自然禀赋、风土人情和水生态保护的症结点，因地制宜开展项目设计、执行和管理。毕业于中国科学院大学的动物学博士从最初的志愿者，变身为青山自然学校联合创始人和主理人，全职从事自然教育课程开发和培训。

（2）设计团队添砖加瓦。拥有多名国内外专业设计师的工作室受邀入驻青山村，打造了融设计图书馆，并承担青山村美学总监职责，为乡村注入了别样的美学元素，吸引更多村民关注。

（3）运营团队保驾护航。在政府的组织下，当地国企于2020年和青山村集体合作社共同成立绿水公司，2023年改为与5家村集体共同成立和美公司，作为青山村的产业运营主体，聘请了职业经理人，在乡村整体规划、项目招投、资金支持、人才支持和管理专业性等方面发挥了重要作用。

14.2.4 乡土文化焕发生机

（1）原汁原味保留乡村风貌。青山自然学校由村里的废弃小学改造而成，运用的是最传统的夯土材料。融设计图书馆由旧礼堂改建，施工时不但请到了当年建造礼堂的木工村民，而且外墙上的老标语都得以完整保留。村里的游客中心是用竹木材质建造的，青年共创空间由废弃水厂翻新而来，处处体现"修旧如旧"的理念。青山村自然学校院落和教室如图3和图4所示。

（2）传承发扬传统工艺。设计团队成立国内第一个传统手工艺解构研究机构，将当地传统的手工竹编技艺提升为金属编织技艺，并免费教授给村民,引导村民接受美学教育、参与艺术创作。村民们编织的"水源保护"等主题的手工艺品在"中国文化展""米兰设计周"等国内外展览展出。

图 3　青山村自然学校院落

14 浙江青山村运用"水基金"打通水生态产品价值实现市场化路径

图 4　青山村自然学校教室

14.2.5　绿色产业创新发展

（1）传统产业转型升级。运营团队积极扩展春笋等各类生态农产品的销售渠道。青山村的竹笋在停止使用农药后，虽然产量下降了 20%~30%，但市场价格大幅提高。目前，产品已销往上海、杭州等地的食堂和餐厅，并建立了长期合作关系。

（2）多业态齐头并进。除了科学团队开发的生态体验与自然教育课程（图 5）、设计团队打造的艺术展示和手工艺创意工坊之外，越来越多的商业形态加入青山村，有主打水上运动和越野障碍赛的"麦芒体育"、艺术装置咖啡/酒吧"平行宇宙"、小而美的疗愈中心"飨食自然疗愈"等，自然保护、文化创意和生态旅游等产业蓬勃发展。

（3）创新可持续的运营模式。黄湖镇人民政府在大自然保护协会的倡导下，组织推广"自然好邻居"计划，鼓励村民采用"近自然"的方式，为来访者提供绿色农家饭和民宿服务等，降低对自然的影响；对加入"自然好邻居"的农户，提供技能培训、经营指导等帮助，在旅游客源导流、物质奖励、优先开展业务合作等方面进行倾斜；加入计划的农户按每笔收入的10%计算生态补偿资金，由黄湖镇政府代为注入善水基金，形成"受益者付费"的市场机制。

图 5　游客参与生态体验与自然教育课程

14.2.6　党建引领基层民主

（1）搭建党建联盟平台。青山村的蜕变得力于公益组织的进驻和推动，但并不意味着政府的缺位。在项目实施过程中，黄湖镇政府还以"服务企业、服务群众、服务基层"为宗旨，成立了由多家单位组成的"未来乡村"党建联盟，采用"组织联建、阵地联线、经验联学、活动联办"的工作机制，整合党建资源和社会资源，支持青山村发展。党建平台为青山村配置了共享单车,引进了六善酒店、阿里巴巴文创等项目,推进了村内农文旅产业集聚融合发展。

（2）推行民主协商共治。在余杭区委统战部的主导下,青山村成立了杭州市首个以村为基础的新社会阶层人士联谊会分会"青山同心荟",逐步形成"党建引领、依规治理、居民自治"的组织体系,实行民主协商、民主决策、民主监督。青山村党委每月组织召开民主议事会,村干部和新老村民就关心的议题进行协商,必要时余杭区、黄湖镇政府相关部门也参会讨论。议事会坚持"议必有结果"的原则,通过"村民义务日"、党建联盟等多种方式分解落实责任,推进相关决议执行。

14.3 主要成效

青山村"因水而聚,因人而兴",2019 年被余杭区正式确定为"未来乡村实验区",2021 年入选自然资源部第三批生态产品价值实现典型案例,2023 年入选浙江省"艺术乡建"典型案例。慕名而来的人越来越多,环境美丽宜居、产业兴旺发达、社会繁荣兴盛的乡村新图景越描越美。

14.3.1 生态绿意盎然

通过水源地保护和系统治理,青山村及龙坞水库的水质逐步提升,总磷与溶解氧指标由 2014 年的Ⅲ类或Ⅳ类甚至劣Ⅴ类,提升并稳定在Ⅰ类水质标准,如今的龙坞水库就像一颗晶莹剔透的蓝宝石点缀着"青山之冠"。水库周边已划定 1.9km² 的生态保护红线,逐渐成为"动物天堂",目前已记录到包括白鹇、猪獾、小麂在内的9种哺乳动物和13种鸟类。当地村民生态环境保护意识明显提高,成为了生态环境改善的坚定支持者、忠实践行者和最终受益者,并主动向社会公众宣传倡导水源地保护理念,青山村也成为远近闻名的"自然生态打卡地"。

14.3.2 经济红红火火

善水基金运营的直接收入超过100万元,逐渐做到了财务独立、自主运转,为水源地保护项目提供了可持续的资金支持。将林地流转给善水基金的村民,每年平均可以获得172元/亩的补偿金,相比个人自营时的收入提高了20%,还可在信托结束后按照份额参与分红。参与融设计图书馆手工艺创作的村民,每人每月增收近3000元。随着生态环境的改善、各类产业的丰富,青山村年接待访客逾4万人次,超过70户农户加入了"自然好邻居"计划,每年每户增收1万元以上,带动就业超过200人。村集体年收入从2015年的30余万元增至2023年的210余万元,2020—2023年年均增长超40%;村民人均年收入从2015年的不足3万元增至2023年的5.4万元,2020—2023年年均涨幅约8%。不菲的经济效益不仅进一步激发了村民的生态保护主体意识,也为自然保护和乡村发展提供了可持续的内生动力。

14.3.3 社会欣欣向荣

青山村作为自然生态保护基地的社会吸引力不断提升,成为阿里巴巴公益基金会等企业的公众自然教育基地和生态团建基地,每

14 浙江青山村运用"水基金"打通水生态产品价值实现市场化路径

年组织超 200 次自然体验和志愿者活动,超过 2000 名志愿者参与公益活动和志愿服务。青山村作为"乡野乌托邦"名声在外,目前已吸引了超 40 名来自全国乃至世界各地的设计师、环境保护教育工作者等来此定居,有超 20 名本地青年村民相继回乡创业、工作,为乡村振兴注入了源源不断的活力。同时,在杭州市、余杭区政府的支持下,更多改革举措在青山村落地。未来乡村"善美青山"社区基金会正式成立,为共同富裕与数字化改革双向赋能。

14.4 启示与建议

青山村"水基金"是政府和市场"两手发力"、建立健全水生态产品价值实现机制的生动实践。

14.4.1 转变政府思路,"两手发力"

大自然保护协会曾经在许多地方选择开展"水基金"项目,但大多数都因为政府"过度包办"而没能落地。青山村的善水基金能够成为中国第一个"水基金"项目,得力于余杭区、黄湖镇两级政府的认可和支持。项目在青山村落地后,当地政府率先转变思路,尊重项目运作理念和方式,主要起到林地流转的协调作用,其他方面则没有过多干预。随着基金的市场化机制逐步建立,"未来乡村"初具规模,政府也给予了更多的引导和扶持,对青山村及周边村镇后续发展进行总体规划,提供一定生态补偿资金,开展交通等基础设施建设,成立运营公司对村中产业进行系统化管理,搭建民主协商平台等。推动新阶段水利高质量发展,要强化"两手发力",政府通过顶层设计，优化服务供给，畅通群众参与渠道，加强事中事后监管，引导建立公平开放的市场体系，更好激发各类主体参与治水管水的积极性，形成治水合力。

14.4.2 激发企业责任，合作创新

善水基金支持的水源地保护属于水利项目，而其发起方大自然保护协会、阿里巴巴公益基金会和万向信托却并不是传统的"水利人"。大自然保护协会沿用同一模式在浙江省淳安县实施的千岛湖水基金项目，更是吸引了星巴克、可口可乐等非国有企业的参与，共同开展面源污染和水土流失防治等。这些看似与水利无关的企业投资水利项目，是出于履行社会责任的目的。在应对气候变化、实施"双碳"战略的大背景下，很多企业都成立了支持绿色发展的公益基金会，但目前用于水利的资金屈指可数。因此，要"跳出水利看水利"，学习借鉴大自然保护协会等公益组织在环保、林业等方面好的经验模式；打破"利润低无法吸引社会资本"的惯性思维，从环境、社会和公司治理（Environmental Social Governance，ESG）角度切入，把握水利公益性与企业社会责任履行的契合点，倡导绿色投资、责任投资；抓住绿色金融发展机遇，鼓励金融机构创新面向水利的金融产品和服务。

14.4.3 打通转化路径，授之以渔

善水基金从纯公益的角度出发，以捐赠资金启动水源地保护项目，虽不以盈利为目的，但在多年的实践中"无心插柳"。在持续做好水源地治理的同时，通过宣传生态保护理念，引入艺术美学元素，

促使各种业态和运作模式不断"上新",逐步形成了"水基金支持水利—带来水生态改善—催化美丽水经济—收益反哺水基金"的市场机制,实现了长效可持续运转。如果没有这个机制,水源地保护工作很可能在最初的捐赠资金用完后便前功尽弃。很多水利工程由于自身的公益属性,收益低、筹融资难、重建轻管等问题接踵而来,工程效益不能充分发挥。争取短期资金或仅解决建设资金只是"授之以鱼",无法确保工程的长期效益。"要建项目,先建机制",就是要充分考虑工程运行与当地经济社会发展的结合点,因地制宜建立水生态产品价值实现机制,将生态效益和社会效益转化为经济效益,保障长期稳定的资金支持,做到"授之以渔"。

14.4.4 完善市场机制,久久为功

"水基金"市场化机制在青山村的成功,兼具了天时、地利、人和。龙坞水库作为青山村水源地,恰好符合大自然保护协会开展水源地保护试点的要求;青山村自身地理位置优越,具备大城市辐射带动、发展第三产业的条件;各方对发展方向达成共识,通过善水基金决策委员会和民主协商把握发展节奏。当然,青山村也不是完美的"世外桃源",还存在总体规模有限、产业结构不平衡、新老村民诉求不一致等问题,有待逐步解决。从青山村的发展历程可以看出,建立健全水生态产品价值实现机制不能一蹴而就,而要久久为功。水利基础设施建设,优先要解决的是群众急难愁盼问题。但是随着社会主要矛盾的变化,水利改革发展也需要按照高质量发展的要求,坚持系统观念,超前谋划、优化设计,在满足最基本需求的基础上,不断提升水生态产品和服务的质量,让群众真正有幸福感

和获得感,进而对水的价值有普遍认同感,从而推动建立健全"受益者付费"、市场化运作的水生态产品价值实现机制,更好地反哺水利工程建设和运行管理,吸引更多的组织和个人自觉参与治水管水,实现真正的"治水要良治"。

(本案例得到了万向信托慈善信托部主任李元龙,大自然保护协会浙江项目主任张海江,青山自然学校主理人全星星、博士朱虹昱、设计师高威、刘且依等领导和专家的大力支持,在此表示衷心感谢!)

参 考 文 献

[1] DAILY G, CAIRNS J. Ecosystem services: A natural assets management approach[M]. Washington, D.C.: Island Press，1992.

[2] EHRLICH P R, EHRLICH A H. Extinction: The causes and consequences of the disappearance of species[M]. New York: Random House，1981.

[3] Millennium Ecosystem Assessment. Ecosystems and human well-being: A framework for assessment. Washington, D.C.: Island Press，2003.

[4] PLANT R, TAYLOR C, HAMSTEAD M , et al. Recognising the broader benefits of aquatic systems in water planning: an ecosystem services approach (Waterlines Report Series No. 87, August 2012)[C]. The British Library, 2012.

[5] R.H.科斯.社会成本问题：财产权利与制度变迁[M].刘守英，译.上海：上海人民出版社,1994.

[6] 操建华.生态系统产品和服务价值的定价研究[J].生态经济,2016,32(7):24-28.

[7] 陈恩民.水利工程供给类水生态产品价值研究[D].银川:宁夏大学,2023.

[8] 陈刚.排污权交易试点工作的启示与思考[N].中国环境报,2022-7-7.

[9] 陈金木,王俊杰.我国水权改革进展、成效及展望[J].水利发展研究,2020,20(10):70-74.

[10] 陈茂山,庞靖鹏,严婷婷,等.完善水利投融资机制助推水利高质量发展[J].水利发展研究,2021,21(9):37-40.

[11] 陈茂山,王冠军,陶清波,等.云南省农业水价综合改革模式[M].北京:中国水利水电出版社,2023.

[12] 陈茂山.水利高质量发展政策供给体系回顾与展望[J].水利发展研究,2024,24(1):11-14.

[13] 陈茂山,庞靖鹏.有效市场与有为政府有机结合推动新时代水利高质量发展[J].水利发展研究,2024,24(3):4-8.

[14] 陈世博,罗琳,吴浓娣,等.南方山区破解农业水价综合改革难题:基于江西省宜黄县农业水价综合改革的调研[J].水利发展研究,2023,23(7):33-37.

[15] 陈茂山.农业水价综合改革的探索实践与方向重点[J].中国水利,2024,(19):1-6.

[16] 陈艳萍,罗冬梅,程亚雄.考虑生态补偿的完全成本法区域水权交易基础价格研究[J].水利经济,2021,39(5):72-78.

[17] 陈祎琬.我国水权交易法律制度研究[D].郑州:郑州大

学,2022.

[18] 崔晨甲,王小娜.水利投融资改革践行"两手发力"实践与成效[J].水利发展研究,2024,24(3):85-90.

[19] 崔建远.水权与民法理论及物权法典的制定[J].法学研究,2002,(3):38.

[20] 崔建远.自然资源国家所有权的定位及完善[J].法学研究,2013,(4):66-68.

[21] 单豪杰.中国资本存量K的再估算:1952—2006年[J].数量经济技术经济研究,2008,25(10):17-31.

[22] 方国华,谈为雄,陆桂华.论水资源费的性质和构成[J].河海大学学报(自然科学版),2000,(6):1-5.

[23] 冯欣,姜文来,刘洋,等.中国农业水价综合改革历程、问题和对策[J].中国农业资源与区划,2022,43(3):117-127.

[24] 高而坤.中国水权制度建设[M].北京:中国水利水电出版社,2006.

[25] 葛军阳,贺妍,谌慧倩.水资源综合价值估算探索:以长沙县金井镇为例[J].国土与自然资源研究,2024,(1):78-81.

[26] 谷树忠,陈茂山,杨艳.深化水权水价制度改革努力消除"公水悲剧"现象[J].水利发展研究,2022,22(4):33-38.

[27] 何玲.用水权改革的宁夏探索[N].中国经济时报,2023-8-30.

[28] 贺义雄,叶芳.我国海洋生态产品的供给机制与制度设计研究[J] 海洋开发与管理,2021,38(8):55-60.

[29] 贺义雄,张怡卉,李春林.基于RSBM-DEA模型的舟山市水生态产品供给效率及影响因素[J].水资源保护,2022,38(4):195-

203.

[30] 侯文明."土地财政"的法经济学分析[D].武汉:华中师范大学,2012.

[31] 黄锡生.论水权的概念和体系[J].现代法学,2004,26(4):134-138.

[32] 贾绍凤,姜文来,沈大军.水资源经济学[M].北京:中国水利水电出版社,2006.

[33] 江帆,孙鹏.交易安全与中国民商法[M].北京:中国政法大学出版社,1997.

[34] 姜文来.水权及其作用探讨[J].中国水利,2000,(12):13.

[35] 晋海,冯金皓.我国用水权交易现状与制度构建[J].水利经济,2024,42(2):51-57.

[36] 李国英.深入贯彻落实党的二十大精神扎实推动新阶段水利高质量发展:在2023年全国水利工作会议上的讲话[J].水利发展研究,2023,23(1):1-11.

[37] 李国英.为以中国式现代化全面推进强国建设、民族复兴伟业提供有力的水安全保障:在2024年全国水利工作会议上的讲话[J] 水利发展研究,2024,24(1):1-10.

[38] 李慧明,左晓利,王磊.产业生态化及其实施路径选择:我国生态文明建设的重要内容[J].南开学报:哲学社会科学版,2009,(3):34-42.

[39] 李晶.中国水权[M].北京:知识产权出版社,2008.

[40] 李俊然.自然资源国家所有权有效实现的法律思考[J].经济论坛,2005,(9):111-112.

[41] 李泽正. 加快盘活存量资产形成投资良性循环 [J]. 中国投资 (中英文),2022,(Z7):96–97.

[42] 梁慧星. 中国物权法草案建议稿 [M]. 北京 : 社会科学文献出版社 ,2000.

[43] 林彦. 自然资源国家所有权的行使主体 : 以立法为中心的考察 [J]. 交大法学 ,2015,(6):27–32.

[44] 刘彬 , 甘泓 , 贾玲 , 等. 基于生态系统服务的水生态资产负债表研究 [J]. 环境保护 ,2018,46(14):18–23.

[45] 刘定湘 , 罗琳 , 严婷婷. 水资源国家所有权的实现路径及推进对策 [J]. 水利发展研究 ,2019,35(3):39–43.

[46] 刘定湘. 水美乡村助力乡村振兴与产业发展 [J]. 中国水利 ,2022,(12):18–20,13.

[47] 刘国军 , 任亮. 深化农业水价综合改革推进现代化灌区建设试点进展及有关建议 [J]. 水利发展研究 ,2023,23(11):62–64.

[48] 刘可心. 基于模糊数学模型的乌鲁木齐市水资源价值评价与定价研究 [J]. 陕西水利 ,2024,(2):7–9.

[49] 刘啸 , 戴向前. 对深化农业水价综合改革的若干思考 [J]. 水利发展研究 ,2023,23(11):70–73.

[50] 刘洋 , 宋文捷 , 丘水林 , 等. 基于生态产品价值核算的跨界流域生态补偿标准测度 [J]. 河北农业大学学报 (社会科学版),2023,25(5):17–25.

[51] 刘一明. 中国水权交易的发展及其试点推广效应 [J]. 水利经济 ,2023,41(3):43–49.

[52] 马俊驹. 国家所有权的基本理论和立法结构探讨 [J]. 中国法

学 ,2011,(4):101-102.

[53] 欧阳志云 , 朱春全 , 杨广斌 , 等 . 生态系统生产总值核算 : 概念、核算方法与案例研究 [J]. 生态学报 ,2013,33(21):6747-6761.

[54] 彭诚信 , 单平基 . 水资源国家所有权理论之证成 [J]. 清华法学 ,2010,(6):106.

[55] 邱秋 . 水资源国家所有权的性质辨析 [J]. 湖北经济学院学报 ,2009,(1):123.

[56] 水利部编写组 . 深入学习贯彻习近平关于治水的重要论述 [M]. 北京 : 人民出版社 ,2023.

[57] 孙宪忠 . 论不动产物权登记 [J]. 中国法学 ,1996,(5):56.

[58] 孙宪忠 . 德国物权法 [M]. 北京 : 法律出版社 ,1997.

[59] 田友春 . 中国分行业资本存量估算 :1990—2014 年 [J]. 数量经济技术经济研究 ,2016,33(6):3-21,76.

[60] 王海珍 , 俞昊良 , 郎劢贤 . 深入贯彻"节水优先、空间均衡、系统治理、两手发力"治水思路 , 加快推进用水权改革 [J]. 水利发展研究 ,2024,24(3):33-37.

[61] 王建华 , 贾玲 , 刘欢 , 等 . 水生态产品内涵及其价值解析研究 [J]. 环境保护 ,2020,48(14):37-41.

[62] 王俊杰 , 郑国楠 , 马超 , 等 . 水权交易价格形成机制现状、不足及对策 [J]. 河北水利 ,2019,(6):14-15.

[63] 王利明 . 国家所有权研究 [M]. 北京 : 中国人民大学出版社 ,1991.

[64] 王晓娟 , 李晶 , 陈金木 , 等 . 实行工业企业取水权有偿取得势在必行 [J] 中国水利 ,2015,(5):16-19.

[65] 王晓娟, 郑国楠, 陈金木. 我国水权交易两级市场的培育与构建[J]. 中国水利, 2018,(19):20-23.

[66] 王亚华. 以"三权分置"水权制度改革推进我国水权水市场建设[J]. 中国水利, 2022,(1):4-7.

[67] 王涌. 自然资源国家所有权的三层结构说[J]. 法学研究, 2013(4):57.

[68] 吴凤平, 于倩雯, 沈俊源, 等. 基于市场导向的水权交易价格形成机制理论框架研究[J]. 中国人口资源与环境, 2018,28(7):17-25.

[69] 吴国平, 翟立. 水资源保护责任研究[J]. 水资源保护, 2002,(4):1-3.

[70] 吴浓娣, 庞靖鹏. 关于水生态产品价值实现的若干思考[J]. 水利发展研究, 2021,21(2):32-35.

[71] 吴浓娣, 杨研, 刘定湘. 国外水生态系统服务价值评估的相关做法[J]. 水利发展研究, 2023,23(12):14-18.

[72] 吴浓娣, 严婷婷. 坚持系统观念 推动全民治水 实现"治水要良治"[J]. 水利发展研究, 2024,24(3):13-19.

[73] 吴浓娣, 杨研. 水生态产品价值实现路径研究[J]. 水利发展研究, 2024,24(4):7-11.

[74] 项波, 欧阳鹏. 论水资源所有权的性质与行使[J]. 人民论坛, 2013(4):113-114.

[75] 徐阳, 王彦兵, 暴路敏. 实行工业企业用水权有偿取得的思考[J]. 黑龙江环境通报, 2023,36(7):139-141.

[76] 许明月, 胡光志. 财产权登记法律制度研究[M]. 北京: 中国

社会科学出版社,2002.

[77] 严婷婷,罗琳,庞靖鹏.水利基础设施投资信托基金(REITs)试点进展与推进思路[J].中国水利,2023,(13):69-72.

[78] 严婷婷,庞靖鹏,李佼.典型水利产业投资基金情况调研与思考[J].水利发展研究,2024,24(1):70-74.

[79] 张范.从产权角度看水资源优化配置[J].中国水利,2001(6):38.

[80] 张宏杰,郭艳艳,姚庆云,等.浅谈我国水权的物权化问题[J].水利经济,2006,(1):43-46.

[81] 张军,吴桂英,张吉鹏.中国省际物质资本存量估算:1952—2000[J].经济研究,2004,(10):35-44.

[82] 张凯.全国统一市场下多元主体水权交易:框架设计与机制构建[J].价格理论与实践,2023,(9):187-192.

[83] 张林波,虞慧怡,李岱青,等.生态产品内涵与其价值实现途径[J].农业机械学报,2019,50(6):173-183.

[84] 张林波,虞慧怡,郝超志,等.国内外生态产品价值实现的实践模式与路径[J].环境科学研究,2021,34(6):1407-1416.

[85] 赵志轩,马德仁,王彦兵等.宁夏深化用水权改革成效及建议[J].中国水利,2023,7:58-62.

[86] 中华人民共和国水利部.2022中国水利统计年鉴[M].北京:中国水利水电出版社,2022.

[87] 中华人民共和国水利部.2023中国水利统计年鉴[M].北京:中国水利水电出版社,2023.

后 记

"节水优先、空间均衡、系统治理、两手发力"治水思路是习近平总书记在纵览中华民族五千年治水史，准确把握治水规律和当前治水阶段性特征基础上，着眼于更好保障国家水安全作出的重大科学论断，彰显了对我国新老水问题交织严峻形势的准确研判，是新发展理念在治水专业领域的生动体现，是推动新阶段水利高质量发展的科学指南。

坚持和落实"两手发力"，是深入学习贯彻习近平总书记"节水优先、空间均衡、系统治理、两手发力"治水思路的重要内容。它既具有自身特性，强调坚持政府作用和市场机制两只手协同发力，同时又与"节水优先""空间均衡""系统治理"共同构成了一个逻辑严密、不可分割的有机整体，相互依存、相互促进，为解决新老水问题提供了全新的治理之道。

本书分"学习领会篇"和"实践探索篇"。学习践行习近平总书记"节水优先、空间均衡、系统治理、两手发力"治水思路是

后记

一个动态发展并不断深化的过程，我们对"两手发力"的每一篇学习领会和实践探索在一定程度上都呈现阶段性特征，体现的是编写组在不同时间段的研究重点和方向。由于水平有限，书中难免存在很多不足之处，敬请读者谅解。后续我们会继续深化这方面的学习理解和经验总结。

诚挚欢迎广大读者特别是专家学者、水利工作者提出宝贵意见和建议，以利于后续更好地学习、研究、贯彻和落实。

本书编委会

2024 年 12 月